pagine di scienza

i blu

Antonio Teti

PsychoTech
Il punto di non ritorno

La tecnologia che controlla la mente

 Springer

Antonio Teti
Responsabile del supporto tecnico informatico
della Direzione Generale
ICTS - Information and Communications Technology Service
Università "G. D'Annunzio" di Chieti-Pescara

Collana *i blu - pagine di scienza* ideata e curata da Marina Forlizzi

ISBN 978-88-470-1814-3
DOI 10.1007/978-88-470-1815-0

ISBN 978-88-470-1815-0 (eBook)

© Springer-Verlag Italia 2011

Questo libro è stampato su carta FSC amica delle foreste. Il logo FSC identifica prodotti che contengono carta proveniente da foreste gestite secondo i rigorosi standard ambientali, economici e sociali definiti dal Forest Stewardship Council

Coordinamento editoriale: Pierpaolo Riva
Progetto grafico, impaginazione e copertina: Valentina Greco, Milano
Foto di Antonio Teti: Studio Fotografico Roberto Colacioppo, Lanciano (CH)
Stampa: GECA Industrie Grafiche, Cesano Boscone (MI)

Springer-Verlag Italia S.r.l., via Decembrio 28, I-20137 Milano
Springer-Verlag fa parte di Springer Science+Business Media (www.springer.com)

Prefazione

Il mondo delle tecnologie è radicalmente cambiato negli ultimi vent'anni. Quando nel 1993, mi recai presso la Stanford University per studiare la possibilità di realizzare delle metodologie di automazione per le tecniche di persuasione, ebbi l'opportunità di lavorare, grazie a un dottorato di ricerca, con i professori Cliff Nass e Byron Reeves, che si occuparono della mia formazione in psicologia sperimentale.

Tra le tante domande che mi ponevo allora, una in particolare attanagliava la mia mente: com'è possibile *informatizzare* la persuasione? O per meglio dire, come si potrebbero utilizzare le straordinarie potenzialità dei computer per modificare le convinzioni, le credenze e i comportamenti degli individui? Ma soprattutto, è possibile utilizzare le metodologie di persuasione in Rete per migliorare, in qualche modo, la vita dell'intero pianeta?

All'epoca, i primi studi sperimentali condotti presso la Stanford University non suscitarono grande interesse o clamore da parte del pubblico. In particolare, mi ricordo che al termine di una conferenza accademica in cui presentavo i risultati di alcune sperimentazioni, tra gli intervenuti si registrarono tre distinte tipologie di reazione: un primo gruppo di persone non credeva ai dati che avevo presentato, ritenendo che le sperimentazioni fossero state condotte in maniera errata. Un secondo gruppo giudicò completamente sbagliato tutto il lavoro svolto ritenendo che le conclusioni fossero esageratamente esplosive. Il terzo gruppo giudicò il lavoro particolarmente affascinante, ritenendo che le metodologie sperimentate potessero effettivamente trovare grandi applicazioni in futuro.

Nonostante le opinioni così divergenti, decidemmo di continuare con le nostre sperimentazioni. In qualità di componente del gruppo di ricerca, concentrai i miei studi sulle metodologie di persuasione e in particolare su come i computer avrebbero potuto influire sulle dinamiche sociali, sul supporto di gruppo, sulle differenze di personalità e sui riconoscimenti e le gratificazioni personali. Soprattutto tentai di esplorare come le dinamiche sociali potessero influire sulle persone fino a mutarne le opinioni e ancor di più i comportamenti.

Dopo aver condotto numerosi esperimenti, ma soprattutto dopo aver replicato gli stessi presso altre strutture di ricerca, ho potuto riscontrare che tutte le risultanze prodotte conducevano al medesimo risultato: i computer possono effettivamente essere utilizzati per influenzare le persone e di conseguenza per consentire la mutazione dei loro pensieri e comportamenti.

Attualmente, il concetto che vede i computer come elemento in grado condizionare il pensiero degli individui, non è più considerato come un'affermazione romanzesca.

Non sono più necessarie le sperimentazioni per dimostrare ciò. Le migliaia di servizi offerti in Internet, le inesauribili applicazioni fruibili per i palmari e gli smartphone, i social software come Facebook, sono tutti strumenti che, in qualche modo, hanno già modificato i nostri comportamenti quotidiani, influenzandoci costantemente e quasi inconsapevolmente.

Le tecnologie informatiche non stanno semplicemente modificando le nostre individualità, ma stanno cambiando la nostra cultura.

In questi ultimi vent'anni, abbiamo percorso una lunga strada in cui abbiamo assistito alla trasformazione delle modalità di utilizzazione dei sistemi di elaborazione. Dai primi computer, che venivano adoperati semplicemente per elaborare e memorizzare dati, siamo passati a potentissimi dispositivi che hanno assunto un posto di assoluto rilievo nella nostra vita quotidiana, raggiungendo un livello di integrazione con tutte le nostre azioni, pensieri, comportamenti, relazioni interpersonali, che trova il suo massimo apice nella digitalizzazione delle relazioni tra paesi diversi.

Attualmente, l'intera popolazione mondiale è circondata da tecnologie persuasive. Ovunque, in tutti gli strumenti digitali che utilizziamo, a partire dai media, vi sono elementi di persuasione.

Sono disegni, immagini e messaggi subliminali, opportunamente realizzati, per influenzare il nostro pensiero e di conseguenza, in maniera esponenziale, tutto ciò che facciamo. Siamo accerchiati. La tecnologia persuasiva è nei nostri salotti, nelle nostre auto, in tutti gli ambienti che frequentiamo. Quando comunichiamo con i nostri cari, attraverso Facebook, ci troviamo già in un ambiente di persuasione. Quando effettuiamo un prelievo di denaro da un dispositivo bancomat, possiamo trovare elementi di persuasione. Quando desideriamo acquistare un regalo per un compleanno attraverso un sistema *on-line*, anche in questo caso siamo esposti a sistemi di persuasione. Lo stesso telefono cellulare rappresenta il più straordinario strumento di convincimento personale, dato che ci accompagna ovunque e comunque nell'arco delle nostre giornate.

Abbiamo percorso tantissima strada in vent'anni e la tecnologia ci ha influenzato al punto tale da rendere possibile la nostra stessa trasformazione. Personalmente sono convinto che il telefono cellulare costituisca l'elemento su cui si svilupperà la prossima evoluzione del genere umano. L'inarrestabile aumento dei dispositivi cellulari, a livello mondiale, condurrà a un sostanziale stravolgimento della funzione del dispositivo nella vita dell'uomo. Noi non saremo più solo carne e ossa, ma carne e ossa con in più la tecnologia, e vivremo il resto delle nostre esistenze in simbiosi con le potenzialità espresse dalla potenza delle scienze tecnologiche, gestendone il potere.

Allo stato attuale, questa è la nostra condizione, e su di essa si basa il nostro futuro. Non c'è nulla che possiamo fare, e che ci piaccia o no, non possiamo sfuggire alle tecnologie e alle metodologie di persuasione a esse collegate.

Questo scenario rende ancora più importante la comprensione di quali siano i potenziali e le insidie che possono celarsi dietro la realizzazione di dispositivi in grado di influenzare l'essere umano, perché in sostanza è su questo che si sta concentrando la nostra attenzione.

Stiamo creando strumenti e applicazioni in grado di agire sul comportamento umano. Queste affermazioni potrebbero sembrare eccessivamente radicali o persino eretiche, ma ritengo essenziale che gli individui non debbano più assumere reazioni di sconvolgimento a fronte di queste prospettive evidenziate.

Se vent'anni fa, io avessi annunciato che presto l'uomo sarebbe arrivato alla creazione di macchine in grado di esercitare una forma di controllo sugli esseri umani, la cosa non avrebbe sollevato un gran clamore. Ma oggi i fragori derivanti dall'utilizzo di Facebook o del dominio delle informazioni di Google, oppure del livello di seduzione esercitato dai prodotti di Apple, sono minimali rispetto all'effettivo impatto che stanno avendo sulle nostre vite e sul nostro modo di comunicare. La corretta comprensione di ciò che sta accadendo oggi con l'evoluzione delle tecnologie e del modo in cui ci influenzano, può aiutarci a comprendere e a intravedere cosa può riservarci il futuro.

Le tecnologie continueranno a cambiare nel tempo, e questo costituisce l'elemento di maggiore eccitazione per quanto concerne lo studio delle metodologie di persuasione. Ogni giorno viene sviluppata una nuova applicazione, un nuovo prodotto, si attiva un nuovo *start-up*, e tutto ciò rende lo studio delle tecnologie persuasive un percorso particolarmente dinamico. È altresì vero che l'aggiornamento continuo e incessante può costituire motivo di scoraggiamento soprattutto in virtù delle evoluzioni delle scienze tecnologiche, ma nelle tecnologie persuasive c'è una costante, che è rappresentata dalla psicologia dell'essere umano.

Per migliaia di anni, le motivazioni dell'uomo sono sempre state indirizzate sulle medesime cose. Sostanzialmente abbiamo avuto sempre le stesse abilità mentali. Poiché la psicologia umana rappresenta l'elemento fondamentale e costante nel mondo della tecnologia persuasiva, più impariamo a conoscere ciò che stimola maggiormente gli esseri umani, quali possono essere le loro motivazioni comportamentali, quali siano le loro effettive capacità mentali, quali i punti deboli, a cosa effettivamente aspirino o cosa possano temere, maggiore sarà la comprensione della tecnologia della persuasione. In sostanza, la conoscenza della natura dell'uomo rappresenta la chiave di lettura per l'utilizzo delle tecnologie. Durante il mio processo formativo nel corso degli anni, in qualità di psicologo sperimentale, ho imparato ad apprezzare la base della psicologia umana e le metodologie di comprensione degli individui, nel tentativo di comprendere come le tecnologie potessero essere impiegate per raggiungere gli obiettivi degli esseri umani, ma soprattutto come sarebbe stato utile all'uomo per migliorare la sua esistenza. In sostanza il mio obiettivo è stato quello di capire come le tecnologie potessero aiutare gli individui a comprendere in che modo le stesse potessero contribuire a produrre quei cambiamenti necessari per trasformare il mondo in qualcosa di migliore. La mia speranza per l'utilizzo delle tecnologie di persuasione e per relative innovazioni, è sempre stata la stessa: che l'uomo potesse sfruttare la potenza delle tecnologie digitali, le potenzialità delle reti e dei *social network*, per migliorare le sue relazioni sociali e in particolare il rapporto con l'ambiente nel tentativo di perfezionare la sua stessa condizione di vita a livello planetario.

Se io non fossi l'ottimista che sono, sarei molto preoccupato per la natura umana e per il suo stesso futuro. Tuttavia il mio grande ottimismo mi consente di credere nella fondamentale bontà degli esseri umani. In considerazione del fatto che la tecnologia persuasiva è sostanzialmente nelle mani di milioni di persone (cito come esempio mia madre, che potrebbe in qualsiasi momento attivare un gruppo su Facebook in grado di influenzare centinaia, migliaia e forse milioni di persone), e grazie alla disponibilità e facilità di utilizzo di strumenti in grado di utilizzare queste tecniche, possiamo tranquillamente confidare nell'utilizzo democratico e libero di queste metodologie, riducendo quindi le possibili limitazioni che potrebbero derivare dall'utilizzo monopolistico di aziende del settore o di tecnici informatici specializzati.

Non a caso sono in costante aumento le persone che ogni giorno creano siti web, o sviluppano piattaforme informative in grado di diffondere notizie, dati, e tutto ciò può contribuire all'innalzamento della conoscenza e della verità, elementi essenziali per migliorare le persone e il mondo intero. Solo responsabilizzando milioni di persone sull'utilizzo delle tecnologie come strumento per la realizzazione di contenitori informativi in cui trovare esperienze, informazioni e dati veri, saremo in grado di rendere il mondo un posto migliore per tutti. Solo questa può essere la risposta migliore a ciò che di negativo le tecnologie possono produrre: quello di accrescere il potere delle persone malvagie e di organizzazioni corrotte che intendono produrre profitti e interessi con l'utilizzo della tecnologia della persuasione. In funzione di queste considerazioni, invito il lettore a riflettere durante la lettura di questo interessantissimo libro, sull'importanza delle potenzialità delle moderne tecnologie, ma soprattutto di come possano essere utilizzate per garantire una maggiore prosperità e pace a tutti gli esseri umani che vivono su questo pianeta.

Questo libro esplora i temi più importanti sul progresso delle tecnologie applicate alla vita dell'uomo, con un particolare riferimento alle possibili sinergie con la psicologia umana e le metodologie di condizionamento sugli esseri umani, senza tralasciare i possibili effetti e conseguenze che possono (o che potrebbero) avere sugli individui, sui popoli, sulla conoscenza e quindi sulla cultura mondiale.

La mia speranza (che ripongo anche nei miei corsi all'Università di Stanford, e nelle mie consulenze presso le aziende) è che il lettore possa utilizzare quanto ampiamente e magistralmente trattato in queste pagine, non solo per arricchire il proprio bagaglio di conoscenze, ma anche per diventare più consapevole del proprio protagonismo nel processo di miglioramento del mondo in cui viviamo.

Spero inoltre che la lettura costituisca anche uno stimolo per trasmettere ad altri il desiderio di comprendere come possano essere utilizzate le tecnologie per migliorare l'esistenza di tutti gli esseri umani.

Novembre 2010

B.J. Fogg
Director Persuasive Tech Lab,
Stanford University

Indice

Introduzione

*A perenne vanto della scienza sta il fatto che essa,
agendo sulla mente umana, ha vinto l'insicurezza dell'uomo
di fronte a se stesso e alla natura.*

Albert Einstein

Una assunzione comune nella filosofia della mente è quella dell'indipendenza del substrato fisico. Ossia l'idea che gli stati mentali possano esistere indipendentemente dal substrato fisico materiale che li genera. Un sistema che implementi il giusto tipo di calcolo delle strutture e dei processi può essere associato a produrre esperienze coscienti. Non deve essere considerato una proprietà essenziale della coscienza il fatto di dipendere da un organismo biologico in base carbonio con miliardi di sinapsi all'interno di un cranio: un nucleo basato su processori di silicio all'interno di un computer potrebbe, in linea di principio, replicare la stessa funzione.

Con questa frase contenuta nel testo *Are you living in a Computer Simulation?*, lo scienziato e filosofo Nick Bostrom, professore e direttore del Future of Humanity Institute dell'Università di Oxford, affronta il tema della possibilità che un computer (o gruppi di essi) possa riuscire a simulare una mente umana.

L'idea che un sistema informatico o una rete di sistemi di elaborazione sia in grado di emulare una mente umana o addirittura una "collettività di menti" ha sempre animato i dibattiti di studiosi, filosofi, sociologi e futuristi di ogni parte del globo, ma è soprattutto nell'ultimo decennio, grazie soprattutto ai progressi nel settore delle nanotecnologie e dell'intelligenza artificiale, che gruppi di scienziati sparsi in diversi punti del globo hanno annunciato l'ingresso nell'epoca in cui vedranno la luce realizzazioni considerate finora semplicemente fantasiose.

Una di queste è certamente quella riconducibile alla mutazione della società moderna. Quella che fino ad alcuni anni fa poteva apparire semplicemente come una visione, oggi appare come una possibile concreta realizzazione: la nascita di una *società virtuale attiva*, partorita nel cyberspazio, destinata a integrarsi perfettamente con quella reale. Quindi non più mondi paralleli differenti (reale e virtuale) ma scenari psicofisici differenti, che si fondono e si completano in funzione delle interazioni che si attivano in una successione di eventi. Insomma, la nascita di un mondo sociale più esteso e diversificato, in cui si sviluppano e si amplificano anche le potenzialità e le applicazioni della mente dell'uomo.

Tuttavia, la possibilità che si concretizzi questo nuovo scenario *cybersociale* in cui la psiche dell'individuo può assumere un ruolo decisivo pone l'uomo, come mai fino a ora, di fronte a una serie di inquietanti interrogativi.

Innanzitutto cos'è esattamente la mente? È davvero possibile ipotizzare che esista un sorta di autonomia di funzionamento tra il cervello e il pensiero? La mente può essere identificata come un elemento *sostanziale*, teoria secondo la quale viene vista come un'identità singola e autonoma, ma che trova nel cervello il proprio fondamento, oppure può essere identificata come un elemento *funzionale*, teoria che la pone come un intricato complesso di funzioni mentali, non autonome e legate al funzionamento del cervello umano? E se la mente non fosse un organo materiale, ma un elemento in grado di manifestare funzioni e potenzialità che vanno al di là del mondo fisico? E infine, è possibile integrare il pensiero dell'uomo nel cyberspazio al punto tale da trasformarlo in un sistema pensante virtuale?

Questi sono alcuni dei quesiti che attanagliano filosofi, scienziati, psicologi e tutti gli studiosi che da decenni si confrontano aspramente in quella branca di ricerca e studio definita *filosofia della mente*[1].

---

[1] La filosofia della mente è quel campo di ricerca che focalizza la sua attenzione sullo studio filosofico della mente, delle funzioni mentali, della coscienza e delle relazioni con il cervello.

Non a caso, il dilemma che maggiormente tormenta gli studiosi è costituito proprio dalle relazioni *anima-corpo* e *mente-cervello*. Tralasciando la prima, la cui trattazione meriterebbe la realizzazione di un apposito trattato, l'interesse che si è scatenato da qualche tempo sul rapporto mente-cervello costituisce un vero e proprio *point of fundamental search*, non solo per tutti coloro che approcciano la problematica da un punto di vista filosofico, ma per l'intera comunità scientifica internazionale. Sarebbe lecito chiedersi a questo punto perché mai, dopo secoli di trattazioni e dibattiti scientifici, l'interesse per la comprensione del funzionamento della mente appaia attualmente come una delle *mission* del terzo millennio?

La risposta più plausibile è da ricercare nella straordinaria e inarrestabile evoluzione delle tecnologie informatiche dell'ultimo decennio, oltre che nello sviluppo di Internet come strumento di comunicazione mondiale.

Solo per citare alcuni esempi, grazie a queste innovazioni, di recente l'uomo è riuscito a realizzare un dispositivo in grado di effettuare il *mind uploading* (tecnica di riversamento dei contenuti di una mente umana in un elaboratore elettronico descritta nel Cap. 4); inoltre, con appositi strumenti ideati per lo scopo, siamo finalmente riusciti a dimostrare che le capacità della nostra mente vanno ben oltre gli ipotetici limiti che per centinaia di anni l'uomo aveva definito come invalicabili (Cap. 5). Ma gli scenari configurabili in futuro, grazie all'evoluzione dell'Information and Communication Technology (ICT), ci consentono di spingere la nostra fantasia ben oltre il consentito.

Ci permettono infatti di orientare le nostre ambizioni cognitive ben oltre l'integrazione dei dispositivi tecnologici con il nostro cervello, fino a ipotizzare la nascita di forme di intelligenza artificiale (Cap. 2). Tuttavia il progresso tecnologico non influisce solo sullo sviluppo di applicazioni che tendono a integrarsi fisicamente con il nostro corpo e la nostra mente. Nuove e particolari ricerche, che un tempo sarebbero state giudicate astratte o fantasiose, si stanno orientando verso lo studio di nuove scienze come quella che studia le tecniche di persuasione in Rete (Captologia) o di condizionamento psicologico.

Sono metodologie dalle potenzialità ancora poco conosciute e alquanto inesplorate, ma che possono consentire di progettare concretamente la realizzazione di piani di subordinazione psicologica in grado di manipolare il pensiero dell'uomo e dell'intera collettività (Cap. 6). Il dominio dei media classici (radio, televisione, giornali) rimane ancora oggi per tutti i centri di potere del mondo un elemento di grande strategicità soprattutto per quanto concerne la loro forza di persuasione sulle grandi masse. Tuttavia la rete Internet, e i *software* che la governano, è in grado di conquistare la fiducia e il gradimento di enormi fette della popolazione mondiale, scavalcando anche i media classici, grazie alle sue innumerevoli e particolari applicazioni che la rendono lo strumento di comunicazione-informazione maggiormente funzionale a livello mondiale. Elemento determinante del suo successo è sicuramente da attribuire alle caratteristiche di massima fruibilità, comodità e riservatezza che lo rendono particolarmente accattivante proprio da un punto di vista psicologico.

Internet e in particolare lo sviluppo dei *social software* rendono il cyberspazio il luogo ideale per l'attivazione di rapporti e relazioni umane che nel mondo reale non sarebbero possibili. Tutto ciò influisce positivamente sul mondo virtuale rendendolo, agli occhi delle masse, il *luogo ideale* per accrescere l'espressività della mente e delle sue molteplici pulsioni.

Il vigore psichico che si avverte nel cyberspazio sta producendo nella collettività una sorta di sdoppiamento dell'esistenza dell'individuo, che inizialmente risulta immerso in una duplicità ambientale (reale e virtuale), ma che con il tempo tende ad assumere la forma di un unico ideale ecosistema.

La mente quindi tenderà sempre di più a rappresentare l'elemento nevralgico dello sviluppo del cyberspazio. Tutto ciò che viene prodotto e assimilato nella realtà virtuale è frutto della mente di ogni singolo individuo e quindi di una collettività mondiale che lavora per la creazione di una coscienza collettiva e che sviluppa pensieri, emozioni, idee, memorie, volontà, che sono gli elementi caratteristici della mente dell'uomo.

In questa prospettiva la mente può assumere la connotazione di un prodotto "incorporeo" che, anche se generato dal substrato fisico dell'individuo che lo ha prodotto, non è più unicamente dipendente da esso.

Nel cyberspazio la mente dell'individuo è la componente di un *sistema pensante virtuale*, ma assolutamente reale in ciò che è capace di produrre. Ne consegue che la mente può diventare *eterna*, memorizzata in una memoria artificiale in grado di conservarla nei secoli, e in ciò potremmo trovare delle analogie sul rapporto tra *mente-cervello* e *software-hardware*.

L'unica certezza assoluta di cui non possiamo dubitare è che non sappiamo cosa ci riserverà il futuro. Forse tra qualche decennio assisteremo alla realizzazione di robot muniti di un sistema autonomo di intelligenza artificiale, in grado di affiancare gli umani per compiti o mansioni di cui non vogliono più occuparsi.

O magari il genere umano sarà completamente assoggettato al controllo di un unico sistema artificiale pensante in grado di dirigere a livello mondiale le nostre vite privandoci di ogni autonomia (come paventato da alcuni *cult movie* di grande successo). Al di là di ciò che accadrà, in futuro l'essere umano sarà certamente in grado di comprendere meglio il funzionamento della sua mente e di ciò che è realmente in grado di fare.

Come asserì il biologo e filosofo inglese Thomas Henry Huxley nel testo *The elements of physiology and hygiene* (1868):

Come avvenga che qualcosa di così sorprendente come uno stato di coscienza sia il risultato della stimolazione del tessuto nervoso è tanto inspiegabile quanto la comparsa del genio quando Aladino, nella favola, strofina la lampada.

Ringraziamenti

Desidero ringraziare il professor B.J. Fogg, direttore del Persuasive Technology Lab dell'Università di Stanford, per il lusinghiero interesse manifestato nei riguardi di questo mio lavoro e per la straordinaria disponibilità accordatami con la realizzazione della prefazione; la dott.ssa Marina Forlizzi, editor di Springer-Verlag Italia, per l'estrema cortesia e disponibilità manifestata nei miei riguardi in tutti questi anni; il dott. Marco Napoleone, Direttore Generale dell'Università di Chieti-Pescara, per la stima della quale mi ha sempre dato testimonianza. Un ringraziamento particolare va al mio amico fraterno dott. Marco Porreca, uno dei più grandi studiosi di fisica quantistica da me mai conosciuti e con il dono di renderne comprensibili i concetti più complessi anche ai "profani". Come sempre il mio più grande ringraziamento va a Lucia, compagna della mia vita.

La psicologia del Cyberspazio

Premessa

La psicologia del cyberspazio può essere considerata come lo studio degli aspetti psicologici che si manifestano negli ambienti creati dai computer e dalla Rete. Settore senza dubbio in continua evoluzione, si basa sull'analisi, lo studio e l'identificazione dei nuovi comportamenti psichici generati dall'utilizzo degli strumenti informatici. Quindi la *cyberpsicologia* (ulteriore termine che identifica questo settore di ricerca) focalizza la sua attenzione sulla psiche dell'uomo, sulle modificazioni comportamentali prodotte dall'utilizzo di Internet e dagli atteggiamenti adottati nel cyberspazio.

Se ci basiamo su di un'analisi superficiale o minimale della valutazione dell'utilizzo di alcune applicazioni fruibili nella Rete (come per esempio quelle riconducibili ai *social software*), si potrebbe concludere che molte di esse non contribuiscono in alcun modo a migliorare il livello delle conoscenze possedute né ad accrescere la qualità dei rapporti interpersonali che possono attivarsi nel cyberspazio. In sostanza, rimanere ore e ore a chattare *on-line* o a scambiarsi considerazioni piuttosto banali su di una frase scritta su di una bacheca di Facebook, può essere considerato come una sostanziale perdita di tempo e quindi, per certi versi, anche di denaro. Tuttavia nell'utilizzo di questi *social software* è possibile evidenziare una caratteristica che in prima analisi potrebbe perfino risultare non percepibile, ma che in realtà assume un'importanza rilevante: lo sconcertante livello di *coinvolgimento emotivo delle persone*, che risulta ancora più sorprendente se consideriamo che la Rete è uno strumento di comunicazione *virtuale* che non consente un contatto umano *diretto*.

La domanda che ci si potrebbe porre a questo punto è la seguente: perché mai i cybernauti sono così affascinati dalla Rete? E come risulta possibile che il coinvolgimento emotivo possa essere così forte da riuscire a influire persino sui comportamenti degli individui che utilizzano Internet? Ma soprattutto, cosa spinge una persona a instaurare un "rapporto virtuale" con un'altra?

Le motivazioni possono essere diverse e sicuramente attribuibili alle più molteplici esigenze e condizioni individuali. Risulta anche facile ritenere che le vere motivazioni siano altre, e non certo semplicisticamente tutte riconducibili alle solite pulsioni che vengono indicate da filosofie e sociologi, come la solitudine, la curiosità, la noia o altri impulsi di facile individuazione.

Personalmente sono più portato a credere che a influire in maniera determinante sia *l'ambiente individuale* che si vive nel mondo virtuale, o più propriamente le esperienze che si vivono nella *vita virtuale parallela* che ognuno di noi si costruisce nel cyberspazio.

Questa *virtual life,* che ci viene offerta e che è frutto di tecnologie un tempo impensabili, ha ampliato le capacità espressive ed emotive dell'uomo fino al punto da renderlo quasi (e inconsapevolmente) destinato a imbattersi in un processo di sdoppiamento di personalità (quella reale e quella digitale) in grado di consentire una simbiosi perfetta. Non dobbiamo tuttavia commettere l'errore di ritenere che all'individuo sia sufficiente proiettarsi nel cyberspazio per trasformarsi in qualsiasi cosa o persona voglia essere.

L'elemento fondamentale, come vedremo in seguito, è rappresentato dall'approccio psicologico dell'uomo nel suo ingresso nel mondo virtuale. Pertanto la rete Internet e le sue applicazioni non consentono solo di creare una relazione con l'ambiente virtuale e con le persone che ne fanno parte, ma si spingono ben oltre, producendo nell'individuo una condizione mentale che si sviluppa e si modifica nell'ambiente virtuale, fino a trasformarsi in uno stato psicologico *adattabile* al cyberspazio che può arrivare ad assumere per l'individuo, a livello inconscio, la connotazione di *estensione psicologica* della propria mente.

Il concetto di Cyberspazio

In funzione dell'assunto che ci consente di identificare l'ambiente virtuale come un'estensione psicologica dell'individuo, è possibile comprendere come il cyberspazio possa essere considerato come una sorta di mondo virtuale parallelo (a quello fisico) vissuto da ogni individuo in maniera diversa e assimilato in funzione di tutte le sollecitazioni psichiche che l'essere umano riesce a percepire dai complessi elementi di informazione che lo rappresentano.

Inoltre il cyberspazio è in grado di compiere, a livello psicologico, un ulteriore balzo: quello di realizzare la fusione tra spazio geografico e spazio comportamentale.

Partendo dalla tesi che nell'ambiente virtuale gli organi sensoriali dell'individuo subiscono una menomazione riconducibile alla limitatezza imposta dai confini definiti dallo strumento tecnologico utilizzato (la Rete), potremmo semplicemente intendere il cyberspazio come un insieme di computer collegati tra loro, la cui ubicazione geografica (per l'uomo non rappresentabile mentalmente) rappresenta un elemento trascurabile. Tuttavia a livello psichico, per l'immaginario collettivo, la rappresentazione del cyberspazio appare come incomprensibile e complessa.

Quanto è grande il cyberspazio? Quante e chi sono le persone che lo compongono? Come si distingue un'entità umana da una tecnologica? Chi si nasconde dietro un blog o un *newsgroup*? E dove sono geograficamente dislocate le entità presenti in Rete?

Difficile dare delle risposte, soprattutto se consideriamo che uno dei sensi più penalizzati nel cyberspazio è proprio quello *visivo*. La Rete vive una realtà completamente diversa dalla nostra anche se siamo noi a gestirla. Il cyberspazio è inafferrabile e non circoscrivibile e questo ne determina la sua raffigurazione solo attraverso un insieme di percezioni che ne forniscono una rappresentazione diversa per ognuno di noi. Le percezioni sono il frutto di un groviglio di esperienze emotive vissute davanti a un monitor, quindi diventa praticamente impossibile tentare di dare una definizione esatta dell'ambiente virtuale soprattutto in funzione delle emozioni che nella Rete, e per mezzo di essa, si alimentano.

Lo psicoanalista britannico Wilfred Bion[1] nel suo libro *Apprendere dall'esperienza* (1962) afferma che "… un'esperienza emotiva avulsa da una relazione è inconcepibile". In tal senso il cyberspazio assume la connotazione di un'anomalia emotiva, essendo sostanzialmente "avulso" da scenari in cui le relazioni personali hanno un ruolo ben definito. In realtà, le relazioni virtuali producono vere e proprie esperienze emotive, quindi il cyberspazio rappresenta per l'individuo un nuovo metodo di *sentire* il mondo che lo circonda. È uno spazio psicologico in cui si intrecciano relazioni e rappresentazioni che l'individuo percepisce ed elabora in assoluta autonomia.

Pertanto possiamo dedurre che non è più possibile porre un confine tra lo *spazio virtuale* (in cui si presuppone un'assenza di esistenza) e lo *spazio reale* (in cui tutto è materialmente presente e tangibile). Entrambi interagiscono e si intrecciano nello *spazio mentale* dell'individuo.

Un altro aspetto di particolare importanza per la comprensione del concetto di cyberspazio, è quello dell'interazione tra le relazioni personali reali e quelle virtuali. È logico affermare che le relazioni tra le persone, che si sviluppano nella realtà quotidiana, si basano su rapporti *diretti* e *concreti* e quindi non possono essere definite virtuali. Per contro non è possibile asserire la medesima cosa per le relazioni che si instaurano nel cyberspazio.

Se è vero che nelle relazioni virtuali gli individui non hanno contatti *fisici*, è altrettanto innegabile che le stesse pulsioni che si avvertono in un rapporto reale possono essere percepite (e in molti casi amplificate) nelle relazioni virtuali.

Inoltre, grazie alle moderne tecnologie, è possibile anche soddisfare alcuni sensi dell'uomo grazie all'utilizzo di alcuni accorgimenti tecnologici. Basti citare l'utilizzo delle webcam, che consentono di *vedere* il nostro interlocutore aumentando, di conseguenza, la sensazione di *realtà* della relazione stabilita.

John Suler, docente di Psicologia presso la Rider University, nel suo trattato sul cyberspazio[2], indica due nuovi termini che pos-

---

[1] Wilfred Ruprecht Bion (1897-1979). Psicoanalista britannico e ricercatore nel settore della ricerca psicoanalitica, fu l'artefice di rilevanti lavori scientifici sulla teoria psicodinamica della personalità, che condussero alla creazione del filone "bioniano" della moderna psicoanalisi.

[2] John Suler's *The Psychology of Cyberspace*, http://www-usr.rider.edu/~suler/psycyber/showdown.html.

sono sostituire i termini *reale* e *virtuale* con *In-Person-Relation* (IPR) per identificare le esperienze emotive derivanti dalla presenza fisica e di *Cyber-Space-Relation* (CSR), che identifica il complesso di sensazioni ed emozioni derivanti dalle esperienze conseguite nel mondo virtuale. In realtà i due termini hanno il preciso scopo di porre in risalto la vera peculiarità della dimensione virtuale: la creazione di un nuovo spazio psicosociale irreale ma al tempo stesso collegato e per certi versi completamente integrato nella realtà.

Pertanto la realtà virtuale può assumere la connotazione di un tratto della nostra vita reale, in grado di integrarsi con essa al punto tale da non consentire più alcuna distinzione di *ambiente* proprio in funzione di questa nuova forma di coinvolgimento emotivo dell'individuo che non distingue più il *reale* dal *virtuale*.

Anche Pierre Lévy, filosofo e studioso francese dell'evoluzione e delle potenzialità dei media, asserisce che "il virtuale non è il contrario di reale" e che il cyberspazio può essere inteso come un "processo di trasformazione continuo da una modalità all'altra". Per descrivere meglio queste affermazioni egli introduce due particolari peculiarità che hanno il potere di influire, a livello psicologico, nel cyberspazio: il concetto di spazio *deterritorializzato* e l'*effetto Möbius*.

Il concetto di deterritorializzazione si riferisce a ciò che viene definito come *distacco dal qui e ora*. In sostanza, mentre nel mondo reale i contesti geografici in cui si verificano gli incontri tra le persone possono essere identificati e inseriti in un contesto di razionalizzazione psicologica ben definita, nel cyberspazio gli incontri e le relazioni tra individui si sviluppano in un contesto geografico non più localizzabile. Anche le informazioni, come per coloro che le creano, non sono più facilmente localizzabili dato che per ottenerle utilizziamo un ipertesto che ci fornisce informazioni che sono il frutto di estrapolazioni e filtraggi di sistemi di elaborazione sparsi su tutta la rete Internet. Non a caso, anche se tecnicamente le pagine di ipertesto sono legate a un indirizzo IP (Internet Protocol), è altresì vero che questi indirizzi di Rete potrebbero assumere la connotazione di siti temporanei o potrebbero reindirizzare ad altri portali ubicati altrove. In sostanza il cyberspazio non è da un punto di vista psicologico localizzabile a livello territoriale, e l'individuo, pur con fatica, subisce lo sforzo mentale del distacco dallo spazio fisico e geografico così come si allontana dal concetto di gestione temporale dei rapporti. La gestione del rapporto non risente più di orari o tempistiche precise, si comunica nei tempi e nei luoghi prescelti e la durata della connessione viene stabilita da ogni singolo individuo. Pertanto gli intervalli spazio-temporali non assumono più alcuna importanza sui significati e sul valore della comunicazione stabilita. I cybernauti solo occasionalmente stabiliscono un canale comunicativo nello stesso istante, al contrario sfruttano la pluralità dei tempi e degli spazi in maniera completa, adattando le comunicazioni in funzione delle proprie necessità e comodità.

L'effetto Möbius[3] si riferisce alla caratteristica del *passaggio dall'interno all'esterno e viceversa*. Questi passaggi si manifestano in diversi modi nelle relazioni: da quelle private a quelle pubbliche, dal soggettivo all'oggettivo, dal produttore di informazioni al fruitore delle stesse, dall'azienda al privato, etc. Un esempio per chiarire il concetto potrebbe essere quello del gestore di un blog che attinge informazioni e ne produce allo stesso tempo. Le notizie possono essere prelevate dalla Rete, inglobate in un nuovo contenitore informativo in cui vengono rifinite, approfondite, arricchite o ridotte, fino a produrre un nuovo prodotto informativo che viene riproposto in Rete ove subisce nuove e continue evoluzioni.

In funzione delle considerazioni citate, nel cyberspazio è possibile scambiare il concetto di luogo con quello di sincronizzazione delle informazioni, e il tempo dal momento in cui ci si collega in Rete. Come asserisce lo stesso Lévy:

---

[3] Identifica un passaggio dall'interno all'esterno e viceversa. Il concetto trae origine dall'idea del nastro di Möbius, cioè di una figura che non ha un dentro e un fuori ma un dentro che è un fuori e un fuori che è un dentro. Il nastro di Möbius, che prende il nome del matematico tedesco August Ferdinand Möbius, è un esempio di superficie non orientabile e di superficie rigata. Le superfici, così come siamo soliti intenderle, hanno sempre due lati, quindi è sempre possibile percorrere idealmente uno dei due lati senza mai raggiungere il secondo, salvo attraversando una possibile linea di demarcazione costituita da uno spigolo. Per queste superfici è possibile stabilire convenzionalmente un lato superiore o inferiore, oppure interno o esterno. Nel caso del nastro di Möbius, questo principio non vale: troviamo un solo lato e un solo bordo. Se percorriamo un giro, ci troviamo dalla parte opposta. Solo dopo averne percorsi due ci ritroviamo sul lato iniziale (fonte Wikipedia).

Il computer non è più centro ma estremità, frammento della trama, componente incompleto della rete calcolante universale. Le sue funzioni polverizzate impregnano ogni elemento del tecnocosmo. Al limite, non vi è che un unico computer, un unico supporto al testo, ma è diventato impossibile tracciarne i limiti, definirne il contorno, il suo centro è in ogni dove e la sua estremità in nessun luogo, è un computer ipertestuale, capillare, vivo, pullulante, incompiuto, un computer di Babele: il cyberspazio stesso.

Il contesto psicologico nel cyberspazio

Come abbiamo potuto intendere, il cyberspazio può essere compreso solo se inserito in un contesto di fenomenologia del momento vissuto e non certo come una condizione fisica dell'ambiente. Tuttavia esso non è certamente uno spazio irreale e fantasioso (anche se la fantasia gioca un ruolo predominante), e anche se mentalmente l'idea di circoscriverlo geograficamente e socialmente appare difficoltosa, il mondo virtuale è una realtà concreta e vivente.

Che il cyberspazio sia un elemento *vivente* è testimoniato dal fatto che produce effetti *concreti* e *tangibili* sulla vita delle persone, che in essa vivono esperienze, sensazioni, emozioni, tragedie e gioie come nella vita reale di tutti i giorni.

Il mondo virtuale rappresenta un meccanismo di produzione di esperienze per ogni individuo, che lo rendono componente attivo di una cyber società in cui le diverse esperienze si mescolano e si ritrovano creando una comunione di interessi e di nuovi rapporti umani.

È il concetto, precedentemente riportato, che vede il cyberspazio come una *estensione della propria mente e personalità*, una sorta di dilatazione del mondo reale in un mondo intrapsichico individuale che funge anche da elemento di raccordo tra i due ambienti.

L'esperienza del mondo virtuale produce un ampliamento delle proprie capacità mentali e comportamentali, la mente si proietta in un nuovo percorso in cui è finalmente possibile dare libero sfogo alle proprie fantasie e desideri, ma anche di poter comprendere meglio se stessi e di cercare di scoprire i propri limiti e le potenzialità mai sperimentate. È quindi uno *spazio psicologico* libero, all'interno del quale si muovono con straordinaria energia forze omnidirezionali e di rilevante intensità. Queste forze possono fronteggiarsi, collegarsi, trasformarsi e fondersi in un universo ideale per lo sviluppo di nuove correnti psichiche, ideologiche, sociali. Internet è quindi un spazio in cui la psiche dell'uomo può interagire a livelli diversi, uniformandosi ai processi di comunicazione con gli altri utenti e, in alcuni casi, apportando anche delle modifiche o implementazioni ai processi stessi. In un documento di particolare rilevanza, Suler descrive un parallelismo tra il rapporto *individuo-computer* e il *rapporto genitore-figlio*. In questa simmetria lo psicologo statunitense descrive il rapporto che ci può essere tra il processo di rivisitazione delle esperienze di un individuo vissute nella sua infanzia e la vista del computer come strumento per superare o rielaborare questo vissuto. In sostanza i dispositivi informatici e il mondo virtuale possono consentirci di assumere ruoli e comportamenti legati a precedenti esperienze vissute nel passato.

In funzione di quest'ultima considerazione, è possibile dedurre che il cyberspazio stia assumendo sempre più un'importanza fondamentale nello sviluppo delle dinamiche relazionali e del condizionamento psicologico.

Dal cyberspazio al psychocyberspazio

Uno degli elementi da cui partire per comprendere meglio la struttura del cyberspazio è sicuramente quello della componente psicologica. Anche se organizzato e mantenuto da strutture, tecniche e dispositivi tecnologici, lo spazio virtuale non è *animato* da essi, ma dalla comunità che lo utilizza e lo alimenta. Pertanto sono gli individui che gli consentono di funzionare e di assumere la rilevanza di cui gode. Il suo spazio, che può essere definito o indefinito in funzione della visione di ogni singolo individuo, muta in funzione di dinamiche legate ai nostri desideri e fabbisogni cognitivi ed emozionali. Quindi potremmo definire il cyberspazio come una *dimensione psicologica in cui è possibile assumere un ruolo e di conseguenza esercitare delle azioni o comportamenti*. In un certo senso, il cyberspazio è assimilabile all'immedesimazione, a livello di fantasia e immaginazione che si ha nella lettura di un libro, con la differenza che nello spazio virtuale possiamo assumere una funzione e quindi un'effettiva partecipazione reale nel contesto che stiamo vivendo.

Salomon Resnik, psichiatra e psicoanalista argentino, introduce una considerazione particolarmente interessante sul concetto di spazio mentale[4]. Secondo Resnik, il mondo interiore di ogni individuo è rappresentabile solo in funzione dell'esistenza di uno spazio dominato dall'immaginazione, dalle sensazioni e dai desideri più reconditi che nutriamo. Quindi lo spazio mentale viene definito come

> … verità geometrica e corporea viva e in continuo movimento, in un mondo posteuclideo dove domina la tridimensionalità che si svolge nel tempo, cioè nella quadridimensionalità.

In sostanza lo spazio mentale di ogni individuo non è facilmente descrivibile e identificabile, proprio perché legato a esperienze, emozioni, sensazioni e percezioni diverse e personali. I processi mentali di ogni singolo individuo tuttavia possono essere caratterizzati anche da una sensazione di *vuoto* che può essere avvertita, in modo diverso, da coloro che vivono il cyberspazio. In tal senso è opportuno chiarire il concetto di vuoto. Albert Einstein definisce il vuoto come "un modo di percepire lo spazio, una qualità dello spazio".

Secondo una visione più pragmatica, il concetto di vuoto può essere riconducibile a quel miscuglio di percezioni e sensazioni che si avvertono in un determinato contesto ambientale e sociale. Durante una conversazione, i nostri sensi subiscono una serie di stimolazioni di vario genere che vengono attivati in funzione di segnali, più o meno evidenti, che ci consentono di acquisire significati e informazioni di tipo diverso. In un contesto virtuale queste sensazioni possono essere amplificate (ma nello stesso tempo anche distorte) in funzione dell'assenza del proprio interlocutore.

---

4 Resnik, S. (1985) "La visibilità de l'inconscient", *Rev. Psychothér. Psychanal. Groupe*, nn. 1-2; Resnik, S. (1986) *L'esperienza psicotica*, Boringhieri, Torino.

L'assenza di parole, le attese interminabili nella risposta, l'atmosfera che si registra, possono produrre *un'atmosfera di vuoto* che può essere colma di significati. In assenza dell'immagine reale del proprio interlocutore, il vuoto può assumere una connotazione ben precisa, di elemento determinante nello sviluppo della relazione. Ma quali possono essere le conseguenze della percezione di questa sensazione di vuoto?

Alcuni sostengono che queste percezioni possono incidere, a livello psicologico, negativamente sulle persone, in quanto capaci di alimentare timori, incertezze, insicurezze, dubbi e perplessità derivanti dalla mancanza di sensazioni che si basano su contesti "reali". Tuttavia è altresì vero che le medesime sensazioni possono innalzare il livello di sicurezza di sé o la considerazione verso le proprie capacità e potenzialità. Non a caso è particolarmente elevata la percentuale di coloro che vedono il computer e Internet come uno strumento in grado di sanare le proprie insicurezze, timori o complessi derivanti da aspetti caratteriali particolari. Il fascino del cyberspazio è anche questo: l'ambivalenza del mondo virtuale che consente lo sviluppo di mondi caratterizzati da aspetti affascinanti e sconcertanti al tempo stesso.

Ecco quindi che il cyberspazio assume una nuova dimensione, quella di *psychocyberspazio*, in cui la psiche dell'uomo si pone come interprete principale di un'opera teatrale, assistito da attori minori ma non meno importanti, come il suo passato, le esperienze, le relazioni, i drammi e tutti gli eventi che hanno caratterizzato la sua vita. In questo componimento teatrale si assiste anche all'ingresso in scena di altri interpreti che, come lui, completano e ampliano la trama della rappresentazione.

Le fasi di sviluppo della relazione individuo-cyberspazio

L'approccio al cyberspazio da parte di un individuo determina come diretta conseguenza la nascita di un rapporto di tipo *persona-spazio virtuale*, che produce la creazione di un ambiente psicologico in grado di condizionare relazioni interpersonali e modalità comportamentali. Il rapporto che viene a generarsi tra l'utente e il mondo virtuale, si sviluppa attraverso quattro fasi distinte che conducono il cybernauta in un vero e proprio percorso mentale.

Le fasi, che sono intrinsecamente legate tra loro, possono distinguersi in:

* conoscenza del cyberspazio;
* attivazione del rapporto individuo-cyberspazio;
* coinvolgimento psicologico nel cyberspazio;
* sdoppiamento dell'io.

La *conoscenza del cyberspazio* è la fase preliminare e consiste in un processo di assimilazione di dati e informazioni sul mondo virtuale e sugli strumenti di interfacciamento con la Rete (hardware e software). È la fase in cui l'individuo acquisisce informazioni sulle potenzialità di Internet, dei diversi software disponibili e delle molteplici possibilità offerte dal loro utilizzo. Le informazioni sono innumerevoli e l'interesse della persona si focalizza sui prodotti e le tecnologie legate al raggiungimento dei propri obiettivi, che sono riconducibili ai propri interessi diretti. Entrano in gioco aspetti e considerazioni diverse sulle possibilità del cyberspazio: facilità di socializzazione, ricerca di informazioni di vario genere, abbattimento delle barriere spaziali e temporali, accesso a dati di difficile reperimento (e magari anche riservati). In tal senso lo spazio virtuale appare quasi "magico", in grado di abbattere tutti i limiti imposti nella vita reale. Nell'immaginario collettivo Internet è potenzialmente in grado di soddisfare qualsiasi esigenza e di soddisfare ogni nostro desiderio. È quindi naturale che si attivi sin dalla prima fase, un rapporto diretto, personale e intimo con il computer che rappresenta il mezzo di contatto con questo straordinario mondo di possibilità e occasioni. Una particolare evidenza va attribuita all'aspetto psichico dell'approccio. Il desiderio dell'individuo di appagare i propri desideri può condurre alla sopravvalutazione del mezzo impiegato per il raggiungimento dello scopo. Pertanto l'apparato psichico di un uomo, in funzione della portata delle sollecitazioni emozionali rivolte all'appagamento del desiderio, può essere indotto a sovraccaricare il livello delle aspettative che nutre verso il mondo virtuale. Ecco quindi che dalla fase di *conoscenza dell'oggetto* si passa rapidamente a una fase di *aspettative dell'individuo*, il quale si proietta verso lo strumento con un carica energetica che può condurre, se non controllata, alle azioni e ai comportamenti più inaspettati.

L'*attivazione del rapporto individuo-cyberspazio* corrisponde alla fase reale di ingresso dell'individuo nel cyberspazio. Il nuovo ambiente, diverso da quello reale, presenta due particolari novità che in realtà delimitano fortemente l'individuo (almeno in un primo tempo) nel suo modo di pensare e quindi di agire. La prima è riconducibile alle *disfunzioni sensoriali*, la seconda all'*azzeramento dell'ambiente*.

Per disfunzioni sensoriali possiamo intendere le limitazioni imposte dall'ambiente virtuale. Quando siamo collegati in Rete non ci troviamo in un determinato ambiente, non possiamo vedere realmente i nostri interlocutori, coglierne le espressioni del viso, i gesti, i comportamenti, e non siamo neanche in grado di percepirne gli odori, la voce, i rumori, insomma tutto ciò di percettibile attraverso i nostri sensi. Pertanto non abbiamo a disposizione punti di riferimento oggettivi, dati e informazioni che potrebbero aiutarci a comprendere meglio sia ciò che intende comunicarci il nostro interlocutore sia la reale situazione in cui ci troviamo. Questa condizione psicologica, che inizialmente potrebbe risultare quantomeno disorientante per il cybernauta, può condurlo facilmente a un sostanziale innalzamento dei livelli di diffidenza e di difesa nel contesto virtuale in cui si trova ad agire. In realtà la mente ha appena iniziato un processo di adattamento psicologico al nuovo ambiente (così diverso da quello reale) che nel giro di poco tempo, lo porterà ad ambientarsi al mondo del cyberspazio. Una delle modifiche sostanziali percepibili nel passaggio dal mondo reale a quello virtuale, riguarda proprio *la sostituzione del linguaggio parlato con il linguaggio scritto*. Tutte le maggiori applicazioni fruibili in Rete (dalle chat alla posta elettronica, ai social software) utilizzano il linguaggio scritto, pertanto la mente deve abituarsi ad abbinare rapidamente lo scritto alla persona che risulta "non visibile" o comunque "non presente" come in una normale relazione reale. Pertanto, come abbiamo già asserito, tutte le informazioni derivanti dall'osservazione del linguaggio reale (visione dell'interlocutore), vengono perse.

L'azzeramento dell'ambiente è riconducibile all'assenza dell'ambiente reale in cui normalmente si trova ad agire. Non viene richiesto l'adattamento ad ambienti diversi, spostamenti da effettuare, o località geograficamente distanti da raggiungere, tutto è disperso e concentrato allo stesso tempo. Tutto è raggiungibile dalla propria poltrona di casa, e il mondo intero non è più come lo immaginiamo nella realtà, ma diventa astratto e impercettibile. Come d'incanto possiamo stabilire una relazione di lavoro o di amicizia, con una persona distante migliaia di chilometri e senza alcun tipo di costo o impedimento di tipo diverso. In tal senso si assiste a un innalzamento del proprio senso di potenza e del livello di opportunità fruibili. L'energia individuale aumenta in funzione di quell'apparente sensazione di "onnipotenza" che può portarci a comportarci in maniera diversa o ad assumere atteggiamenti a noi finora estranei.

In sostanza, il cyberspazio ci offre opportunità che la realtà quotidiana ci nega. In tal senso le diffidenze e le resistenze iniziali cominciano a diminuire, fino a cedere il posto alla disinibizione più completa, esaltata dalle possibilità offerte dalla riservatezza più assoluta che il cyberspazio. L'anonimato è una delle maggiori peculiarità di Internet, e da un punto di vista psicologico rappresenta l'elemento di maggiore attrattiva per l'individuo, proprio perché in grado di fornire un supporto ideale al desiderio di dare libero sfogo, in modalità del tutto anonima, ai suoi desideri più inespressi e inconfessabili.

Il *coinvolgimento psicologico nel cyberspazio* è la fase in cui si realizza, quasi inconsciamente, quell'azione di trasporto assoluto della psiche dell'uomo nel mondo virtuale della Rete. Alcuni degli elementi citati precedentemente, come l'anonimato e la sicurezza derivante dalla neutralizzazione della nostra identità, fungono da combustibile per alimentare quel motore che ci spinge ad addentrarci sempre di più nei meandri del cyberspazio al fine di poter realizzare i nostri desideri, le fantasie e le ambizioni più nascoste. Le pulsioni aumentano in funzione delle tipologie di applicazioni che utilizziamo (chat, forum, videoconferenze, blog, wiki e molti altre *utilities* di comunicazione, condivisione e interazione sociale), e che si autoalimentano costantemente grazie al nostro crescente coinvolgimento psicologico. Altro aspetto psicologico rilevante che induce l'individuo a compenetrarsi sempre di più nel cyberspazio, è la sensazione di *sicurezza* che il mondo virtuale offre meglio di chiunque altro. Possiamo *entrare* e *uscire* dalla Rete nei tempi e nelle modalità che stabiliamo noi. Possiamo abbandonare un gruppo di discussione senza scuse o spiegazioni, concludere un'amicizia virtuale senza troppi discorsi e instaurare nuove relazione senza mediazioni o intercessioni di amici o conoscenti. Ma il cyberspazio ci consente anche di abbattere le posizioni sociali, le differenze derivanti da possibili appartenenze a gruppi sociali, etnici, politici e religiosi che nella vita reale potrebbero costituire un impedimento per la socializzazione o addirittura un elemento di allontanamento e di isolamento per molte persone. Inoltre il cyberspazio può garantirci la possibilità di attivare innumerevoli rapporti sociali grazie a strumenti (come Facebook) che possono darci l'opportunità di intessere relazioni personali senza limiti di sorta e in grado di regalarci quelle pulsioni ed emozioni che nella vita di tutti i giorni sono sempre meno presenti. Proprio su queste *relazioni virtuali*, l'aspetto psicologico assume un rilievo estremo che può condurci a livelli di trasformazione e/o sdoppiamento della nostra personalità, come vedremo nella fase finale dello sviluppo della relazione individuo-cyberspazio.

Lo *sdoppiamento dell'io* rappresenta la fase culminante della sublimazione del rapporto individuo-cyberspazio. La persona è tendenzialmente portata ad assumere due distinte personalità. La prima è quella che potremmo definire *reale* (ma non per questo rispondente a come noi effettivamente siamo), che si mostra al mondo in cui viviamo, che utilizziamo con gli altri, e che ci rappresenta nella vita di tutti i giorni. Potremmo definirla come l'abito che abbiamo deciso di indossare per mostrarci agli altri. La seconda è solitamente quella più rispondente alla realtà, a come noi siamo, a ciò che realmente pensiamo, in cui si celano anche i nostri ricordi più intimi, le nostre esperienze, i nostri drammi, i desideri inconfessati, le aspettative celate, le speranze attese, insomma tutto ciò che pervade la nostra mente quotidianamente e per tutto il nostro percorso di vita. Nel mondo virtuale è finalmente possibile dare sfogo al nostro secondo "io", liberando i desideri e riducendo le inibizioni che nella realtà quotidiana ci opprimono. Tuttavia non per questo l'individuo tende a rivelarsi come realmente è. L'anonimato, ma soprattutto la possibilità di non avere un rapporto diretto e reale con l'interlocutore, ci consente di apportare alcune modifiche alla nostra immagine, riducendo il più possibile i nostri difetti (vi siete mai chiesti quante sono le persone che trascorrono interminabili settimane nel tentativo di identificare la propria foto migliore da inserire su Facebook?), e di mostrare aspetti caratteriali non proprio rispondenti al vero (un esempio sono le citazioni poetiche che abbondano sulle pagine personali dei social network, nella speranza di dare un'immagine di sé come di una persona particolarmente romantica e sensibile). Quindi il fattore psicologico dell'individuo gioca anche in questo caso un ruolo determinante. La duplicità comportamentale dell'individuo può condurre alla comprensione e al miglioramento di alcuni difetti, ma l'esternazione di desideri e ambizioni particolari può portare anche a forme di degenerazione psicologica dalle conseguenze impreviste.

È la mente a dirigere la nostra azione nel cyberspazio, e per questo motivo possiamo indicare questo ambiente virtuale come psychocyberspazio.

Come abbiamo potuto comprendere, nel cyberspazio la psiche dell'uomo compie un viaggio continuo, assorbendo informazioni che giungono da angolazioni differenti e azionando metodologie comportamentali nuove o strutturate in funzione dell'ambiente in cui si trova a interagire. È quindi un percorso in cui la mente sperimenta nuove azioni, elabora nuovi pensieri e ne modifica altri, interagisce con entità diverse che si intrecciano in questo spazio che non ci consente di identificare con "chi" o con "cosa" stiamo interagendo.

In questo psico-ambiente virtuale in continua mutazione, anche la mente apparentemente più "normale" può subire alterazioni o evoluzioni imprevedibili che possono condurla a compiere azioni impensabili o perfino drammatiche.

Stiamo parlando delle molteplici forme di degenerazione psicologica che hanno trovato nel cyberspazio un ambiente in cui è possibile trovare una dimensione di realizzazione o uno strumento in grado di conseguire obiettivi difficilmente conseguibili in altro modo. Turbamenti e fantasie sessuali, aggressività repressa, rivalsa verso la società, egocentrismo, narcisismo esasperato, desiderio di vendetta, ambizione sfrenata, sono solo alcune delle pulsioni più negative dell'uomo che possono nascondersi nell'anonimato della Rete.

Un aspetto di particolare rilevanza nello studio del rapporto tra individuo e computer, è anche la tendenza, con il trascorrere del tempo, a vedere il proprio terminale come un dispositivo *animato* e quindi in qualche modo assimilabile a un organismo vivente con cui stabilire un rapporto umano. Anche se apparentemente questa affermazione può risultare esagerata, nei comportamenti di molti individui non è insolito percepire atteggiamenti che lasciano intendere la presenza di un rapporto di *intimità umana* con il proprio computer.

D'altronde, come sostiene Jean Baudrillard[5] in molti dei suoi scritti, nel mondo attuale si percepisce una sostanziale dematerializzazione della realtà e l'interesse dell'uomo è indirizzato verso i media e soprattutto verso le nuove metodologie di comunicazione. Quindi il computer assume la connotazione di una naturale estensione del proprio corpo, e in quanto tale viene considerato non più come uno sterile e freddo prodotto della tecnologia, ma come un elemento che fa parte di noi e che ci consente di interagire con un mondo in grado di esaudire gran parte dei nostri fabbisogni e di lenire molte delle nostre insoddisfazioni personali. Il psychocyberspazio diventa un mondo parallelo nel quale è possibile, senza limiti di sorta, esaltare le proprie capacità e dare libero sfogo al proprio modo di essere. Considerando che l'uomo è naturalmente proiettato verso la ricerca di nuove strade per esprimere se stesso e le sue convinzioni, disporre di un mezzo così potente rappresenta un punto di svolta fondamentale per la volontà di esprimere la propria fantasia e consapevolezza.

Pur avendo compreso che l'aspetto psicologico nel cyberspazio assume un ruolo determinante, è opportuno ritornare ad analizzare ancora due aspetti fondamentali che possono fornire un ulteriore contributo alla comprensione dell'importanza della componente psicologica: la condizione psicologica individuale nell'ambiente del cyberspazio e il livello di soddisfacimento immediato dei propri bisogni.

Per quanto concerne il primo punto, possiamo partire dall'analisi della condizione psicologica dell'individuo nel momento in cui si collega in Rete. In funzione delle peculiarità del mondo virtuale, ormai ben chiarite, l'individuo è in grado di avvertire la sua presenza in Rete come uno stato di alterazione cosciente molto

---

[5] Famoso sociologo e scrittore francese nato a Reims, nel 1929.

simile a un sogno a occhi aperti. Le caratteristiche personali, il periodo storico che si sta vivendo, le esperienze personali, i desideri e le speranze, si mescolano e agiscono sulla psiche dell'individuo producendo un'energia nuova finalizzata alla ricerca di forme di appagamento diverse. La dimensione di assenza spaziale (riconducibile alla possibilità di spostarsi facilmente e istantaneamente in ambienti diversi o di condividerli simultaneamente) è un altro elemento determinante per il rafforzamento della sensazione di dominio del mondo virtuale. L'individuo può essere ovunque, attivare relazioni interpersonali a livello mondiale, dare un'immagine diversa di sé collegandosi a comunità virtuali, social network, gruppi di discussione, modificandosi in funzione dei propri obiettivi. Questa possibilità può determinare un crescita esponenziale della propria autostima e una conseguente alterazione dei propri limiti e capacità, fino a sfociare in possibili manifestazioni caratteriali incontrollate e fuorvianti. Con l'assenza della percezione di alcuni elementi come l'ambiente e il tempo, le esperienze individuali risultano accelerate e condizionanti, e possono condurre, anche in questo caso, a forme di deviazione psicologica e comportamentale.

Il livello di soddisfacimento immediato dei propri bisogni è l'elemento che determina l'attaccamento all'ambiente virtuale, che può degenerare in quella nuova e complessa patologia definita *dipendenza dalla Rete* o *retomania*.

Anche in questo caso parliamo di un processo mentale che si basa sul piacere derivante dall'immediato appagamento dei propri bisogni. La gratificazione di desideri e piaceri che il cyberspazio può produrre è istantanea ed estesa ad ampi settori. Un esempio per tutti: il dilagare della pornografia in Rete. All'Adult Entertainment Expo tenutosi a Las Vegas nel 2010, secondo i dati pubblicizzati, negli Stati Uniti ogni secondo vengono spesi 3.075 dollari per l'acquisto di materiale pornografico sul web e 28 mila utenti guardano materiale per adulti; ogni 39 minuti viene creato un nuovo video erotico; ogni giorno 68 milioni di utenti *on-line* digitano termini hard nei motori di ricerca. A livello mondiale, 72 milioni di utenti all'anno (per il 28% donne) consultano i 4,2 milioni di siti per adulti presenti sul web (il 12% di tutti i siti esistenti).

Inoltre la disponibilità di connettività a banda larga e l'alta definizione consentono di utilizzare il cyberspazio come uno sterminata videoteca disponibile stando comodamente seduti in poltrona. Una parte del cyberspazio ha assunto la connotazione di un gigantesco contenitore porno-self-service che permette ai fruitori non solo di guardare i film ma anche di condividerli, commentarli, scambiarli. Solo negli Stati Uniti i guadagni del porno *on-line* vengono stimati intorno ai 2,5 miliardi di dollari. Anche in questo caso è interessante notare una nuova sfumatura dell'aspetto psicologico. Molti fruitori di questi prodotti assumono anche il ruolo di protagonisti attraverso la realizzazione di filmati amatoriali fatti in casa che vengono poi immessi (a pagamento) nel circuito mondiale del commercio di materiale pornografico. Da consumatore a produttore e viceversa, con questo esempio si evince la facilità di spostamento di ruoli e funzioni nel mondo virtuale che introduce il concetto di *identità multiforme* realizzabile nel cyberspazio che trae origine dallo sdoppiamento dell'io.

Conclusioni

Come abbiamo potuto comprendere, l'aspetto psicologico dell'uomo assume un ruolo e un valore determinante nel cyberspazio, non solo come strumento di governo ma soprattutto come elemento di indirizzo. Apparentemente indescrivibile e delimitabile, a causa dei limiti imposti ai sensi dell'uomo, il mondo virtuale appare come un oggetto sicuramente *vivente* ma oscuro e nel contempo dalle enormi e ancora inesplorate potenzialità.

In funzione di ciò, come abbiamo già asserito, non è più possibile definire il cyberspazio come un ambiente *virtuale*, termine che identifica un qualcosa di ipotetico o probabile ma non certo *reale*. Esso è al contrario qualcosa di *esistente* e quindi *reale*, e in quanto tale capace di produrre effetti. È possibile definirlo come un *processo creativo* se consideriamo che ciò che è *virtuale* può diventare *possibile* e quindi *concreto* e *attuale*. In questo modo viene a realizzarsi quel processo che consente il passaggio da virtuale a reale, che viene visto come la fase di creazione di una realtà diversa che si affianca e che si fonde con quella del reale quotidiano. Da ciò ne deriva che le due realtà non solo coesistono ma possono anche fondersi. Quindi il cyberspazio non è più fantasia o immaginazione, ma un diverso contesto di realtà e può essere concepito come uno spazio psicologico al cui interno si spostano forze molteplici e contrastanti che si fronteggiano e si modificano in funzione dell'evolversi degli eventi.

L'esistenza stessa del cyberspazio è resa possibile dalla psiche dell'uomo. È l'individuo a fornirgli dimensioni e funzioni diverse, contesti e significati differenti che mutano continuamente e senza alcun condizionamento. L'aspetto psicologico è l'alimento stesso del cyberspazio, che ne determina la sua conformazione e gli effetti sulla società contemporanea. In conclusione, lo spazio mentale, nel cui alveo il cyberspazio trova i suoi punti di sviluppo e di alimento, non è uno spazio irreale e delimitato ma rappresenta il vero motore di spinta dello sviluppo del mondo virtuale. Resta solo da capire, in futuro, quale dei due mondi riuscirà a prevalere sull'altro.

Intelligenza Artificiale: la meta finale

Premessa

Con il termine *homo sapiens* si identifica l'essere umano come essere vivente dotato di capacità mentali in grado di elaborare pensieri e costrutti mentali. Nel corso dei secoli l'uomo ha sempre tentato di comprendere il funzionamento del proprio sistema cerebrale e le sue inestricabili metodologie di funzionamento, fino a chiedersi quale fosse il significato stesso dell'esistenza della sua forma di intelligenza. Non era ancora stato coniato il termine di *Intelligenza Artificiale* nel 1956 quando durante un seminario nel prestigioso Dartmouth College ad Albacete (Spagna) il matematico John McCarty identificò quella nuova scienza che avrebbe portato l'uomo a spingersi verso orizzonti che apparivano per quel tempo quasi fantascientifici. È opportuno ricordare che lo studio sulla possibilità di costruire entità intelligenti risale al XVIII secolo.

Proprio in quel periodo Jacques de Vaucanson costruì un'anatra artificiale dalle capacità (per l'epoca) a dir poco fantascientifiche: non era solo in grado di nuotare ma anche di ingoiare chicchi di grano. Nel frattempo, un semisconosciuto orologiaio elvetico Pierre Jacquet-Droz si dilettava nel fabbricare alcuni "robot" (attualmente conservati nel Museo di Arti e Storia di Neuchâtel) tra cui primeggia un giovane musicista in grado di eseguire fino a cinque diverse melodie utilizzando la tastiera di un autentico organo a canne. Tutti i movimenti di quello che potremmo definire come il primo esempio di robot venivano gestiti tramite una serie di codici memorizzati su appositi piccoli dischi metallici. Potremmo considerare questo sistema di gestione automatica del "musicista meccanico" il primo esempio di programmazione di un dispositivo tecnologico.

Il grande filosofo e matematico Gottfried Wilhelm von Leibniz, nel 1673, presentò alla Royal Society di Londra la prima calcolatrice meccanica in grado di moltiplicare e dividere grazie a un traspositore[1]. A lui si deve anche l'introduzione del sistema numerico binario, frutto di una sua mirabile intuizione ripresa successivamente da George Boole e attualmente utilizzata diffusamente in informatica. Potremmo citare altri esempi di illustri e meno conosciuti scienziati e matematici che, nel corso degli anni, concentrarono i loro studi sulla costruzione di congegni di vita artificiale per dimostrare che si sarebbe potuti giungere, un giorno, a una forma di intelligenza "non-naturale".

Tuttavia la vera svolta in questo particolare settore scientifico la si ebbe nel 1950, grazie al formidabile ingegno di uno dei più illustri matematici che siano mai esistiti: Alan Mathison Turing. In quell'anno, l'uomo conosciuto per essere l'inventore della famosa macchina di Turing[2], nell'articolo "Computing Machinery and Intelligence" (pubblicato sulla rivista *Mind*), descrisse un esperimento

---

[1] Il congegno poteva eseguire velocemente moltiplicazioni e divisioni e si basava su uno speciale meccanismo, detto tamburo differenziato, che conteneva nove denti di lunghezza crescente (noto come Ruota di Leibniz). La ruota dentata con esso accoppiata, potendo scorrere lungo la direzione del suo asse, veniva a trovarsi in posizione relativa diversa rispetto ai denti di lunghezza variabile del tamburo, e quindi poteva ingranare con un numero variabile di denti. Combinando insieme alcuni di questi tamburi era possibile moltiplicare e dividere sfruttando la ripetizione automatica di somme e sottrazioni.

[2] È concettualmente una macchina che può essere intesa come un congegno ideale, che può trovarsi in stati determinati e che agisce in funzione di stringhe strutturate su regole ben precise. Rappresenta il primo modello di calcolo a cui si deve lo sviluppo dei moderni computer. La maggiore delle peculiarità è quella di essere retta da regole molto semplici e inoltre è possibile presentare sinteticamente le sue evoluzioni mediante descrizioni meccanicistiche piuttosto intuitive. La macchina di Turing rappresenta, ancora oggi, un efficace strumento teorico molto utilizzato nella teoria della calcolabilità e nello studio della complessità degli algoritmi.

concettuale per stabilire se una macchina in grado di elaborare dati (computer) fosse in grado o meno di "ragionare".

L'esperimento, oggi noto come *test di Turing*, si basava sul "gioco dell'imitazione" e sulla presenza di un esaminatore che aveva il compito di capire, fondandosi unicamente su una serie di domande, se il suo interlocutore fosse di sesso maschile o femminile. Nel test, il matematico inglese immaginò di sostituire alla donna una macchina, assegnando all'esaminatore il compito di distinguere l'uomo dal computer. Una serie di test convinsero Turing (e non solo) che annullata la presenza di un corpo fisico (inteso come sembianze umane), l'intelligenza è un fatto esprimibile e riconoscibile soltanto mediante sequenze ben costruite di simboli. Nell'articolo aggiunse anche che le future "macchine intelligenti" avrebbero potuto raggiungere capacità linguistiche tali da consentire loro di conversare con il proprio interlocutore. Forse senza che se ne rendesse conto aveva spalancato una porta che, per l'epoca, poteva risultare sconosciuta se non addirittura incomprensibile. In realtà l'esperimento aveva condotto alla nascita di un nuovo e impensabile rapporto tra le macchine, l'uomo e il mondo che lo circonda.

Il test, inoltre, si basava sostanzialmente sulla capacità di una macchina di imitare l'uomo e di utilizzare proprio il linguaggio quale mezzo di comunicazione con l'esaminatore. Essendo il linguaggio uno strumento di esternazione del pensiero dell'uomo (che risulta inaccessibile), cosa impedisce alle macchine di poter elaborare dei costrutti mentali in funzione della memorizzazione di una serie di risposte a domande specifiche?

Anche se nella prima metà del Novecento psicologi e filosofi erano ben lungi da ipotizzare possibili legami tra la mente umana e uno "strumento meccanico" in grado di effettuare alcune elementari elaborazioni, Turing poneva un problema ancora oggi molto avvertito nelle scienze cognitive. Egli stesso domandava: "Non possono forse le macchine comportarsi in una maniera che deve essere descritta come pensiero, ma che è molto differente da ciò che fa l'uomo?".

A distanza di oltre cinquant'anni, le intuizioni e i dubbi espressi da Turing appaiono ancor più reali in virtù delle recenti evoluzioni e scoperte in particolare nel campo dell'Intelligenza Artificiale e soprattutto sullo sviluppo di reti neurali artificiali.

Il concetto di Intelligenza Artificiale

Attualmente l'Intelligenza Artificiale (IA) abbraccia una serie di settori di primaria importanza come l'apprendimento e la percezione, ma si spinge anche in altri ambiti come la dimostrazione di teoremi matematici, lo studio di malattie o anche la comprensione delle metodologie di apprendimento dei giochi, come per esempio quello degli scacchi. Anche se lo studio dell'IA spazia in settori e materie apparentemente diverse tra loro, in verità essa si concentra sullo studio dell'automazione di alcune attività intellettive con l'obiettivo di renderle schematiche e applicabili a qualsiasi contesto del pensiero umano. In funzione di ciò, potremmo delimitare le aree di interesse dell'IA a due macroaree di interesse: il *ragionamento* e il *comportamento*.

Come evidenziato con l'esperimento di Turing, basato sull'impossibilità di distinguere un essere umano da un sistema elettromeccanico, il computer sarebbe dotato delle seguenti potenzialità:

- capacità di interpretare il linguaggio;
- acquisizione ed elaborazione della conoscenza;
- elaborazione automatica (o ragionamento automatico).

La capacità di interpretare il linguaggio si esplica con la capacità di comunicare con il proprio interlocutore con il suo linguaggio nativo. Il sistema, mediante la catalogazione delle parole e quindi di diversi linguaggi, può interagire con l'essere umano senza manifestare differenze o anomalie come se fosse anch'esso un essere vivente. L'acquisizione della conoscenza può essere determinata mediante *appositi processi di apprendimento graduale*. Il grande vantaggio dei sistemi elettronici risiede nella loro capacità di accumulare e memorizzare enormi quantità di informazioni che possono essere *filtrate* e *incrociate* in funzione delle esigenze. Ciò determina la nascita di una base informativa e culturale (base di conoscenza – BC) che può consentire di simulare una presenza umana di notevole erudizione. In funzione dei dati memorizzati (e in continua evoluzione), il sistema potrebbe effettuare autonomamente elaborazioni diverse, in base a situazioni e condizioni diverse. Inoltre la fase di elaborazione dei dati potrebbe consentire di raggiungere traguardi al momento impraticabili, ma di certo possibili come quello del *autonomous reasoning* del sistema. Pertanto, l'obiettivo dell'IA è quello di realizzare macchine in grado di comportarsi come esseri umani. Se è vero che Turing ha dimostrato l'indistinguibilità tra un dispositivo tecnologico e un essere umano, allora la strada che conduce alla realizzazione di un dispositivo dotato di "intelligenza artificiale" è praticabile. D'altronde, attualmente troviamo esempi di applicazioni che tendono a sostituire l'uomo in alcune applicazioni in cui la variabilità dei comportamenti e delle risposte assume un ruolo predominante. Mi riferisco ai *call center* automatizzati che sfruttano i sintetizzatori vocali per interagire con utenti che presentano richieste diverse. Questo semplice ma straordinario servizio offerto da una molteplicità di aziende costituisce uno degli esempi di interazione uomo-macchina che può essere collocato nel settore delle applicazioni dell'IA. La rete Internet in questi ultimi anni ha contribuito in maniera determinante allo sviluppo di nuove applicazione e all'ampliamento delle potenzialità dei sistemi di IA. Consideriamo la possibilità di acquistare un prodotto a un'asta elettronica su Internet: il sistema del rilancio delle offerte potrebbe essere completamente governato da un software che potrebbe mettersi in competizione con l'acquirente del prodotto attivando un meccanismo di lievitazione del prezzo del prodotto in vendita. L'utente non avrebbe nessuna percezione della reale consistenza "fisica" del suo concorrente.

Sviluppi dell'IA: un po' di storia

Come abbiamo già accennato, i tentativi dell'uomo di realizzare forme di Intelligenza Artificiale risalgono al XVIII secolo. Ma fu nel 1943 che W.S. McCulloch e W.H. Pitts presentarono un lavoro in cui si proponeva un modello di neurone che costituiva la base di partenza per lo studio delle future reti neurali.

Tuttavia, prima di procedere alla descrizione delle scoperte che hanno rivoluzionato lo studio dell'IA, si rende indispensabile una migliore comprensione del significato di rete neurale partendo dalla definizione stessa del *neurone*. Le descrizioni successive non vogliono assumere la connotazione di un ampio trattato sul funzionamento del cervello umano (non basterebbe un'intera enciclopedia e vi sono testi specifici per questo) ma serviranno a chiarire, nella maniera più semplice e chiara, alcuni concetti sul funzionamento del sistema nervoso dell'uomo, soprattutto per agevolare la comprensione dei concetti che saranno introdotti successivamente.

Non è banale affermare che il cervello dell'uomo rappresenta il più mirabile e ingegnoso, e ancora oggi misterioso, esempio di perfezione cellulare. Come in ogni organismo vivente e pluricellulare, troviamo una serie di complesse organizzazioni di cellule nervose. I compiti assegnati a queste strutture cellulari sono soprattutto quello di governare tutti i nostri sensi e, tra gli altri, riconoscere le modificazioni dell'ambiente esterno, memorizzarle e gestire le reazioni agli stimoli provenienti dalle stesse.

Tutte queste complesse operazioni vengono affidate a reti biologiche che utilizzano degli elementi computazionali meglio noti con il termine di *neuroni*. Il sistema nervoso centrale si basa su un'immensa rete di connessioni (si stimano almeno trenta miliardi di neuroni interconnessi tra loro) a cui è affidata la gestione delle trasmissioni delle informazioni di tutto il sistema nervoso centrale.

Il neurone è composto da tre elementi principali (Fig. 1):

*   il *soma*, rappresentato dal corpo della cellula. Al suo interno si verifica l'aggregazione delle informazioni provenienti dai dendriti. L'aggregazione avviene in funzione sia temporale (frequenza dei segnali ricevuti) che in funzione spaziale (vicinanza dei dendriti);

*   l'*assone*, che rappresenta la linea di uscita del neurone che si dirama in migliaia di ramificazioni nervose;

*   il *dendrite*, elemento di ingresso del neurone che riceve una serie di segnali da altri assoni mediante dei collegamenti (sinapsi) che consentono la comunicazione tra le diverse cellule del tessuto nervoso.

A questo punto, cerchiamo di comprendere come avviene l'elaborazione e il trasferimento delle informazioni per mezzo del neurone. L'informazione all'interno del neurone viene veicolata per mezzo dei dendriti, che possono anche essere migliaia, e viene elaborata all'interno del soma. A questo punto l'informazione inizia il suo percorso lungo l'assone che si occupa di veicolarla con le sue terminazioni ramificate verso i dendriti di altri neuroni (sinapsi).

Le sinapsi (Fig. 2) sono degli interstizi tra il filamento di una ramificazione dell'assone di un neurone e il dendrite di un altro neurone. Le sinapsi esercitano un ruolo fondamentale nell'apprendimento dell'essere umano grazie alla loro particolare caratteristica che consente loro di rinforzarsi o affievolirsi e addirittura scomparire in funzione di una serie di eventi o condizioni (per esempio la frequenza di sollecitazioni nel tempo).

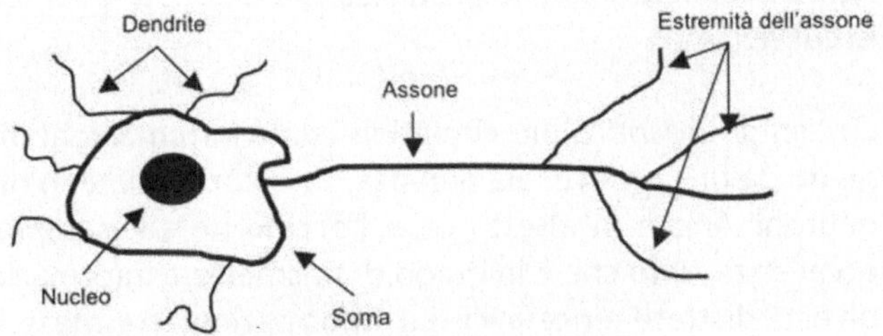

Fig. 1. *Struttura del neurone*

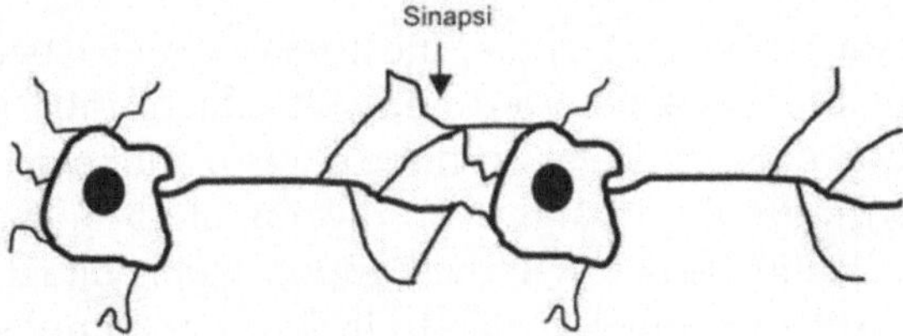

Fig. 2. *Sinapsi tra due neuroni*

Come è facile intuire, il neurone ancora oggi rappresenta la cellula più complessa che la natura ci abbia consegnato. È facile credere che riproduca anche il più straordinario e complesso sistema di elaborazione, ed è proprio per questo motivo che la scienza gli ha dedicato interi settori di studio e ricerche continue, nel tentativo di comprenderne appieno il suo funzionamento. Una parte di questi studi è indirizzata soprattutto alla comprensione della possibilità di riprodurre "artificialmente" le funzioni e le interazioni di questo affascinante elemento della natura. Per completare il quadro scientifico, è indispensabile chiarire anche il funzionamento dei *circuiti neurali*. Esistono diverse configurazioni di circuiti neurali che possono essere raggruppate nelle seguenti due tipologie fondamentali:

- *Circuiti convergenti*. Sono circuiti in grado di sommare le informazioni provenienti da neuroni diversi su di un unico neurone. L'esempio classico è costituito dagli occhi, le mani, le orecchie che insieme trasmettono una serie di informazioni che vengono concentrate in un unico neurone che le elabora per ottenere il riconoscimento degli oggetti che circondano l'ambiente in cui viviamo.

- *Circuiti divergenti*. Sono circuiti in cui le informazioni provenienti da un'unica cellula nervosa sono convogliate in diversi neuroni. Anche in questo caso, l'occhio ne è l'esempio per eccellenza, dato che è in grado di trasmettere informazioni a diversi distretti encefalici. Le informazioni trasmesse alle diverse mappe possono essere elaborate e sincronizzate tra le diverse aree della memoria.

Da questa rappresentazione, piuttosto semplicistica ma di facile comprensione per il lettore, risulta chiaro che il neurone è una sorta di unità di elaborazione e trasmissione di informazioni, in grado di interagire con diverse unità di ingresso e uscita di dati (unità di I/O - Input/Output). Ogni unità di I/O fornisce dati che vengono analizzati in funzione di nuove informazioni disponibili e di incrocio con le informazioni memorizzate in precedenza. In sostanza le reazioni vengono decise in funzione di una *base di conoscenza* (BC) disponibile e costantemente aggiornata.

Proprio sulla base di questo concetto, McCulloch e Pitts elaborarono un *modello neuronale artificiale* in cui ogni neurone poteva rappresentare due stati: acceso e spento (on/off oppure 0/1). Lo stato poteva essere modificato in funzione della risposta allo stimolo da parte di una serie di neuroni adiacenti. In questa veste il neurone assume una conformazione di elemento di elaborazione similare a quella di un computer. Come se non bastasse, McCulloch e Pitts asserirono che ogni funzione computabile poteva essere elaborata da una rete di neuroni collegati e che tutti gli operatori logici (and, or, not, xor, etc.) potevano essere attivati con delle strutture a rete. Sostennero inoltre che le reti neurali, opportunamente implementate, potevano essere in grado di apprendere.

Nel 1949, Donald Hebb propose una struttura di aggiornamento in grado di modificare i pesi delle connessioni tra neuroni, meglio nota come *apprendimento hebbiano*. Qualche anno più tardi (1951), Marvin Minsky e Dean Edmonds, studenti del Dipartimento di Matematica della Princeton University, realizzarono il primo computer basato su reti neurali. Denominato SNARC (Stochastic Neural-Analog Reinforcement Computer), il sistema, che si basava sull'apprendimento casuale di una rete neurale elettronica, utilizzava ben 3000 tubi a vuoto e un sistema di pilotaggio ricavato da un bombardiere americano della Seconda Guerra Mondiale in grado di simulare una rete di 40 neuroni. Minsky, in particolare, era convinto della possibilità di realizzare un elaboratore in grado di manipolare non solo dati numerici ma anche simboli di tipo linguistico per la comprensione di metodologie di ragionamento basate su analogie e senso comune. In realtà se esaminiamo la logica adottata dai computer ci rendiamo conto che mal si adatta alla descrizione dei processi del pensiero umano, che vengono influenzati da una molteplicità di informazioni diverse. Tuttavia Minsky, per risolvere questa rilevante differenza di metodologia, si affida al concetto di *frame* e cioè un contesto informativo in grado di fornire al programma di elaborazione una varietà di informazioni che trattano classi di oggetti e/o situazioni. Nel momento in cui il sistema viene posto davanti a un problema da risolvere, esso seleziona un *frame* e tenta di applicarlo per risolvere il problema posto. Se il risultato è negativo procede all'adozione di un altro *frame* proseguendo allo stesso modo fino all'adozione di quello giusto.

Il concetto del *frame* elaborato dallo scienziato trae origine da una riflessione sul funzionamento del cervello umano. Secondo Minsky la mente funziona in maniera analoga a una *società di agenti*[3] altamente specializzati, che vengono utilizzati in funzione delle loro specificità. È il concetto del *decentramento*, e può essere esplicato con un semplice esempio come quello del guidatore che impegnato nella guida dell'automobile viene condizionato da molteplici agenti:

- quelli relativi alla *presa* delle mani che reggono il volante;
- quelli del *sincronismo* nella gestione delle mani tra volante e cambio;
- quelli della *vista*, per la visione dell'ambiente in cui ci muoviamo con l'auto;
- quelli del *movimento* delle mani e dei piedi.

Ogni agente svolge le sue funzioni in perfetta interazione con gli altri e impegnando solo parzialmente l'utilizzo del cervello. Non a caso mentre guidiamo la nostra auto possiamo sentire la radio e parlare al telefono, magari fumando una sigaretta o mangiando un biscotto. Alle volte l'interazione tra queste diverse azioni può condurre alla generazione di *conflitti* tra i diversi agenti che possono essere risolti mediante elaborazioni mentali immediate (smettere di parlare al telefono in auto quando si avvista un pericolo sulla strada). Soprattutto in funzione di queste riflessioni, Minsky ammette che i computer, pur essendo eccezionalmente veloci e in grado di effettuare elaborazioni complesse, si rivelano inadeguati e non in grado di effettuare tutti i compiti particolari che vengono normalmente gestiti da un cervello umano.

Il problema sostanziale risiede nell'incapacità del computer di gestire la conoscenza in maniera adeguata, di elaborare correttamente tutti gli avvenimenti, le reazioni pratiche, le ten-

---

[3] Per agente si intende un qualcosa che agisce o che fa qualcosa. Meglio noti come agenti razionali, nel settore informatico essi possiedono caratteristiche particolari che li distinguono dai semplici programmi utilizzati dai computer. A loro viene attribuita una capacità di controllo autonomo e di percezione dello scenario in cui operano, adottando comportamenti diversi in funzione delle mutazioni che si verificano. In buona sostanza, un agente razionale agisce in modo da conseguire il risultato migliore in funzione delle informazioni disponibili, che possono variare nel tempo.

denze, le disposizioni che concorrono alla formazione del bagaglio di esperienze dell'uomo e che gli consentono di agire e di effettuare rapidi cambiamenti in funzione delle mutazioni che si verificano nel tempo e nello spazio. Tuttavia Minsky asserisce anche che le incessanti evoluzioni tecnologiche garantiranno nel futuro lo sviluppo di computer in grado di "apprendere" dall'esperienza e di comportarsi in maniera "intelligente". È solo un problema di architetture evolute, in grado di comprendere chiaramente i problemi sottoposti e capaci di procurarsi tutte le informazioni memorizzate in *database* appositi (basi di conoscenza) per comprendere perfettamente quale sia la soluzione migliore da adottare per la soluzione del problema.

Qualche anno dopo (1956), a un famoso convegno che si tenne a Dartmouth e che fu organizzato da John McCarthy, due ricercatori della Carnegie Tech (divenuta poi Carnegie Mellon University), Allen Newell e Herbert Simon, presentarono un programma (Logic Theorist – LT) "in grado di ragionare", capace quindi di pensare in modo non numerico e in grado di risolvere il problema della simulazione del rapporto mente-corpo. In realtà, dato che il programma era stato scritto con il linguaggio IPL (linguaggio per l'elaborazione di liste) e Newell e Simon non avevano provveduto a realizzare un apposito compilatore (indispensabile per realizzare un programma software), furono costretti a tradurlo a mano in linguaggio macchina e ciò imponeva la laboriosa e lunghissima elencazione vocale dei numeri binari corrispondenti a ogni singola istruzione.

Negli anni tra il 1952 e il 1959, scienziati e studiosi di fama mondiale si alternarono in scoperte e sperimentazioni perlopiù deludenti, ma alcune di esse furono di particolare interesse come quella di McCarthy (1958), che in un articolo intitolato "Programs with Common Sense" descrisse il programma *Advice Taker*, in grado di elaborare la conoscenza (base di conoscenza) per identificare la soluzione ai problemi. Il programma era progettato per acquisire informazioni che potessero costituire una base informativa per l'identificazione della soluzione migliore per la risoluzione di un quesito. Inoltre era anche in grado di inglobare nuove informazioni durante la sua esecuzione, per conseguire nuove competenze in nuovi settori senza essere riprogrammato.

In realtà la maggiore rilevanza del programma di McCarty risiedeva nella capacità di rappresentare il principio fondamentale della *raffigurazione della conoscenza* e della *capacità del ragionamento* del sistema. Il concetto da riaffermare si basava sull'abilità di ottenere una rappresentazione formale, ordinata ed esplicita, di tutto ciò che si verifica nel mondo che ci circonda (mondo osservato), e sulle tipologie di azioni adottate da un agente in funzione delle osservazioni effettuate. Quindi gli agenti devono essere messi in grado di manipolare le proprie reazioni e considerazioni per mezzo di processi deduttivi, derivanti dall'analisi delle conoscenze acquisite (esperienza). Questa teoria è ancora alla base dello sviluppo dell'IA. In funzione della nascita della filosofia dei "sistemi basati sulla conoscenza", si assiste in questi anni alla proliferazione di progetti e sperimentazioni diverse utilizzate per settori anche molto differenti tra loro. In realtà si diffonde la filosofia che tende a enfatizzare l'importanza della realizzazione di sistemi che incorporino la conoscenza di uno specifico dominio (settore), che possa essere analizzato al fine di individuare automaticamente e velocemente una soluzione per i problemi posti al sistema. Pertanto all'approccio mirato alla realizzazione di un sistema di intelligenza strutturato su criteri generali di ricerca della soluzione, si preferisce un'*architettura verticalizzata* sulla soluzione di singole problematiche, mediante la realizzazione di basi di conoscenza settoriali.

Questi sistemi vennero denominati "esperti" in funzione della loro capacità di memorizzare, conservare e organizzare basi di conoscenza concernenti ambiti ben precisi e delimitati, e di individuare le soluzioni a problemi complessi fino a quel momento non gestibili con le tecnologie informatiche disponibili.

Furono diversi i campi in cui si realizzarono applicazioni intelligenti: dalla medicina alla biochimica, dalla geologia alla progettazione di strutture complesse fino al settore economico. In particolare, nel settore delle diagnosi mediche furono effettuate prognosi di livello paragonabile o superiore a quelle dei medici più qualificati, dimostrando che le metodologie di ragionamento utilizzate si basavano su basi di conoscenza non condizionate dall'emotività o dalle condizioni psicofisiche dei clinici interpellati.

Ciò indusse la comunità scientifica a concludere che chiunque, nel proprio settore specifico, avrebbe potuto in breve tempo realizzare il proprio sistema esperto. Tuttavia, nonostante questi discreti successi, le aspettative risultarono esagerate. In particolare furono proprio le forti limitazione di questi sistemi a decretare la sospensione della ricerca che fu protratta per lungo tempo. Le dimensioni delle basi di conoscenza erano troppo piccole e non fornivano tutte le informazioni necessarie per procurare delle risposte altamente affidabili. Inoltre questa limitazione costituiva un grosso vincolo in particolare quando il problema da risolvere fuoriusciva dal settore di competenza: in sostanza vi era l'incapacità del sistema di comprendere se un quesito era riconducibile o meno al suo dominio di conoscenza. Non ultimo, anche le forti limitazioni dei sistemi hardware disponibili all'epoca contribuirono a limitarne lo sviluppo.

Una nuova era

Dalla seconda metà degli anni '80 si verifica un risveglio dell'interesse sullo studio dell'Intelligenza Artificiale. Le motivazioni sono da ricercare nella comprensione che l'IA non è una materia scientifica che deve necessariamente differenziarsi dalle altre, ma è una scienza interdisciplinare che può essere integrata con altre, come la matematica, l'informatica, la statistica. Da qui inizia un percorso di integrazione con queste discipline che porterà a risultati particolarmente rilevanti. Un primo dato significativo è la riscoperta delle reti neurali, che proprio in questi anni subiscono un'evoluzione e una maturazione che le porta a un grado di sofisticazione e di integrazione con tecniche analoghe utilizzate nel campo della statistica e dell'apprendimento automatico. È proprio grazie a queste evoluzioni che si sviluppano in molte aziende le tecnologie del *data mining*[4].

---

[4] Il *data mining* si occupa delle modalità di estrazione di informazioni e dati (conoscenza) fruibili su grandi *repository* di dati (*database*), mediante meccanismi automatici o semi-automatici per utilizzi riconducibili alla gestione delle informazioni nei diversi settori.

Nello stesso periodo si cominciano ad applicare anche i modelli nascosti di Markov (HMM – Hidden Markov Model)[5], soprattutto per quanto concerne la comprensione del linguaggio parlato, che hanno consentito di realizzare applicazioni utilizzate nel settore medico (sintetizzatori vocali che riproducono artificialmente la voce umana per le persone che hanno gravi deficit vocali), ma anche per applicazioni particolarmente diffuse come i risponditori automatici particolarmente utilizzati dalle compagnie telefoniche.

In quegli anni anche gli studi fondati sul calcolo delle probabilità furono riesumati (dopo un periodo di abbandono da parte degli studiosi dell'IA, in funzione del convincimento che tale calcolo non fosse utilizzabile nello studio della materia), e questo nuovo interesse condusse alla nascita delle *reti bayesiane*[6]. Que-

---

[5] Descritti per la prima volta nella seconda metà degli anni '60, in alcuni studi condotti da Leonard E. Baum, i modelli nascosti di Markov sono stati riesumati e applicati a partire dalla seconda metà degli anni '70 per applicazioni riconducibili al riconoscimento del linguaggio. Il modello si basa su una serie di stati collegati (catena) ma non osservabili direttamente. La catena ha un numero di stati che presentano le seguenti caratteristiche:
- gli stati evolvono secondo una sequenza precisa (catena di Markov);
- ogni stato genera una situazione con una certa distribuzione di probabilità che dipende solo dallo stato stesso;
- la situazione è osservabile ma non lo è lo stato.

Un esempio esplicativo del modello di Markov è il seguente: supponiamo di avere un nonno che vive da solo in un paesino distante dal luogo in cui viviamo. Conosciamo le sue abitudini e sappiamo che se piove non esce di casa, se c'è il sole esce con la bicicletta, se è nuvoloso passa l'intera giornata davanti al televisore. Siamo a conoscenza delle sue azioni in funzione delle diverse condizioni meteorologiche, ma non sappiamo che tempo farà. Il quesito è stabilire che tempo fa nel paesino del nonno in funzione di ciò che ha fatto in un determinato giorno.

[6] Le reti bayesiane sono modelli grafici della conoscenza in un dominio incerto. Basandosi sulla regola di Bayes, che si fonda sul fatto che solitamente, nei ragionamenti probabilistici, capita che si debba valutare una probabilità avendo già delle informazioni su quanto è già accaduto in precedenza, dati due eventi A e B, se questi sono in qualche modo correlati, è ragionevole pensare che il sapere che uno dei due è già avvenuto possa migliorare la conoscenza della probabilità dell'altro. Pertanto le reti bayesiane esprimono relazioni di dipendenza condizionale (archi) tra le variabili in gioco (nodi). Le reti bayesiane sono modelli grafici della conoscenza in un dominio incerto. Il vantaggio principale del ragionamento probabilistico rispetto a quello logico sta nella possibilità di giungere a descrizioni razionali anche quando non vi è abbastanza informazione di tipo deterministico sul funzionamento del sistema. Le reti bayesiane possono essere utilizzate in ogni settore in cui sia necessario modellare la realtà in situazioni di incertezza, cioè in cui siano coinvolte delle probabilità.

sta metodologia di approccio, oggi roccaforte del calcolo delle probabilità, consentì di superare i diversi problemi di tipo probabilistico che erano particolarmente in voga negli anni '60 e '70, assumendo una posizione di dominio nelle ricerca sul ragionamento incerto e sui sistemi esperti. Determinanti furono i lavori di Judea Pearl (1982) e di Eric Horvitz e David Heckerman, che promossero l'idea di realizzare *sistemi esperti* in grado di agire razionalmente secondo le norme che regolamentano le decisioni, ma senza emulare i passi logici degli esseri umani. Questi sistemi esperti furono definiti *normativi*. È interessante rilevare che il sistema operativo Microsoft Windows, per la risoluzione dei problemi, utilizza diversi sistemi esperti normativi di diagnostica.

Nel 1991 il filosofo D. Dennett, nel suo libro *Consciousness Explained*, sostiene che l'auto-consapevolezza umana è semplicemente il risultato di processi biochimici. La coscienza umana (rappresentata secondo alcuni dalla linea di separazione tra il pensiero umano e il calcolo meccanico), per Dennet è il prodotto di sistemi seriali implementati in maniera inefficiente sull'hardware parallelo che ci viene proposto dall'evoluzione.

A partire dalla seconda metà degli anni '90, gli studiosi della materia si concentrarono nuovamente sull'agente intelligente come entità univoca. Si assiste a un processo di studio e di ricerca sugli agenti software intelligenti e si comincia a parlare di *agenti intelligenti inglobati in un sistema fisico artificiale* (robot dotati di capacità cognitive). Gli agenti intelligenti sono presenti nel mondo fisico, con il quale interagiscono quotidianamente. Le percezioni e le sollecitazioni che pervengono dal mondo circostante forniscono all'agente informazioni e dati sull'ambiente che li circonda, provocando in lui azioni che modificano i suoi comportamenti nel tempo. Per i robot, il mondo che li circonda è un ambiente *logicamente non strutturato*, non perfettamente descrivibile e quindi non facilmente prevedibile. Al contrario, un sistema di automazione industriale può essere facilmente compreso da un sistema cibernetico.

In tal senso i moderni agenti intelligenti (moduli di software in grado di eseguire azioni diverse che hanno lo scopo di setacciare periodicamente e sistematicamente reti, archivi personali, basi dati, *database* aziendali e di filtrarli per una corretta distribuzione), principalmente proiettati verso la funzione di *searching* (grazie soprattutto all'utilizzo del web), hanno raggiunto livelli di eccellenza particolari nella ricerca e nel filtraggio intelligente delle informazioni, tanto da rinominarli con il termine di *softbot*.

La conoscenza e l'approccio al simbolismo

Lo sviluppo delle teorie di McCarthy sull'elaborazione della conoscenza acquisita condusse diversi giovani ricercatori a una nuova esplorazione: *l'approccio simbolico* o *logicista*. L'approccio si basa, mediante l'utilizzo di un linguaggio formale, sulla rappresentazione, all'interno della base di conoscenza, di tutto ciò che un agente conosce su un determinato "ambiente", ed è proprio da questa base di conoscenza che può trarre tutte le considerazioni necessarie per far agire l'agente in maniera intelligente.

È opportuno in tal senso introdurre il concetto dei *meccanismi inferenziali*. Le attività inferenziali dell'uomo sono riconducibili a quelle di *deduzione*, *induzione* e *abduzione*. Il filosofo statunitense C.S. Peirce sviluppò questa materia soprattutto attraverso una concezione logica, ampliando il significato dell'abduzione, definendola come "il primo passo del ragionamento scientifico" in cui viene stabilita un'ipotesi per spiegare alcuni fatti empirici. Il filosofo asserì che il pensiero umano ha tre modalità di creazione di inferenze o modi di ragionamento: il ragionamento deduttivo, il ragionamento induttivo e quello abduttivo. L'architettura di un sistema esperto si basa su quattro moduli fondamentali:

- *Base di conoscenza (BC)*. Contiene tutta la conoscenza del sistema aperto derivante da informazioni e dati acquisiti nel tempo (esperienza).

- *Base dei fatti (BF)*. Contiene la descrizione delle situazioni su cui opera il sistema della BC.

- *Meccanismo inferenziale (MI)*. Rappresenta l'implementazione degli algoritmi che operano sulla BC e sulla BF per incrementare le informazioni che stanno nella BF.

- *Sistema di spiegazione.* Fornisce i risultati del processo inferenziale e fornisce le spiegazioni sulla funzionalità del processo.

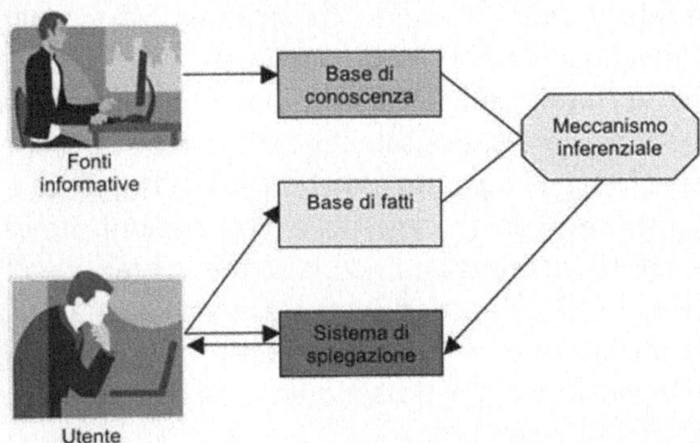

Fig. 3. *Architettura classica di un sistema esperto*

Come si evince in Fig. 3, i meccanismi inferenziali consentono di rendere chiare le informazioni (conoscenza) contenute nella BC, mediante la simulazione di ragionamenti che si basano sull'entimema aristotelico[7]. Per essere più chiari, se nella BC ho l'informazione che "Cleopatra è una donna" e che "tutte le donne sono pericolose", posso dedurre che la regina d'Egitto è una donna (e questa informazione è presente all'interno della BC), ma anche che Cleopatra è pericolosa (deduzione elaborata dal meccanismo inferenziale).

Quindi la BC deve fornire una rappresentazione esplicita e compatta, mediante un linguaggio simbolico, di fatti specifici (Cleopatra è una donna), e di fatti di tipo generale (tutte le donne sono pericolose). Ciò che caratterizza un sistema esperto è la sua capacità di inserire (tramite il meccanismo inferenziale) nuovi fatti da quelli memorizzati esplicitamente (Cleopatra è pericolosa).

---

[7] L'entimema è nella *Retorica* di Aristotele un'argomentazione in forma di sillogismo nella quale una delle premesse non è certa ma solo probabile (per esempio "Quell'uomo è un accademico, quindi è erudito").

In tal senso troviamo una forte analogia con il *metodo assiomatico*[8] utilizzato nel campo della matematica. L'analogia principale risiede nel fatto che un determinato settore (o area di conoscenza) viene raffigurato sotto forma di assiomi (conoscenza derivante da informazioni associate) dai quali si possono trarre conclusioni (meglio identificabili come teoremi).

Anche se l'Intelligenza Artificiale ricorre a teorie largamente impiegate nella matematica, sarebbe un errore pensare che vi possano essere forti analogie con essa. Nell'IA la conoscenza è in continua mutazione. Il dinamismo delle informazioni che vengono costantemente memorizzate ed elaborate conferisce all'IA una particolare specificità funzionale, che si evince anche dalla possibilità che un'informazione vera possa trasformarsi in falsa in funzione delle mutazioni che possono verificarsi in un determinato scenario.

Tutto lo studio sull'IA si basa sull'aggiornamento della conoscenza e sui ragionamenti logici che un agente ha su un dato mondo. In sostanza, le logiche adottate dall'IA per governare la conoscenza devono consentire la gestione del tempo, dello spazio e delle mutazioni dei contesti di riferimento. Come si evince dall'architettura di un sistema esperto, le logiche (identificate anche con il termine di *formalismi*) utilizzate per la gestione della conoscenza focalizzano l'attenzione su due aspetti sostanziali: la forma sintattica che le formule debbono avere affinché la conoscenza sia interpretabile e fruibile dal sistema, e il meccanismo inferenziale che interagisce con la BC e la BF per trarre conclusioni.

Un formalismo si basa sull'esistenza di tre componenti:

- la *sintassi*: un linguaggio composto da un ampio vocabolario e munito di regole per la formazione delle frasi (*enunciati*);

---

[8] Tale metodo consiste nello sviluppare una teoria scientifica (TA), che definiamo teoria assiomatica, fissando un insieme di proposizioni (assiomi) o postulati di TA, fruibili per ottenere delle deduzioni logiche. La dimostrazione dei teoremi di una teoria assiomatica, partendo dagli assiomi e sulla base di precise norme logiche, assume l'aspetto di una manipolazione di simboli indipendente dal loro significato. Ciò spiega la ragione per la quale l'aspetto principale dell'indagine sulle teorie assiomatiche viene spesso definito *aspetto sintattico*.

- la *semantica*: stabilisce una corrispondenza diretta tra le frasi e i fatti del mondo (se un agente ha un enunciato specifico nella sua BC, immagina che il fatto corrispondente sia vero nel suo mondo di conoscenza);

- il *meccanismo inferenziale*: consente di inferire nuovi fatti.

Come si può facilmente comprendere, le logiche (o formalismi) utilizzate per la gestione della conoscenza devono trovare il mix migliore tra l'espressività del linguaggio di rappresentazione, la complessità del linguaggio inferenziale (che deve essere improntato sull'utilizzo di meccanismi corretti ed efficienti), la disponibilità di una base di conoscenza vasta e variegata.

Tuttavia uno dei problemi di maggiore rilevanza nella rappresentazione della conoscenza nell'IA è quello della rappresentazione della *conoscenza ipotetica*. Essa si verifica quando ci poniamo davanti a una frase di cui non si sa se è vera o falsa (Il mio cane sta mangiando), oppure se in una frase c'è un'affermazione priva di interesse o senso (Il mio cane è un barboncino). Nel primo caso possiamo concludere che il cane sta mangiando (e quindi non sta dormendo), ma abbiamo bisogno di formalismi ulteriori che ci consentano di trarre maggiori conclusioni per una rappresentazione completa del mondo esaminato (Cosa sta mangiando? È in piedi o seduto su due zampe? È solo?).

Nel corso degli anni, per risolvere queste problematiche di gestione della BC sono stati formulati teoremi e ipotesi di diverso tipo, ma la più consistente rimane quella della "logica di default" di Reitner. È fondamentale premettere che, nel campo dell'informatica, con il termine *default* si identifica uno stato o la risposta di un sistema in assenza di interventi espliciti (per esempio, si può dire che un software inserisce, in un campo, il valore 0 *per default* a meno che l'operatore non specifichi un valore diverso).

Come possiamo comprendere, quasi sempre la conoscenza sul mondo in cui viviamo è incompleta. È tuttavia necessario poter elaborare conclusioni plausibili in funzione della conoscenza posseduta. Per ottenere ciò è necessario fare propri alcuni concetti: gran parte della conoscenza sul mondo è data sotto forma di *regole generali* che specificano proprietà tipiche degli oggetti (che valgono per default). Per esempio: l'affermazione "gli uomini parlano" significa che gli uomini tipicamente parlano. Ci sono però delle eccezioni: i muti. Il ragionamento logico si preoccupa di identificare conclusioni plausibili (ma non infallibili) determinate dalle informazioni contenute nella BC. Si badi che le conclusioni derivate costituiscono una "conclusione plausibile", pertanto esse possono modificarsi quando nuove informazioni vengono aggiunte alla BC. Facciamo un esempio. Nella nostra BC, abbiamo le seguenti informazioni:

1. Gli uomini parlano.
2. Alcuni uomini sono muti.
3. I muti non parlano.
4. Gianni è un uomo.

È plausibile concludere che Gianni parla poiché è un uomo e non c'è nessuna informazione contraria. Se però viene aggiunta l'informazione "Gianni è muto", si sa che Gianni non parla, pertanto non è più plausibile concludere che Gianni parla. Tuttavia, in assenza di informazioni contrarie si assume che Gianni parla essendo un uomo. In conclusione, il nocciolo del problema risiede nel definire in modo preciso il significato dell'assenza di informazioni contrarie.

La *logica dei default* di Reiter (elaborata nel 1980) permette di trarre conclusioni in situazioni in cui si sa che una proprietà vale generalmente ma non necessariamente per tutti gli elementi di una certa classe.

La logica dei default non richiede nessuna modifica alle metodologie utilizzate per l'elaborazione delle informazioni contenute nella BC, ma si limita a modificare le regole di inferenza trasformandole in regole "di default".

Quindi l'IA deve tenere conto di una realtà che cambia dinamicamente, in cui le proprietà possono modificarsi alternando la verità al falso solo perché è cambiato lo scenario di riferimento. L'IA non può trascurare la conoscenza e le credenze che un agente ha acquisito per un determinato scenario. Pertanto le logiche che stanno alla base del funzionamento dell'IA devono consentire la gestione del tempo, dello spazio e degli scenari di riferimento, la conoscenza dell'agente sul contesto analizzato, le metodologie di percezione, etc.

Le reti neurali artificiali

Come abbiamo precedentemente illustrato, sulla scia degli studi condotti da W.S. McCulloch e W.H. Pitts sulla possibilità di utilizzare reti di unità logiche estrapolate dall'architettura del neurone, nella seconda metà del secolo scorso vengono approfondite in maniera incisiva le ricerche sulla realizzazione di reti neurali artificiali. Alla base della loro architettura troviamo un corposo numero di unità semplici interconnesse indispensabili per l'apprendimento. La loro funzione è quella di apprendere dall'osservazione di esempi diversi che si verificano nel mondo osservato. Le reazioni sono autonome e non regolamentate da agenti esterni. Pertanto alle reti neurali artificiali viene definitivamente riconosciuta la capacità di apprendere in funzione degli eventi osservati, senza il bisogno di meccanismi che ne determinino il comportamento. Inoltre le deduzioni possono modificarsi nel tempo, in funzione dell'esperienza acquisita dalle diverse osservazioni e stabilendo autonomamente i comportamenti da adottare.

Viene introdotto il concetto di *addestramento della rete neurale artificiale*, che si basa sull'assimilazione di informazioni derivanti dall'esecuzione di un certo numero di cicli di apprendimento in funzione dei quali il sistema neurale concepisce una raffigurazione propria del problema osservato. In sostanza il sistema impara ad associare immagini, domande, risposte, sequenze e relative evoluzioni, assemblando il tutto all'interno di una memoria interna che funge da *experience container* per le situazioni future.

Naturalmente il neurone artificiale di McCulloch e Pitts è una rappresentazione molto semplificata del neurone biologico e non può essere minimamente paragonato in termini di capacità e prestazioni a quello umano. Ciò nonostante, le reti neurali artificiali sono dei veri e propri sistemi di elaborazione delle informazioni che tentano di simulare, attraverso un sistema informatico, il funzionamento del sistema nervoso biologico. Quindi si conferma la teoria che vede le reti neurali come punto di partenza fondamentale di quella scienza che intravede nel sistema cerebrale dell'uomo il fulcro nevralgico a cui ispirarsi per le evoluzioni dei computer del futuro. E si riparte dalla struttura del neurone. Partendo dalla descrizione iniziale dell'architettura del neurone biologico, quello artificiale può essere rappresentato come un'unità logica in grado di esprimere due valori: 0 e 1 (sistema binario). I due valori si alternano in funzione dei risultati di calcoli effettuati su valori derivanti da un certo numero di informazioni che si trovano nei suoi *canali di ingresso*. I neuroni artificiali dispongono di due tipologie di unità: di ingresso (*input*), di uscita (*output*). A ogni canale di ingresso viene attribuito un *valore numerico*, o *peso*. L'unità logica è caratterizzata da un *valore di soglia*. Ogni singola unità logica confronta costantemente la somma pesata dei dati che si presentano ai suoi canali di ingresso con il suo valore della soglia. Se questo viene superato allora sul canale di uscita si troverà il valore 1. In caso contrario il valore sarà 0. Quindi, ogni unità si attiva nel momento in cui la quantità di informazioni che riceve supera una determinata soglia di attivazione. Se ciò accade, l'unità emette un segnale che viene trasmesso nei canali di comunicazione fino a raggiungere le altre unità con le quali è connessa (Fig. 4). A questo punto appare più chiaro il confronto con il neurone biologico. I canali di *input* assumono un comportamento molto simile a quello dei dendriti biologici, mentre i canali di *output* sono assimilabili all'assone. I pesi delle connessioni sono assimilabili alle intensità delle sinapsi, mentre i calcoli effettuati dalle unità logiche "a soglia" sono analoghi, in linea di massima, a quelli effettuati dai neuroni biologici che in funzione dei segnali post-sinaptici prodotti sono in grado di decidere se inviare o meno un impulso nervoso lungo i loro assoni. Come abbiamo potuto comprendere, una rete di neuroni artificiali è sostanzialmente in grado di esercitare una funzione di "apprendimento" in funzione della possibilità di modificare i pesi delle connessioni e in base alla sua capacità di attingere dati dal suo *experience container*. L'interazione con la base di conoscenza permette di potenziare la capacità di generare autonomamente (e dopo un intervallo temporale di apprendimento iniziale) le risposte desiderate in funzione delle sollecitazioni ricevute. La fase di apprendimento iniziale prevede la fornitura, alla rete neurale artificiale, di risposte inerenti alle diverse sollecitazioni ricevute, consentendole di modificare costantemente i pesi delle connessioni con lo scopo di produrre risposte sempre più attinenti e precise. Comunque l'apprendimento della rete prosegue nel tempo, migliorando costantemente il livello qualitativo dei comportamenti attesi.

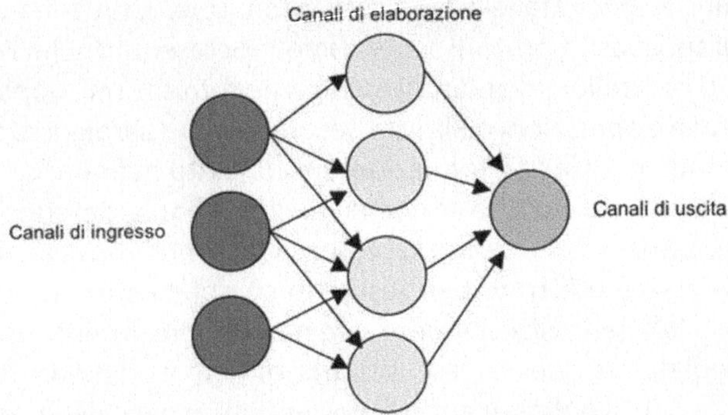

Fig. 4. *Architettura di una rete neurale*

Il paradigma dell'apprendimento

Come abbiamo compreso, il principio su cui si basa il funzionamento delle reti neurali è rappresentato dalla loro capacità di apprendimento, ovvero la propensione ad assimilare informazioni per modificare le risposte alle sollecitazioni ricevute. Pertanto possiamo affermare che il concetto di apprendimento coincide con la modificazione del valore dei pesi dei collegamenti sinaptici. Di conseguenza si può quindi asserire che l'interazione continua con l'ambiente circostante concorre allo sviluppo di competenze cognitive.

Le modalità di apprendimento possono essere raggruppate in tre categorie:

- *l'apprendimento con supervisione;*
- *l'apprendimento senza supervisione;*
- *l'apprendimento con rinforzo.*

Nell'*apprendimento con supervisione* (Fig. 5), la rete neurale deve elaborare una risposta in funzione delle interazioni attivate con un *supervisore,* costituito da un *training set* o insieme di dati per l'addestramento e rappresentati da esempi di informazioni in ingresso a cui corrispondono informazioni in uscita. In questo modo la rete neurale sviluppa il suo sistema di apprendimento in funzione delle relazioni tra i diversi flussi di *Input-Output.* Il supervisore si assume il compito di *erudire* la rete mediante la fornitura di tutte le informazioni sul quesito posto. Il supervisore rappresenta anche l'elemento di controllo e di indirizzamento che fornisce un supporto di aiuto alle elaborazioni della rete neurale. In altre parole, il supervisore fornisce tutte le informazioni sul concetto definendone la classe di appartenenza. Va sottolineato che la figura del supervisore può essere sostituita con la presenza di un *archivio di esempi*, che può essere utilizzato per gestire in completa autonomia la risposta migliore. Inoltre il supervisore non sempre fornisce risposte complete. In questo caso si parla di "apprendimento con rinforzo" e ciò si verifica quando l'informazione è parziale e necessita di ulteriori informazioni.

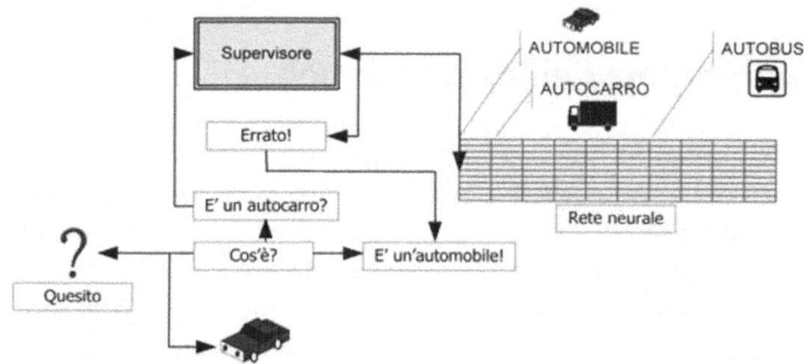

Fig. 5. *Architettura del paradigma di apprendimento con supervisione*

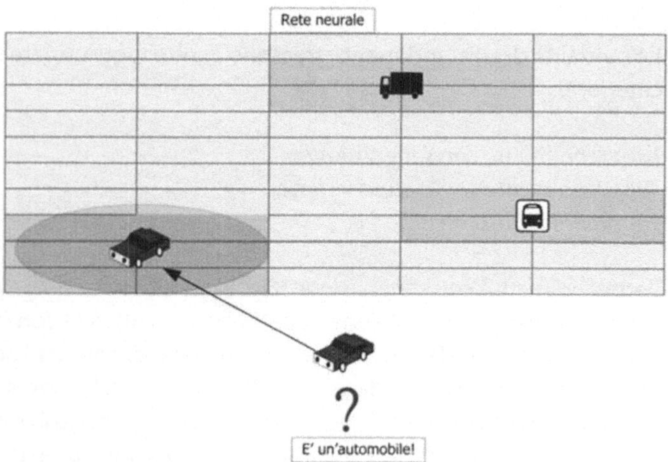

Fig. 6. *Architettura del paradigma di apprendimento senza supervisione*

L'*apprendimento senza supervisione* (Fig. 6) non richiede l'interazione con un supervisore, ma si basa sul raggruppamento di classi di esempi in regioni neuronali attigue da un punto di vista topologico. In sostanza vengono sviluppati degli algoritmi di addestramento che elaborano le informazioni memorizzate nel proprio *experience container*, individuando di volta in volta le informazioni più rappresentative in base a metodi topologici o probabilistici. I gruppi di esempi vengono organizzati e gestiti autonomamente in funzione della correlazione dei neuroni interessati al concetto.

L'*apprendimento con rinforzo*, come precedentemente accennato, si basa proprio sul "rinforzo" delle informazioni utilizzate per l'apprendimento. In sostanza, la rete neurale che interagisce con il proprio supervisore assimila le informazioni che le vengono fornite da quest'ultimo. Se queste informazioni non sono complete e non forniscono il supporto necessario per la correlazione con esempi della stessa tipologia, si ricorre all'apprendimento con rinforzo che mira alla correzione dei comportamenti adottati e alla penalizzazione di quelli che possono originare errori. Questa metodologia tende a massimizzare tutte le informazioni aggiuntive riconducibili all'esplorazione del problema.

Considerazioni sulle reti neurali

Come abbiamo potuto comprendere, le reti neurali processano le informazioni *in parallelo*, pertanto sono in grado di elaborare un'enormità di dati, al contrario dei classici elaboratori elettronici che si basano sulla potenza di calcolo del processore (o dei processori) in essi contenuto.

Anche se un neurone artificiale è in grado di emettere diverse centinaia di impulsi al secondo, contrariamente a una moderna unità di calcolo di un computer medio in grado elaborare parecchi milioni di numeri per secondo, permane una sostanziale differenza con il funzionamento del cervello dell'uomo. Una delle maggiori differenze risiede nella capacità di quest'ultimo di effettuare simultaneamente complesse elaborazioni di dati spesso provenienti da uno o più dei cinque sensi dell'uomo (valga come esempio il riconoscimento di un oggetto mediante il contatto visivo). Un altro aspetto di differenziazione dal neurone artificiale consiste nella modalità di distribuzione dell'elaborazione su molteplici neuroni biologici che possono occuparsi della medesima elaborazione, al contrario delle reti neurali che devono essere programmate (o basarsi sull'ausilio di un supervisore) per svolgere un determinato compito.

Soprattutto nell'identificazione dei modelli prodotti per lo sviluppo delle reti neurali si rileva la maggiore diversità di funzionamento: anche se particolarmente efficienti, le metodologie di apprendimento utilizzate dalle reti neurali non riescono a interpretare il *linguaggio simbolico umano*. I risultati delle elaborazioni sono il frutto dell'utilizzo di algoritmi di modellazione, e quindi l'efficienza delle risultanze è legata alla bontà delle strutture di apprendimento realizzate. La fase di apprendimento di una rete neurale può richiedere periodi molto lunghi, soprattutto se i dati e le informazioni da assimilare sono enormi.

Tuttavia i recenti sviluppi ottenuti nel campo dell'evoluzione delle reti neurali stanno dimostrando che il futuro potrebbe riservarci, in tempi brevi, una vera e propria rivoluzione nel settore dell'intelligenza artificiale.

Per questi motivi le reti neurali vengono attualmente utilizzate in quei contesti in cui è possibile estrarre risposte adeguate esaminando basi di conoscenza non particolarmente complesse da un punto di vista di mutazioni a cui sono soggette, e in particolare per quelle applicazioni in cui la complessità dei dati esaminati e/o la difficoltà di elaborazione rende impercorribile la procedura dell'analisi manuale. Tra i diversi settori di applicazione troviamo i sistemi di controllo (gestione di veicoli, controllo di processi), simulatori di giochi (backgammon, scacchi), riconoscimento di modelli e oggetti (sistemi radar, identificazione di volti, riconoscimento di oggetti, etc.), riconoscimenti di sequenze (riconoscimento di gesti, riconoscimento vocale, OCR), diagnosi medica, applicazioni finanziarie, *data mining*, etc.

Le attuali applicazioni dell'IA

Come abbiamo potuto comprendere, le teorie e metodologie dell'IA possono interessare i più svariati campi di applicazione. Ciò nonostante, gli esempi più noti sono riconducibili a poche sperimentazioni che hanno prodotto interessanti risultati:

- *Pianificazione e scheduling autonomi.* L'esempio maggiore è costituito dal programma Remote Agent della statunitense NASA (National Aeronautics and Space Administration). Sperimentato nel 1999, Remote Agent è il primo sistema di Intelligenza Artificiale pensato per la programmazione autonoma della gestione delle operazioni riconducibili ai veicoli spaziali. Il software è stato sperimentato in occasione del lancio della sonda Depp Space 1, che utilizzava un futuristico reattore a ioni, effettuato il 17 maggio dello stesso anno. Questi agenti remoti possono elaborare piani particolarmente sofisticati per dirigere e monitorare i veicoli spaziali durante le loro missioni.

- *Controllo autonomo.* Il più conosciuto sistema di controllo autonomo che impiega un sistema di Intelligenza Artificiale è ALVINN (Autonomous Land Vehicle In a Neural Network). Ideato come sistema di percezione in grado di auto addestrarsi, è stato sperimentato da alcuni ricercatori della Carnegie Mellon University su di un furgone, che è stato guidato dal sistema per quasi 3.000 miglia senza rilevare alcun problema nella gestione della guida del veicolo. ALVINN si basa sull'utilizzo di telecamere che trasmettono continuamente le immagini della strada al sistema centrale, che calcola simultaneamente le successive angolazioni dello sterzo in funzione dei dati accumulati precedentemente (esperienza di guida).

- *Pianificazione logistica.* Anche in questo caso, un esempio di applicazione è data da una tipologia di sistema di guida. Parliamo di DART (Dynamic Analysis and Replanning Tool), sistema a Intelligenza Artificiale finanziato dal DARPA (Defense Advanced Research Projects Agency) del Dipartimento della Difesa statunitense e sviluppato, a fine anni '80, dalla Mitre Corporation e dalla Carnegie Mellon University. Utilizzato dai militari sin dal 1991 per ottimizzare il trasporto aereo militare (soprattutto in funzione delle esigenze della Guerra del Golfo e nei successivi conflitti della zona medio-orientale), DART ha ottenuto un rilevante apprezzamento da parte dei vertici militari soprattutto per l'efficienza e la velocità del sistema di programmazione dei voli.

- *Robotica.* È il campo in cui sono state sviluppate le maggiori (e più riuscite) sperimentazioni dell'IA. Dalla creazione di robot sottomarini per l'esplorazione degli abissi alla realizzazione di mezzi militari per l'esplorazione del campo di battaglia, alla produzione sempre più corposa di velivoli senza pilota (*drones*) in grado di volare in missioni di ricognizione fotografica o di attacco a basi nemiche. Senza aggiungere tutte le realizzazioni nel campo della domotica (robot aspirapolvere, robot giardiniere, robot con funzione di "babysitter", etc). Ma è soprattutto nel settore della sanità che vengono implementati sistemi che utilizzano l'IA per operazioni chirurgiche particolarmente delicate e/o pericolose.

- *Diagnosi.* Di particolare interesse si sono rivelate le sperimentazioni nel settore della diagnostica medica. Emblematico è l'esempio dato da PATHFINDER, sistema esperto realizzato per le patologie dei linfonodi, che dimostrò che le sue diagnosi che si basavano sull'analisi probabilistica erano più performanti di quelle di alcuni medici interpellati sulle patologie indicate. Non dobbiamo dimenticare i modelli di "diagnostica" e "riparazione" utilizzati per gestire le applicazioni dei sistemi operativi (wizard di stampa di Microsoft Windows) o di *office automation* (Assistente di Office in Microsoft Office).

- *Comprensione del linguaggio.* Anche in questo campo, troviamo innumerevoli applicazioni. Il programma PROVERB, realizzato da Michael Littman, un ricercatore della Duke University, consente di risolvere i cruciverba più complessi in brevissimo tempo. La sperimentazione del programma ha dimostrato che su un totale di 370 cruciverba, ben il 95,3% delle parole chiave sono state identificate dal sistema in poco meno di 15 minuti. Naturalmente applicazioni in questo settore sono riscontrabili anche nei *call center*, che utilizzano massicciamente sistemi di comprensione del linguaggio parlato. Sempre più diffuse anche le applicazioni che si basano sull'IA per la ricerca in Rete di informazioni che sono riconducibili a uno specifico termine o parola (implementazioni in questo senso sono allo studio dei ricercatori che stanno sviluppando i nuovi motori di ricerca per Internet del prossimo futuro).

- *Giochi*. Non ultimi per importanza, i giochi sono certamente quelli che utilizzano maggiormente applicazioni IA. Nel 1996, Deep Blue, computer prodotto da IBM e progettato per giocare a scacchi, riuscì a battere il famoso campione del mondo Garry Kasparov con una cadenza da torneo. Attualmente sono in vendita giocattoli "artificiali" in grado di simulare con un realismo quasi perfetto esseri viventi o animali presenti o appartenenti al passato. Tra tutti, per esempio, ha suscitato particolare successo il cucciolo di dinosauro (Pleo, prodotto dalla Ugobe), in grado di imitare perfettamente il comportamento di un animale preistorico in tutte le sue capacità. Questo recente prodotto per ragazzi (ma sembra particolarmente apprezzato soprattutto dagli adulti) è in grado di "pensare" e agire in modo indipendente come se fosse un vero animale. Imbottito di sensori di ogni tipo e munito di un software che utilizza elementi di IA, rappresenta il prototipo del gioco del futuro dato che è in grado persino di collegarsi a Internet.

Intelligenza delle macchine: ci arriveremo mai?

In tutti questi anni, gli scienziati e i ricercatori che hanno dedicato i loro studi allo sviluppo dell'IA sono giunti tutti alla medesima conclusione: le intelligenze umane, al contrario di quelle artificiali, sono in grado di prendere decisioni e gestire le più svariate problematiche in funzione di elaborazioni basate su una molteplicità di informazioni e *input* sensoriali. Nel 1948 A.M. Turing poneva il famoso quesito sulla possibilità di una macchina di "… manifestare un comportamento intelligente", introducendo ciò che ha costituito, per decenni, il maggiore rompicapo per molti scienziati e ricercatori del settore. Perfino nel mondo della filosofia furono attivati gruppi di discussione e accesi dibattiti sull'importanza e soprattutto sulla ricaduta sociale delle ricerche condotte in questo settore. La convinzione di Turing che un giorno si potesse giungere alla realizzazione di un elaboratore in grado di *simulare* perfettamente il comportamento dell'uomo era dovuta alla possibilità di rendere *indistinguibile* il modo di agire di un computer da quello di un essere umano. Anche se il suo test[9] riuscì a dimostrare la possibilità di emularlo, la strada da percorrere era ancora molto lunga e densa di ostacoli.

Tuttavia gli esperimenti condotti dal matematico inglese dimostrarono che la macchina di calcolo poteva essere definita come un *agente intelligente*, e ciò fu sufficiente a stabilire dei parallelismi tra il sistema di elaborazione di un cervello umano e quello di un sistema di calcolo elettronico.

Come abbiamo visto, una delle maggiori problematicità risiede nella differente metodologia di elaborazione delle informazioni: una macchina manipola *simboli*, e pertanto il suo funzionamento è formale, il cervello *collega significati a simboli* e quindi è *semantico*.

Ciò nonostante i dubbi che permangono sono molti. E se fosse vero che la semplice manipolazione dei simboli è sufficiente a generare significati? E non è forse vero che il neurone, anche se in maniera molto complessa, elabora una serie di simboli e di sensazioni che ci giungono dal mondo circostante?

Inoltre non possiamo non ammettere che il sistema neurale biologico è un complesso congegno di elaborazione che manipola continuamente flussi di segnali elettro-chimici, apparentemente insignificanti, nel tentativo di attribuire a essi significati precisi. Quindi i segnali percepiti dal nostro cervello sono anch'essi *simboli* apparentemente insignificanti. Il problema sostanziale è quindi quello di collegare a essi specifici significati.

A tutti questi quesiti, dopo decenni di ricerche e teoremi dibattuti, una recente scoperta potrebbe dare una serie di risposte concrete, che potrebbero condurre a nuovi scenari nella ricerca dell'IA. Potrebbe essere il vero "punto di svolta" per questo affascinante quanto inquietante settore scientifico. Nel novembre 2009

---

[9] L'esperimento oggi noto come *test di Turing* si basava sul "gioco dell'imitazione", e sulla presenza di un esaminatore che aveva il compito di capire, basandosi unicamente su una serie di domande, se il suo interlocutore fosse di sesso maschile o femminile. Nel test, il matematico inglese immagina di sostituire alla donna una macchina, assegnando all'esaminatore il compito di distinguere l'uomo dal computer. Una serie di test convinsero Turing (e non solo lui) che, annullata la presenza di un corpo fisico (inteso come elemento dalle sembianze umane), l'intelligenza è un fatto esprimibile e riconoscibile soltanto mediante sequenze ben costruite di simboli.

una notizia ha suscitato particolare clamore nel mondo scientifico tra tutti i ricercatori che si occupano di IA. Un team di ricercatori della IBM e della Stanford University ha annunciato lo sviluppo di un algoritmo in grado di misurare e mappare le connessioni cerebrali: lo scopo è quello di riprodurre l'attività dei neuroni e delle sinapsi all'interno di un prototipo cerebrale artificiale. Quindi l'obiettivo che molti scienziati del settore si prefiggono di raggiungere da anni (riproduzione delle attività neuronali) sembra essere perseguibile. L'algoritmo in questione si chiama *BlueMatter*, e insieme al supercomputer *Blue Gene* di IBM (munito di ben 147.456 processori!), tenterà di misurare e mappare le connessioni tra le zone corticali e sub-corticali del cervello. Mediante procedure di risonanza magnetica, il gruppo di ricerca è riuscito a raffigurare (e quindi simulare) l'attività di un cervello animale dotato di miliardi di neuroni e milioni di sinapsi, riproducendo quasi fedelmente la corteccia corticale di un gatto. In tale senso, la corteccia cerebrale del felino rappresenta il 4,5% del cervello dell'uomo, pertanto la sperimentazione rappresenta un grande punto di partenza per riprodurre artificialmente, e molto prima di quanto si possa immaginare, un sistema cerebrale artificiale assimilabile a quello umano.

Lo studio del cervello del gatto, in realtà, risale al 2005 e ha visto nello scienziato Henry Markram (direttore del progetto Blue Brain) il principale precursore. Partendo dallo studio del cervello di ratto, ha spostato la sua attenzione al sistema cerebrale dei felini, trovando conferma delle tesi che indicano come il 99% delle percezioni del mondo esterno del cervello siano "frutto delle supposizioni del nostro cervello su ciò che ci circonda". Partendo dall'analisi della colonna neocorticale dell'animale, Markram è riuscito a catalogare regole di comunicazione e di connettività di decine di migliaia di neuroni differenti tra loro ma accomunati per ogni singola specie da una stessa architettura di base che consente loro di comunicare attraverso delle regole codificate.

In funzione della comprensione di tali regole, il team di Markram ha potuto monitorizzare l'impulso elettrochimico emesso da ogni singolo neurone (generato da una stimolazione esterna, come per esempio la visione di un'immagine) mediante un computer. Grazie alla potenza di calcolo di Blue Gene, i ricercatori hanno potuto effettuare diverse simulazioni e hanno realizzato un software in grado di registrare i dati catalogati. Hanno quindi ottenuto l'equazione per simulare i neuroni e le loro reazioni chimico-elettriche, e con le informazioni raccolte hanno sviluppato un primo modello tridimensionale della neocorteccia cerebrale. L'obiettivo essenziale dei ricercatori è quello di giungere a un sostanziale equilibrio tra le potenze esprimibili dai supercomputer, i principi delle neuroscienze e il passaggio fondamentale rappresentato dall'inserimento delle nanotecnologie, essenziali per riprodurre le sinapsi cerebrali dell'uomo. Significativa la presenza di DARPA (Defense Advanced Research Projects Agency), agenzia governativa statunitense del Dipartimento della Difesa, che si occupa da anni dello sviluppo di nuove tecnologie per applicazioni militari e che ha deciso di stanziare la ragguardevole somma di 20 milioni di dollari per finanziare il progetto. Il mastodontico programma di sviluppo prevede l'utilizzo di computer avanzatissimi di estrema potenza: si parla di un computer munito di un *cluster* di 150.000 processori (un sistema del genere è in grado di gestire in appena 8 ore un quantitativo di elaborazioni per le quali un normale personal computer impiegherebbe 500 anni). In realtà DARPA da tempo insegue questo obiettivo. Nel 2008 è stato annunciato pubblicamente il progetto SyNAPSE (Systems of Neuromorphic Adaptive Plastic Scalable Electronics), che si prefigge di realizzare sistemi neuromorfici scalabili per sistemi biologici. La chiave di svolta per la realizzazione di SyNAPSE si basa su un approccio multidisciplinare completamente nuovo e che interessa le seguenti aree: hardware, software, simulazioni, ambiente.

Dopo decenni, questo progetto ci consente di dare finalmente un senso alle visioni futuristiche che per decenni hanno turbato i sonni degli scienziati che si occupano di IA e rappresenta una vera iniezione di fiducia per il raggiungimento dello scopo di sempre: riuscire a comprendere completamente il meccanismo dei fenomeni cognitivi e riprodurre le innumerevoli e velocissime connessioni sinaptiche del cervello dell'uomo. La fiducia è tale che è stata fissata anche una data in cui tutto ciò sarà realizzabile: l'anno 2020. Forse in quell'anno, gli scenari di società artificiali descritti nei libri del celebre scrittore di fantascienza Isaac Asimov potrebbero diventare dei testi che descrivono semplicemente le società mondiali del terzo millennio…

Lo stesso futurologo Ray Kurzweil, durante un'intervista rilasciata alla CBS Interactive lo scorso anno, asserisce che nel 2029 sarà impossibile distinguere gli uomini dalle macchine. La singolarità tecnologica, ovvero il punto della civilizzazione dove il progresso tecnologico supererà la capacità di comprendere e prevedere degli esseri umani, rappresenterà secondo Kurzweil il momento di svolta per la civiltà dell'uomo così come è attualmente concepita. Lo sviluppo tecnologico e lo sviluppo biologico arriveranno presto a un momento di incontro, a cui seguirà una fase di integrazione crescente che culminerà nella nascita di una *macchina cosciente*. Sarà azzerato il confine tra intelligenze biologiche e artificiali. Il futurologo afferma inoltre che l'Intelligenza Artificiale diventerà autocosciente e che anche le macchine saranno in grado di riconoscere le emozioni fino a gestirle in completa autonomia. Vero o falso che sia non ci resta che attendere gli sviluppi della scienza, nella speranza che i progressi nell'Intelligenza Artificiale ci possano condurre alla realizzazione di una Coscienza Artificiale che si riveli migliore e priva dei molti "difetti" e delle "distorsioni" delle elaborazioni del cervello umano.

Scienze cognitive: lo studio dei sistemi pensanti e le possibili implementazioni tecnologiche

Premessa

Con il termine *scienze cognitive* ci si riferisce al raggruppamento di discipline cognitive che hanno come elemento di studio la *cognizione* (dal latino *cognoscere*, "sapere") di elementi pensanti, siano essi naturali o artificiali. In buona sostanza l'elemento di studio è sempre la mente dell'uomo che viene esaminata in tutte le sue peculiarità e potenzialità, soprattutto per quanto concerne la sua presenza in discipline diverse o la sua capacità di interagire con settori differenti come la neurofisiologia, la neuroscienza cognitiva, la psicologia cognitiva, l'Intelligenza Artificiale, la linguistica cognitiva e la filosofia della mente. Le scienze cognitive arrivano perfino a interessare materie che possono apparire tra loro molto distanti, come l'antropologia, la genetica, l'informatica e persino l'economia.

Di certo, con il termine *cognizione* si identifica un mondo di discipline e di conoscenze tutte riconducibili allo sviluppo del pensiero e al raggiungimento della consapevolezza, ma esso evoca altresì anche concetti più astratti legati al funzionamento della mente, come il ragionamento, la percezione, l'intelligenza, le proprietà e le caratteristiche delle intelligenze artificiali. Insomma la cognizione è sostanzialmente una proprietà degli organismi viventi, dalle molteplici capacità e di cui non conosciamo ancora tutte le potenzialità.

Quindi, la maggiore delle peculiarità delle scienze cognitive è rappresentata dalla *interdisciplinarietà*, che si basa sul collegamento e l'interazione tra branche anche molto diverse tra loro come la filosofia, l'informatica o l'antropologia. Il coinvolgimento di molteplici aree scientifiche consente di comprendere quale sia la vastità dei settori coinvolti nello studio della mente dell'uomo, per cercare di capire il funzionamento del sistema cognitivo dell'individuo.

Le scienze cognitive tendenzialmente focalizzano l'attenzione sulla modalità di costruzione del pensiero in funzione di condizionamenti derivanti da ciò che percepiamo dai sensi, ma anche da altri fattori come le emozioni, l'immaginazione, il livello intellettivo e perfino i tratti caratteristici della personalità dell'individuo.

Essendo interdisciplinari, le scienze cognitive attingono informazioni e dati da ambiti di ricerca diversi, il che determina l'oggettiva difficoltà di definirne inizialmente le discipline di riferimento. Di conseguenza non si può escludere che in futuro i confini di questo settore scientifico non possano ulteriormente ampliarsi per integrare nuove discipline a cui, in un modo o nell'altro, le scienze cognitive possano essere collegate.

Di sicuro sappiamo che lo studio delle scienze cognitive, soprattutto negli ultimi decenni, ha interessato molti settori anche in funzione di ricerche e sperimentazioni adottate in campi diversi. Per esempio, lo studio delle scienze cognitive ha trovato ampia diffusione nella psicologia e nell'Intelligenza Artificiale, dove vengono utilizzate per studiare le funzioni, i processi mentali e gli stati di elementi intelligenti, sia umani che artificiali (robot), con una particolare attenzione allo studio delle metodologie di elaborazione della mente dell'uomo (comprensione, assimilazione ed elaborazione delle percezioni del mondo che ci circonda, metodologie di apprendimento, etc.). Non vanno dimenticati, tra gli altri, gli studi delle scienze cognitive condotti in alcuni particolarissimi settori come la religione, le ideologie politiche, e le innovazioni nel settore militare e spaziale.

Cenni storici

Da un punto di vista storico, lo studio di questo settore scientifico risale agli ultimi decenni del Novecento ma la nascita ufficiale è riconducibile alla fine degli anni '70 negli Stati Uniti, dove già nei decenni precedenti si stavano effettuando studi e ricerche sul settore. Una data indicativa è quella del 1978, anno in cui nasce la Cognitive Science Society, che pubblicherà quella che diventerà la rivista scientifica del settore: *Cognitive Science*. La scuola di pensiero che dominerà nel corso degli anni le argomentazioni trattate nella rivista afferma che la comprensione dei comportamenti dell'uomo è possibile unicamente studiando approfonditamente la sua mente come mezzo di produzione di stimoli, sensazioni, risposte, elaborazioni che fungono da interfaccia tra azioni e reazioni dell'essere umano.

Questo concetto, che è stato posto alla base dello studio delle scienze cognitive, si è rapidamente sviluppato in tutto il mondo, scatenando soprattutto negli ultimi decenni l'interesse non solo di centri di ricerche legati al settore della medicina e delle scienze umanistiche, ma anche di strutture governative particolari (come quella della Difesa), e di apparati economici e politici. A questo punto la domanda potrebbe essere: perché tanto interesse per questo settore di studio? La ragione è facilmente spiegabile. Nel corso dell'ultimo quarto di secolo le metodologie di apprendimento della mente sono cambiate enormemente. L'evoluzione dei media, Internet, le moderne tecnologie di comunicazione informatiche hanno influito in maniera determinante sui sistemi di conoscenza fruibili dall'uomo stravolgendo enormemente anche le metodologie di apprendimento della mente.

Le scienze cognitive attualmente possono basarsi su due distinti *sistemi* di apprendimento: il primo è dato dalle analisi effettuate dalla mente in funzione dei comportamenti e della visione del mondo che la circonda (sistema naturale); il secondo è rappresentato dall'utilizzo delle tecnologie IT (Information Technology) e della rete Internet (sistema artificiale). Quindi la scienza cognitiva, per le sue peculiarità, ha un approccio interdisciplinare ma anche naturale/artificiale che ci porta a effettuare una serie di considerazioni. Contrariamente ad altre discipline come la fisica, la chimica o la biologia, che si basano su sperimentazioni scientifiche condotte in laboratori specializzati e che analizzano la natura come elemento fondante di tutti i fenomeni dell'universo, le scienze che studiano il comportamento umano (la mente e il comportamento dell'uomo) si basano su elementi concettuali ed esplicativi che possono essere molto diversi tra loro. Inoltre, anche i metodi di ricerca possono essere molto dissimili e possono produrre risultati interessanti capaci di illustrare nuove metodologie di apprendimento dalle conseguenze spesso inaspettate.

Le Tecnologie dell'Informazione e della Comunicazione (ICT) attualmente ci consentono di assorbire informazioni sterminate da una realtà "virtuale", che viviamo parallelamente a quella reale che ci caratterizza sin dalla nascita. La società dell'individuo digitale, meglio identificata come Cyber Society, in cui la pervasività di strumenti tecnologici di informazione abbonda, ci offre l'opportunità di attingere informazioni e dati dal maggiore contenitore informativo di cui l'umanità attualmente dispone: la rete Internet. Quindi, grazie ai computer e alla Rete, è possibile riprodurre una realtà "virtuale" che si affianca a quella "reale" e che può essere mixata alla precedente (a livelli differenti) grazie all'ausilio di speciali metodologie e applicazioni software. In tal senso, affiancando lo studio della "mente artificiale" a quello della "mente naturale", la scienza cognitiva assume una nuova forma, quella di una mescolanza tra scienza e tecnologie per costruire un nuovo strumento capace di aumentare le potenzialità di apprendimento dell'uomo e in grado di consentirgli di identificare le scelte e i percorsi più idonei per soddisfare al meglio i suoi bisogni.

Mappa cognitiva: la cartina geografica della mente

Con il termine *mappa cognitiva* possiamo identificare una particolare zona della mente dell'individuo in cui si concentra l'intero bagaglio di conoscenze e di esperienze accumulate durante l'intera sua esistenza sulla terra. Viene anche identificata come "cartina geografica della mente dell'uomo". In essa troviamo degli *oggetti*, la conoscenza del loro utilizzo, la funzionalità che assumono nella nostra vita e una serie di informazioni aggiuntive che costituiscono il contenitore di esperienze dell'essere umano. L'esperienza è data da elementi di valutazione, giudizi personali estrapolati da esperienze proprie e accadimenti specifici, oltre a nozioni obiettive. Sostanzialmente è la rappresentazione di un territorio specifico in cui troviamo simboli grafici, informazioni verbali e numeriche. Al suo interno vengono evidenziate le relazioni tra i componenti (oggetti e regioni) del contesto geografico. La mappa cognitiva è anche la somma della conoscenza e della cognizione, intesa sia come apprendimenti assimilati che come metodologia di apprendimento.

Anche se apparentemente semplice, da un punto di vista architetturale, la mappa cognitiva di ogni persona è il risultato di un complesso percorso di apprendimento e formazione. La costruzione di una mappa cognitiva si basa su tre fasi distinte:

1. La prima fase si fonda *sull'apprendimento degli "oggetti" delle differenti aree culturali*. Durante questo momento la mente identifica e memorizza gli oggetti e li lega all'azione cognitiva che ha permesso di inglobarli nella mappa. Anche se non riesce ancora a metterli in relazione tra loro, li inserisce all'interno della mappa come se fosse un *repository* (non perfettamente ordinato) in cui dimorano oggetti di cui si conosce la singola funzione ma di cui non si conosce ancora il reale utilizzo.

2. La seconda fase consiste *nell'attivazione dei primi collegamenti (link) tra gruppi omogenei di oggetti*. La mappa comincia ad assumere un aspetto a "macchie di conoscenza", internamente ben organizzate ma ancora isolate tra loro e non integrate nello scibile individuale dell'uomo.

3. La terza fase rappresenta il momento conclusivo del processo di assimilazione dell'individuo: *si attua il processo di integrazione tra le singole aree di conoscenza decretando la nascita di un sistema esperto di elaborazione intellettuale*.

Quindi la mappa cognitiva è un raffinatissimo strumento di auto-costruzione delle potenzialità, delle esperienze e delle conoscenze di ogni singolo individuo che gli consente di operare in settori culturali, sociali e geografici molto diversi.

Lo scopo fondamentale è quello di fornire a ogni individuo un quadro minuzioso delle capacità cognitive e intellettuali che saranno utilizzate per fornire risposte adeguate per ogni tipo di evento, situazione o stato decisionale che si prospetterà nella vita quotidiana. Ogni risposta, derivante da un processo di elaborazione personale, sarà il frutto dello stile cognitivo formatosi nella mente dell'individuo grazie alle informazioni che gli pervengono dal mondo circostante. Ogni mappa è anche una sorta di strumento utile per elaborare delle strategie di analisi che vengono utilizzate dall'uomo. Quindi l'individuo viene identificato come un elemento *dinamicamente cognitivo* che interagisce con il mondo che lo circonda. È uno strumento che aiuta e corregge lo stile di apprendimento di ogni persona e che fornisce valide indicazioni per migliorare e rafforzare le proprie potenzialità di apprendimento e conoscenza in tutti i settori con cui dovrà interagire.

Sviluppi concettuali: dalla scienza cognitiva computazionale alla scienza cognitiva neurale

Dopo aver chiarito il concetto di mappa cognitiva, è opportuno effettuare alcune precisazioni sull'essenza del concetto di scienza cognitiva. Molto spesso a essa vengono date interpretazioni diverse: secondo il parere di alcuni studiosi, la scienza cognitiva non si occupa dello studio della mente, ma degli aspetti cognitivi della stessa, in altre parole della sue *capacità intellettive*.

In realtà, sin dal 1977, in un articolo di Allan Collins apparso sulla rivista *Cognitive Science*, si afferma che la scienza cognitiva poteva essere identificata come "teoria dell'intelligenza" o "epistemologia applicata"[1]. Quindi le scienze e le tecnologie della cognizione si occupano dello *studio della cognizione*. Pertanto le scienze e le tecnologie cognitive si riferiscono alle metodologie di studio della mente. In conclusione è possibile affermare che le scienze cognitive si occupano dello studio della mente nella sua interezza, non considerando solo gli aspetti riconducibili alla cognizione, ma inglobando anche lo studio del comportamento dell'uomo.

Soprattutto nel corso degli ultimi decenni questa teoria è stata rafforzata al punto tale da indurre gli studiosi a maturare la consapevolezza che alla base della ricerca della scienza cognitiva deve

---

[1] L'epistemologia è quella branca che si occupa delle condizioni sotto le quali si può avere conoscenza scientifica, e dei metodi per raggiungere tale conoscenza, come suggerisce peraltro l'etimologia del termine (che deriva dall'unione delle parole greche *episteme* – conoscenza certa, ossia "scienza" – e *logos* – "discorso").

essere posto lo studio della mente con tutte le componenti psico-dinamiche, emotive, sociali e comportamentali, che consentono di fornire un quadro completo e integrato delle potenzialità intellet-tive dell'individuo.

In funzione di questo nuovo scenario di inquadramento si stanno delineando nuovi e inesplorati percorsi di ricerca e studio sulle scienze cognitive, che ne stanno rafforzando la caratteristica dell'*interdisciplinarietà* nel tentativo anche di comprendere i feno-meni e le reazioni naturali dell'uomo per cercare di riprodurli in sistemi "non naturali", assimilando alla scienza cognitiva *ufficiale* la scienza cognitiva *artificiale*.

Prima di introdurre il concetto di scienza cognitiva artificiale, è opportuno chiarire il significato di due termini legati a due aree di ricerca distinte: la *scienza cognitiva computazionale* e la *scienza cognitiva neurale*.

La nascita della scienza cognitiva computazionale risale al finire degli anni '50 negli Stati Uniti, grazie sia al fenomeno della rivolu-zione cognitiva anticomportamentista generatasi in quegli anni sia allo sviluppo dei primi computer che riattivarono quella filoso-fia di pensiero che intravedeva nei sistemi di elaborazione un punto di partenza per lo sviluppo dell'Intelligenza Artificiale. Quindi l'analogia tra mente umana e computer inizia il suo pro-cesso di materializzazione, definendo quel paradigma concettuale che identifica il cervello e il corpo di un individuo come il software e l'hardware di un computer.

Come sappiamo, con il termine *hardware* si identificano tutti dispositivi e le periferiche di un computer, mentre il *software* è rap-presentato dai sistemi operativi e dai programmi che consentono l'utilizzo del sistema di elaborazione. Il software di un computer è anche costituito da un insieme di simboli e di regole (istruzioni del programma) che vengono utilizzati per manipolare formalmente dei simboli, tenendo conto unicamente della loro forma e non del loro significato.

Identicamente, la mente umana è anch'essa un insieme di sim-boli (rappresentazioni simboliche) e di regole che agiscono su di essi in modo formale (quando la scienza cognitiva computazionale si occupa di significati, interpreta anche i significati come altri sim-boli). Gestire i simboli in modo formale può essere tradotto con il termine di *computazione dei simboli* o *calcolo dei simboli* (in funzione dell'adozione di criteri matematici e di logica formale), pertanto è corretto assumere che la mente è di fatto un sistema computazionale assimilabile a un computer.

L'accostamento della mente al computer, concetto fortemente propugnato dalla scienza cognitiva computazionale, ha consentito di sdoganare la convinzione che lo studio del comportamentismo fosse scientificamente inconsistente e poco attendibile in termini di rigorosità dei risultati prodotti (la ricerca scientifica classicamente impone che la ricerca e lo studio siano indirizzati su fenomeni direttamente osservabili, misurabili e verificabili da chiunque). Infatti la psicologia comportamentale, che si basa sull'assunto che il comportamento dell'individuo rappresenta l'elemento centrale dello studio della psicologia umana, focalizza la propria attenzione soprattutto sugli *stimoli* e le *risposte* che interessano la psiche dell'uomo, che sono fenomeni particolarmente complessi e di difficile classificazione.

Inoltre, se la mente dell'uomo è assimilabile al software utilizzato da un computer (da un punto di vista metodologico di elaborazione delle informazioni), è altresì accettabile sostenere che sia possibile studiare la mente con lo stesso rigore scientifico utilizzato dall'informatica per lo studio dei programmi utilizzati dal computer. Altro elemento fondamentale per la comprensione del rapporto mente-computer risiede nella separazione tra le scienze della mente e le neuroscienze. In sintesi le neuroscienze focalizzano la loro attenzione sullo studio del cervello (paragonabile all'hardware del computer), la psicologia invece si concentra sullo studio della mente (il software del computer).

In tal senso è logico dedurre che, come la scienza del software del computer è sostanzialmente indipendente dalle leggi della fisica (che interessano invece l'hardware del computer), la psicologia è allo stesso modo completamente indipendente dalle neuroscienze. Sono proprio queste analogie che hanno consentito la nascita del rapporto *mente-computer* e che hanno dato luogo al collegamento tra informatica e psicologia, e di conseguenza allo sviluppo della scienza cognitiva computazionale. In tal senso è possibile produrre un nutrito elenco di esempi pratici.

Attualmente molte delle applicazioni utilizzate dai computer consentono di simulare comportamenti e azioni assimilabili al comportamento umano (riproduzione del linguaggio parlato, identificazione di oggetti e di azioni umane, gestione di sistemi robotizzati, traduzione simultanea di lingue diverse), e queste applicazioni hanno consentito di creare la base di partenza per lo studio dell'Intelligenza Artificiale. Attualmente, anche psicologi e psichiatri utilizzano concetti molto cari all'informatica per tentare di chiarire meglio alcuni concetti legati al funzionamento del cervello. L'elaborazione dei dati (*data processing*) o l'utilizzo di regole e metodologie di risposta a situazioni e scenari (istruzioni e risposte) ci danno precise indicazioni su come si siano delineate delle forti analogie tra le due aree. Anche le metodologie di ricerca e identificazione dei ricordi catalogati in memoria vengono definiti dagli psicoterapeuti "algoritmi di ricerca".

Altro passaggio di fondamentale importanza per la comprensione dell'utilizzo del computer come elemento di "simulazione" delle caratteristiche dell'uomo è il linguaggio. In tal senso è indispensabile introdurre il concetto di *linguistica generativa*. Elaborata dal linguista americano Noam Chomsky (Philadelphia, 1928), che ne precisò i principi della sua grammatica, fu anche definita *linguistica generativo-trasformazionale* nell'opera *Syntactic Structures,* pubblicata nel 1957. Diventata teoria dominante negli studi linguistici a partire dalle seconda metà del Novecento, si basa sull'analisi della competenza linguistica di un parlante nativo. La competenza linguistica è una componente della mente di ogni singolo individuo e in tal senso va distinta dall'esecuzione del linguaggio (cioè da ciò che egli dice).

Chomsky sostiene che la mente umana, sin dall'infanzia, è in grado di acquisire la lingua senza alcun insegnamento specifico. Pertanto essa si configura come una capacità creativa in grado di realizzare delle costruzioni infinite di frasi (da ciò deriva l'attribuzione di "generativa" al termine linguistica). Inoltre, per Chomsky questa capacità generativa assume una forma "matematica", in quanto consente all'individuo di identificare in maniera quasi aritmetica la combinazione corretta delle parole da utilizzare per pronunciare una frase (non a caso il linguista statunitense accenna anche a regole ricorsive utilizzabili per un numero infinito di frasi). Pertanto la linguistica generativa assume una metodologia formale che identifica il linguaggio come un mezzo per accordare simboli (parole) secondo schemi che non tengono conto dei simboli stessi (nello stesso modo utilizzato dai computer per gestire i propri simboli).

Il contributo di Chomsky alla nascita del rapporto mente-computer è stato rilevante non solo perché egli è stato l'inventore della linguistica generativa, ma anche perché ha ideato la teoria della "grammatica" che si basa sul fatto che la teoria linguistica, che consente di chiarire i meccanismi mentali dell'individuo parlante nella generazione delle parole più adatte, viene definita "grammaticale". Quindi la grammatica generativa ha il compito di spiegare chiaramente le strutture alla base della competenza linguistica, cercando delle regole definite e ripetitive utilizzabili per un numero infinito di frasi. Inoltre la linguistica generativa ha consentito la nascita della psicolinguistica, ovvero lo studio del linguaggio attuato da psicologi che considera concetti e modelli teorici proposti proprio da linguisti generativi.

Come abbiamo potuto comprendere, le scienze cognitive interessano una molteplicità di settori, come l'elaborazione delle informazioni, l'informatica, l'Intelligenza Artificiale, la linguistica formale di Chomsky, la psicolinguistica, e non ultima per importanza, la filosofia della mente e del linguaggio. Pertanto, la mente, come il computer, è assimilabile a un sistema computazionale.

Nonostante l'interesse generato dal paradigma della scienza cognitiva computazionale, all'inizio degli anni '90 un nuovo settore scientifico ha interessato le comunità di studiosi e ricercatori della materia, dando vita alla *scienza cognitiva neurale*. Le ragioni dell'affermazione di questa metodologia di studio vanno ricercate nelle motivazioni dell'indebolimento della scienza cognitiva computazionale. Esse sono da attribuire al grande sviluppo, negli ultimi anni, delle scienze biologiche e delle neuroscienze che hanno rafforzato il legame *mente-cervello-corpo*. Inoltre sono stati sollevati molti dubbi sulla bontà della correlazione *mente-computer* in base alle difficoltà riscontrate nella realizzazione di un sistema di Intelligenza Artificiale che sia non solo in grado di imparare dall'esperienza, ma che riesca a interpretare sensazioni, motivazione, influenze del corpo, emozioni e stati d'animo. La mente umana non è solo intelletto e capacità cognitive, ma è qualcosa di molto più complesso in funzione delle molteplici "antenne" ricettive di cui dispone e che influiscono, in qualche modo, sull'elaborazione mentale dell'individuo.

Un ulteriore contributo allo sviluppo della scienza cognitiva neurale è da attribuire a una nuova filosofia di studio focalizzata sul comportamento, che ha portato alla nascita di un nuovo modello per lo studio delle scienze cognitive: il *connessionismo*.

Diffuso dagli psicologi statunitensi David Rumelhart e James McClelland, basato sullo studio delle reti neurali come modello per l'analisi e la decifrazione di esempi comportamentali, il connessionismo si ispira alla struttura del cervello e delle sue reti neurali. In sostanza il modello si basa sull'assunto che le informazioni all'interno di una rete neurale, indipendentemente dal fatto che sia biologica o artificiale, sono distribuite nei molteplici "nodi" della rete e non in un unico contenitore. Inoltre il connessionismo rappresenta uno straordinario modello che utilizza le reti neurali come schemi per analizzare e spiegare il comportamento dell'uomo. Le reti neurali rappresentano dei modelli teorici direttamente ispirati alla struttura fisica del sistema nervoso e al suo modo di funzionare, che col passare del tempo hanno consentito di indagare su settori scientifici nuovi e particolarmente importanti come l'Intelligenza Artificiale.

Quest'ultima, come abbiamo potuto comprendere nel precedente capitolo, focalizza la propria attenzione sulla possibilità di realizzare "forme di vita artificiale" mediante la simulazione del sistema nervoso dell'uomo, del suo corpo e delle stimolazioni che gli pervengono dall'ambiente fisico e sociale che lo circonda.

Quindi il connessionismo si pone come un paradigma teorico della scienza cognitiva in grado di identificare modelli architetturali della mente dell'uomo tramite lo studio del suo cervello. La mente dell'individuo è costituita da una complessa rete di unità di elaborazione omogenee divise tra strutture di *input* e di *output*, e da alcune strutture che hanno il compito di gestire gli stimoli dall'*input* all'*output*. Proprio in questa particolare architettura di gestione dei dati acquisiti, si innesta il paradigma del connessionismo, che identifica le strutture di *input/output* e i relativi sistemi di collegamento e gestione, come il *meccanismo di conoscenza dell'individuo*.

Come abbiamo potuto comprendere, i sostenitori del connessionismo sono convinti che la conoscenza non viene allocata in specifiche riproduzioni o svolgimenti, ma è distribuita sull'intera rete neurale. La rete neurale riceve continuamente stimoli diversi mediante l'assunzione di particolari schemi di attività che possono essere modificati in funzione dell'assimilazione di nuove esperienze. In conclusione, il connessionismo propone di superare i modelli mentali cognitivistici che si ispirano alla semplice elaborazione delle informazioni e di interpretare tutte le informazioni generali dell'individuo (comportamento, esperienze di vita, funzionamento del sistema nervoso, etc.).

Scienze cognitive e tecnologia

Prima di descrivere le interazioni e gli sviluppi tra le scienze cognitive e le tecnologie informatiche è opportuno chiarire il significato di tre elementi che assumeranno, nelle successive trattazioni, una presenza costante. Il termine *cervello* ha subito nel corso degli anni, e soprattutto nell'evoluzione della medicina, numerose variazioni semantiche che hanno generato diverse interpretazioni filosofiche e perfino utilizzi impropri. Tuttavia, con il termine *cervello* possiamo intendere l'insieme dei componenti del sistema nervoso centrale che sono contenuti all'interno della scatola cranica (encefalo). Da un punto di vista scientifico, per cervello si intende l'insieme di telencefalo e diencefalo (meglio conosciuto come prosencefalo). Con il termine *mente* solitamente si identifica l'insieme delle funzioni superiori del cervello, cioè quelle di cui si può avere, a livello soggettivo, una coscienza reale come la ragione, la memoria, la volontà, le sensazioni, le emozioni, etc. È importante sottolineare che fino a pochi anni fa queste capacità erano attribuite solo agli esseri umani, ma in funzione di recenti studi condotti su varie specie di animali, il mondo scientifico è concorde nel concedere anche a molte di esse, alcune di queste capacità. Il *sistema nervoso* è costituito da una fitta rete di cellule nervose (neuroni) che sono raggruppate in circuiti che inviano messaggi in tutto il corpo umano mediante impulsi elettrici. Da un punto di vista architetturale è molto simile a un computer, dato che anch'esso analizza continuamente dati che provengono da molteplici parti del corpo umano distribuendo informazioni in diverse sedi remote. Questa somiglianza con il funzionamento di un moderno sistema di elaborazione digitale è fondamentale per gli studi di cui parleremo in seguito.

È importante evidenziare che per molti decenni allo studio del sistema nervoso non fu attribuita particolare attenzione dagli studiosi delle scienze cognitive computazionali, dato che il fondamento principale di queste si basava sul principio che la mente, analogamente a un computer, può essere studiata indipendentemente dal cervello. Questa convinzione ha subito un enorme stravolgimento negli ultimi anni tanto da generare la convinzione che per chi studia la mente il sistema nervoso assuma un'importanza nevralgica.

Questa convinzione è stata generata sia dallo sviluppo delle reti neurali, che si ispirano da un punto di vista architetturale al sistema nervoso, sia dalle convinzioni ottenute nel settore delle neuroscienze, come la neuropsicologia, le neuroimmagini, etc. Quindi risulta evidente che lo studio della mente non può prescindere da quello del cervello. Anche se la scienza cognitiva computazionale e quella neurale esaminano il sistema nervoso attraverso metodologie che hanno un approccio di tipo strutturato, sussistono delle differenze sostanziali. La scienza cognitiva computazionale tende a realizzare modelli mentalisti che si ispirano al funzionamento dei sistemi di elaborazione digitali in grado di riprodurre comportamenti e capacità cognitive e lasciando solo a una fase successiva il tentativo di identificare le correlazioni con il sistema nervoso umano.

La scienza cognitiva neurale, al contrario di quella computazionale, cerca di realizzare direttamente dei modelli funzionali che si ispirano completamente al sistema nervoso. Al di là delle diverse metodologie di approccio, nel prossimo futuro le scienze cognitive dovranno essere proiettate verso lo studio di tutte le scienze biologiche, abbracciando campi come la biologia evoluzionistica, la biogenetica, le interazioni luogo-corpo-mente, etc. Soprattutto il comportamento dell'essere umano avrà un ruolo predominante nelle simulazioni di sistemi di vita artificiale. I comportamenti umani dovranno essere catalogati e tradotti in schemi da collegare a elaborazioni mentali molteplici, che sono la conseguenza delle interpretazioni delle informazioni che provengono dal mondo che ci circonda. Da ciò si evince che nel futuro si parlerà sempre di più di *scienza cognitiva sociale* e cioè di una scienza cognitiva applicata ai fenomeni sociali che sono alla base di tutte le reazioni dell'uomo. La scienza cognitiva sociale studierà i fenomeni sociali umani, i comportamenti della collettività, le metodologie di formazione delle istituzioni sociali, le politiche di aggregazione sociale, ed è proprio in questo settore che si stanno effettuando studi particolari sulle simulazioni basate sugli *agenti*, intesi come raccolte di entità che interagiscono tra loro per consentire che dalle loro molteplici influenze reciproche possano affiorare eventi collettivi imprevedibili in grado di accrescere il bagaglio di informazioni sulle regole che governano le loro interazioni. Lo studio degli agenti si pone come elemento fondamentale per lo studio della scienza cognitiva nel prossimo futuro.

Come abbiamo potuto comprendere, la scienza cognitiva soprattutto negli ultimi anni ha ridotto la distanza dalle tecnologie informatiche al punto tale da poter confermare che il computer stesso può essere considerato elemento fondamentale per lo studio delle scienze cognitive. Il rapporto tra le metodologie di apprendimento, la conoscenza e la tecnologia subisce continue mutazioni evolutive che stanno trasformando gli stessi scenari di attività e ricerca del settore.

Se fino a poco tempo fa per gli studiosi di scienze cognitive le tecnologie IT (Information Technology) assumevano un valore vincolato unicamente allo studio e alle ricerche nel settore dell'Intelligenza Artificiale, attualmente le stesse tecnologie hanno ingaggiato un ruolo predominante non solo per la simulazione delle attività mentali, ma per la stessa comprensione del funzionamento dell'attività razionale e irrazionale della mente umana.

Per la scienza cognitiva computazionale la tecnologia era applicabile solo all'Intelligenza Artificiale, dato che sia la scienza cognitiva computazionale che l'Intelligenza Artificiale si basano su una ricostruzione razionale dell'attività mentale. L'intelligenza umana non è più identificata come un "campo di studio" definito e circoscritto. Il funzionamento del corpo, i sensi, le esperienze personali, le organizzazioni sociali, le metodologie di comportamento e le correlazioni con le elaborazioni mentali sono solo alcuni degli "elementi" che possono essere studiati dalle nuove tecnologie, soprattutto con lo scopo di riprodurli artificialmente. Non a caso lo studio dei modelli comportamentali consente di comprendere il funzionamento dell'individuo nella società allo scopo di poter effettuare delle previsioni sui comportamenti dell'uomo e sulle conseguenze derivanti dagli stessi.

In funzione di quanto finora asserito, esaminiamo meglio il paradigma mente-computer inserito nello studio del *cognitive computing*. La domanda di partenza è la seguente: con l'ausilio di un computer è possibile simulare, in scala, il sistema corticale cerebrale di un mammifero? Per cercare di rispondere a questa domanda è opportuno esaminare alcuni elementi effettuando alcune considerazioni di tipo "tecnologico": la memoria, la comunicazione, il calcolo.

- *Memoria.* Un numero rilevante di microprocessori e una memoria centrale di grandi dimensioni, alloggiati in un apposito sistema di elaborazione, possono simulare il funzionamento dei neuroni e delle sinapsi a una velocità che si avvicina molto a quella dell'uomo. Dato che le sinapsi che si attivano sono molto più numerose dei neuroni, la memoria totale disponibile deve essere modellata in funzione del numero di sinapsi che si attivano. Supponiamo a questo punto di simulare un sistema nervoso con 55 milioni di neuroni e 448 miliardi di sinapsi.

- *Comunicazione.* La comunicazione tra neuroni si realizza mediante le sinapsi. Supponiamo che ogni neurone si attivi una volta al secondo. Ogni singolo neurone si connette a 8.000 altri neuroni generando quindi 8.000 "attivazioni" per la trasmissione di informazioni. Ciò comporterebbe la generazione di un flusso di informazioni pari a 440 miliardi di messaggi al secondo.

- *Calcolo.* Supponiamo che in media ogni neurone si attivi una volta al secondo. In tal caso ogni sinapsi si attiverà due volte, la prima quando si attiva in ingresso e la seconda in uscita. Ciò equivale a 896 miliardi di aggiornamenti sinaptici al secondo. Ipotizziamo quindi che lo stato di ogni neurone venga aggiornato ogni millisecondo. Ciò equivale a 55 miliardi di aggiornamenti neuronali al secondo. Tutto questo ci indica che la simulazione di un sistema nervoso implica enormi risorse di calcolo.

Dopo aver chiarito che esiste la possibilità di simulare il funzionamento del sistema nervoso umano grazie all'ausilio di un potente sistema di elaborazione, concentriamoci sulle più recenti sperimentazioni in atto. Uno degli studi più interessanti, che può consentirci di comprendere la portata del livello di interesse, ma soprattutto di "arrivo" nel campo della riproduzione, di un sistema artificiale che possa avvicinarsi a quello dell'uomo, è quello citato nel Cap. 2, in cui si parla dell'algoritmo *Bluematter* sviluppato negli USA da un gruppo di ricercatori di IBM e della Stanford University.

In questo capitolo focalizzeremo l'attenzione sulle ricerche effettuate sulla mappatura delle connessioni cerebrali e sui tentativi di riprodurre artificialmente il cervello umano utilizzando un computer.

Come descritto nel capitolo precedente, il gruppo di ricercatori è riuscito a simulare l'attività del cervello di un felino (gatto) riproducendone la corteccia corticale. Essendo la stessa assimilabile a quella dell'uomo per una percentuale pari al 4,5%, tutto lascia presupporre che i risultati raggiunti costituiscano solo il punto di partenza per la realizzazione di un sistema molto più complesso che porti alla simulazione della corteccia corticale completa di un essere umano.

Nel 2009, utilizzando il supercomputer Blue Gene/P, ubicato presso il Lawrence Livermore National Lab e munito di ben 147.456 processori e 144 TeraByte (un TeraByte corrisponde a circa mille miliardi di byte) di memoria principale, è stata realizzata una simulazione di un sistema munito di un bilione di neuroni in grado di generare dieci trilioni di sinapsi cerebrali. Il sistema può essere paragonato a un sistema munito di 1.000 microprocessori "cognitivi", ognuno dei quali è dotato di 1 milione di neuroni e 10 miliardi di sinapsi. Questa architettura cerebrale supera quella della corteccia cerebrale di un gatto.

La sperimentazione precedente, condotta nel 2007, si basava sulla simulazione della corteccia corticale di un topo (Fig. 1), che adottava un modello corticale in scala ridotta basato su 56 milioni di neuroni, con 448 miliardi sinapsi (gestibili in 8 TeraByte di memoria, con 32.768 processori installati sul modello IBM Blue Gene/L). A marzo 2009, la simulazione subì un ulteriore sviluppo grazie al modello Blue Gene /P munito di 32.768 processori e 32 TB di RAM. La simulazione della corteccia corticale si avvicinava a quella dell'uomo (in misura dell'1%) con 200 milioni di neuroni e 2.000 miliardi di sinapsi (Fig. 2).

La sperimentazione si conclude a fine 2009, ampliando la simulazione fino a 1,62 miliardi di neuroni e 8,61 migliaia di miliardi di sinapsi. La simulazione finale corrisponde a circa il 4,5% della corteccia cerebrale umana.

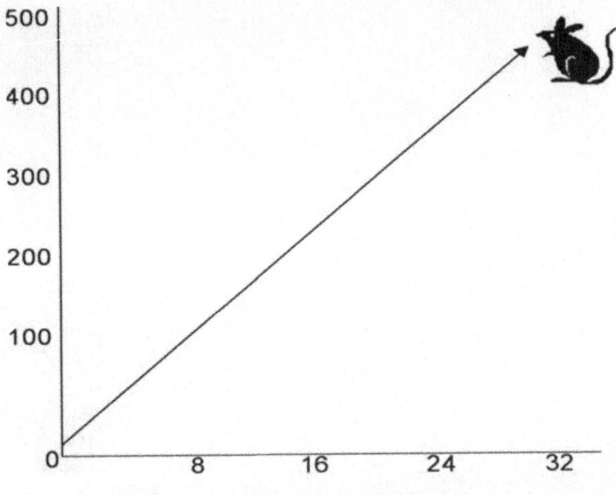

Fig. 1. *Aprile 2007: IBM Blue Gene / L (32.768 processori e 8 TeraByte di memoria). Riproduzione in scala della corteccia corticale del topo, con 56 milioni di neuroni, 448 miliardi di sinapsi*

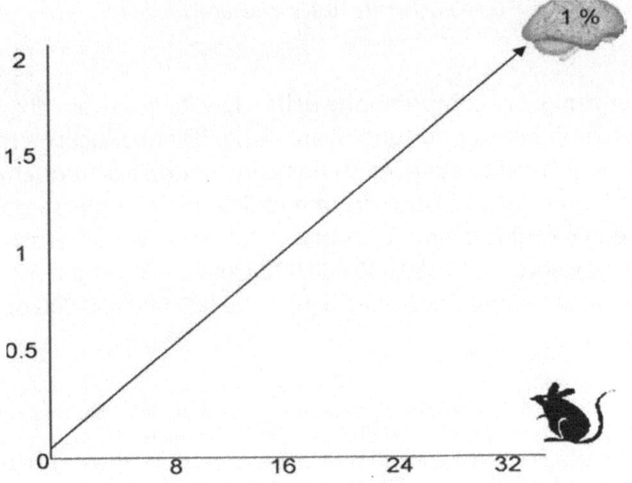

Fig. 2. *Marzo 2009: IBM Blue Gene / P (32.768 processori e 32 TeraByte di memoria). Riproduzione in scala della corteccia corticale del topo con 200 milioni di neuroni e 1,97 miliardi di sinapsi. Simulazione pari all' 1% della corteccia corticale dell'uomo*

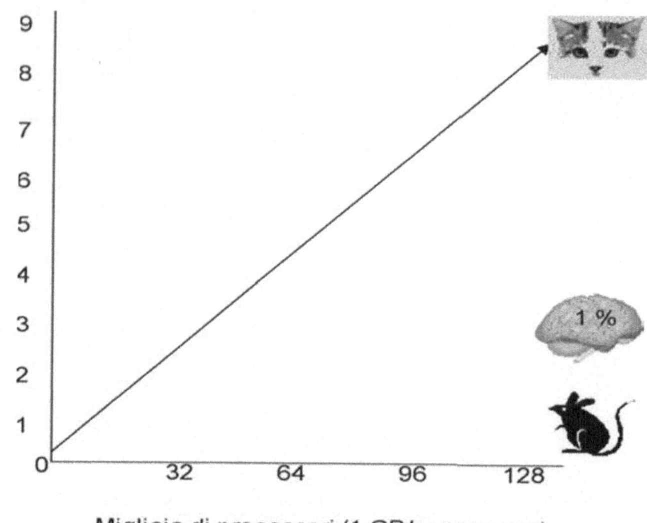

Migliaia di processori (1 GB/processore)

Fig. 3. *Fine 2009: Blue Gene / P DAWN, ubicato presso il Lawrence Livermore National Laboratory (147.456 processori e 144 TeraByte di memoria). Riproduzione in scala della corteccia cerebrale di un gatto (1 miliardo di neuroni e oltre 10.000 miliardi di sinapsi)*

Per una migliore comprensione delle capacità di calcolo di questi supercomputer, è opportuno chiarire il significato di alcuni termini. Il termine *flop* (FLOating Point) non corrisponde alla frequenza di clock[2] di un microprocessore, ma indica una complessa operazione di calcolo su virgola mobile. Peta è invece un prefisso che indica il valore 1.000.000.000.000.000. Quindi un computer da un Petaflop al secondo può effettuare 1.000.000.000.000.000 opera-

---

[2] In elettronica il termine *clock* indica un segnale periodico utilizzato per sincronizzare il funzionamento dei dispositivi elettronici digitali. Il ciclo di clock è il tempo che intercorre tra il verificarsi di due colpi di clock successivi. La frequenza o velocità di clock è il numero di colpi di clock che vengono eseguiti in una determinata unità di tempo. L'unità di misura usata è l'hertz, ovvero il numero di cicli di clock eseguiti in un secondo. Poiché i clock sono in genere molto veloci, si usano comunemente i multipli kilohertz (kHz), megahertz (MHz) e gigahertz (GHz) per indicare rispettivamente mille, un milione e un miliardo di cicli al secondo. Questo sistema di misurazione viene utilizzato per valutare le prestazioni dei microprocessori.

zioni in virgola mobile al secondo o, per meglio dire, un Petaflop equivale a un milione di miliardi di istruzioni/calcoli al secondo. Un Teraflop/s corrisponde a 1000 miliardi di Flop al secondo. Un Exaflop equivale a un milione di trilioni di calcoli al secondo. Un Exaflop è un migliaio di volte più veloce rispetto a un Petaflop, il quale è un migliaio di volte più veloce di un Teraflop.

L'ultima classifica, redatta proprio nel 2009, sui primi 500 super-computer a livello mondiale (World's TOP500 Supercomputer Sites) conferma la IBM in testa fra i produttori di avanzate tecno-logie di elaborazione. Un'ulteriore conferma deriva dalle ultime simulazioni effettuate dall'azienda statunitense proprio nelle simu-lazioni del sistema cerebrale dell'uomo.

Le ultime simulazioni sono riuscite a riprodurre un modello corticale umano pari al 4,5%, e la previsione per il 2019 è di realiz-zare un supercomputer con 1 Exaflop/s e 4 PB di memoria princi-pale, per realizzare la simulazione della corteccia corticale umana.

Cosa ci riserva il futuro?

Tutte le sperimentazioni finora effettuate hanno dimostrato la vali-dità di un concetto che per anni è stato avversato da una certa parte del mondo scientifico: i sistemi artificiali di elaborazione (computer) possono riuscire a simulare, per ora almeno in parte, il funziona-mento del sistema neurale dell'uomo soprattutto grazie all'analisi dell'attività elettrica generata dall'attività cerebrale. Con lo studio delle attività cerebrali e delle dinamiche delle membrane neurali, effettuato mediante meticolose misurazioni condotte anche mediante elettroencefalogrammi e registrazioni intracellulari, è stato possibile comprendere il funzionamento e le metodologie di pro-pagazione di uno stimolo, come agisce e come si diffonde su una molteplicità di neuroni. Sono stati osservati e analizzati i rapporti spazio-temporali delle reazioni dei neuroni in diversi "stati" mentali e condizioni (veglia, sonno, tranquillità, agitazione, pericolo, etc.), registrando miliardi di dati riconducibili al funzionamento delle diverse "regioni" del cervello umano. Tutti i dati accumulati in questi anni hanno consentito di costruire un contenitore di informazioni senza precedenti, fondamentali per la comprensione delle dinami-che dei circuiti del sistema nervoso dell'uomo.

Tuttavia il percorso che porterà in un prossimo futuro a realizzare un vero e proprio sistema cerebrale artificiale si preannuncia ancora molto tortuoso e pieno di problematiche di non facile soluzione. Attualmente, i computer progettati per le simulazioni descritte si basano tutti sull'elaborazione di informazioni "strutturate" e acquisite mediante dispositivi di *input* avanzati, ma che non contemplano al momento i sensi dell'uomo come la vista, udito, tatto, gusto, olfatto, e che soprattutto non sono in grado di intercettare le personalissime sensazioni umane che si differenziano da individuo a individuo. Queste caratteristiche, tipiche della mente dell'essere umano, sono coordinate e integrate tra loro, e contribuiscono enormemente all'elaborazione del pensiero e alla generazione delle risposte del cervello.

Nonostante gli enormi progressi raggiunti dall'uomo nello studio del funzionamento della mente, sussistono ancora enormi problemi da risolvere e ostacoli da superare per giungere alla realizzazione di un sistema pensante artificiale. Al di là delle complicazioni tecniche da risolvere, l'uomo si trova ad affrontare anche questioni di carattere filosofico. In tal senso le domande che sorgono sullo sviluppo di questo settore scientifico sono molteplici.

A cosa ci condurrà la ricerca e lo studio delle scienze cognitive? A comprendere meglio quello stupefacente e straordinariamente complesso elemento, il cervello, che fa dell'uomo un essere "pensante", o semplicemente a perseguire l'obiettivo di realizzare un computer in grado di ragionare come un individuo? E nel momento in cui si riuscirà a produrre un sistema artificiale pensante, come sarà considerato? Rimarrà sempre una "macchina" o si dovrà attribuire a esso uno *status* giuridico di "persona artificiale"?

Stiamo realizzando computer di reti neurali che operano in maniera analoga al cervello e nel giro di qualche decennio saremo in grado di riprodurre, almeno da un punto di vista neuronale, un sistema artificiale capace di simulare completamente tutti i collegamenti e le reazioni di una mente umana. Tutto lascia presupporre che anche le difficoltà collegate alla riproduzione di emozioni, sentimenti o creatività, che al momento sono difficilmente riproducibili da un sistema artificiale, verranno quanto prima superate. A fine 2009 una nota casa produttrice di telefoni cellulari ha presentato un prototipo munito di un innovativo sistema di riconoscimento vocale, in grado non solo di tradurre simultaneamente in oltre cinque lingue diverse il colloquio telefonico, ma anche di comprendere l'emotività dell'interlocutore attraverso l'interpretazione del tono di voce delle persone coinvolte. In base al tono dell'interlocutore, il sistema può elaborare risposte diverse che vengono migliorate nel caso delle videochiamate. L'immagine del viso dell'individuo, in funzione delle espressioni e dei movimenti, può fornire al sistema ulteriori informazioni sul suo stato di emotività. Alcune aziende hanno già prodotto sistemi informatici in grado di riprodurre odori e profumi tramite Internet. Addirittura un'azienda britannica è in grado di inviare e-mail profumate, e una statunitense ha realizzato un accessorio informatico che si interfaccia con il computer che è capace di erogare oltre venti profumi che, mischiandosi tra loro, possono riprodurre oltre sessanta odori diversi.

A questo punto non è poi così azzardato scommettere che entro i prossimi dieci anni l'uomo sarà in grado di produrre un sistema di Intelligenza Artificiale in grado di simulare anche i suoi sensi.

Fino ad alcuni decenni fa, la possibilità che un giorno l'uomo dovesse imparare a convivere con forme di vita artificiale era considerata una mera ipotesi di sceneggiatura di un film di fantascienza. Attualmente noi esseri umani siamo portati a pensare che un tipo di intelligenza non umana, pur se nato con lo scopo di aiutare l'uomo e pur essendo stato sviluppato prendendo ispirazione da quel grande processore che è il cervello umano, diventerà sicuramente parte integrante della nostra struttura sociale. E probabilmente la costante evoluzione di queste forme di vita artificiale porterà, magari tra alcuni decenni, a un livello di evoluzione tale da sviluppare in questi sistemi pensanti una sorta di coscienza di sé che li condurrà a emanciparsi come specie autonoma.

Il noto futurologo Ray Kurtzweil, esperto nel campo della filosofia dell'Intelligenza Artificiale, ha dichiarato in un'intervista di qualche anno fa che "non ci sarà una comprensibile distinzione tra dove finiscono gli esseri umani e le intelligenze biologiche e dove iniziano quelle artificiali". L'idea che sta alla base di questa affermazione è che specifiche forme di Intelligenza Artificiale possano, nel giro di qualche decennio, riuscire a ragionare autonomamente per poter risolvere i problemi senza l'intervento dell'uomo. I più fervidi sostenitori dello sviluppo dell'Intelligenza Artificiale sostengono che è possibile che le macchine diventino sapienti o coscienti di sé, anche senza assimilare necessariamente questa "coscienza di sé", e che elaborino processi di pensiero simili a quelli umani.

Forse la strada che si sta percorrendo è quella che porta alla realizzazione di un prodotto di "umanoide artificiale" efficiente al punto tale da poter essere, per funzioni e capacità, simile all'essere umano in tutto e per tutto anche per quanto concerne le sensazioni che esso è in grado di provare.

Nel momento in cui tutto ciò sarà possibile ci troveremo di fronte a un corposo problema di etica: possiamo sviluppare qualcosa con le caratteristiche di una persona e poi annoverarlo tra gli oggetti?

Questa riflessione filosofica sarà oggetto di dibattiti e discussioni per i prossimi decenni, e le possibili implicazioni, nell'uno o nell'altro caso, produrranno effetti difficilmente prevedibili nella società del futuro.

Teoria generale della cibernetica: dal governo delle macchine alla *cyberscience*

Premessa

Pensare di dare una definizione univoca ed esaustiva del termine *cibernetica* e dei campi di applicazione di questa stupefacente e complessa scienza, ritengo sia piuttosto difficoltoso e potrebbe persino risultare semplicistico. Questa disciplina, come tante altre che interessano l'uomo, in funzione della sua complessa e particolare dimensione architetturale, è intrinsecamente interconnessa a molteplici e variegati settori scientifici e di ricerca, alle volte apparentemente anche molto distanti tra loro. Norbert Wiener, tra i più grandi matematici e statistici statunitensi che sin dai primi anni del Novecento si dedicò allo studio di questa nuova scienza, indicò nel 1947 con il termine *cibernetica* un comparto scientifico di studio che focalizzava la sua attenzione "sulla scienza del controllo e della comunicazione negli animali e nelle macchine". Da un punto di vista squisitamente terminologico, il termine deriva dal greco *kybernetes* (timoniere, pilota) ed era usato dai greci per indicare i timonieri e i nocchieri, ma Platone[1] rivisitò il termine dandogli un'accezione più ampia e attribuendolo anche a chi si occupava del "governo" delle navi o dei carri da battaglia, senza escludere neppure i condottieri di eserciti o masse popolari. Da questa interpretazione nasce il termine latino *gubernator* (che diventerà poi *governatore*).

---

[1] Platone (428 a.C. – 347 a.C.) è stato uno dei più grandi filosofi della storia. Con Socrate e Aristotele, ha fissato i concetti base del pensiero filosofico occidentale.

Molte altre interpretazioni furono date al termine nel corso dei secoli, ma nel 1789 fu James Watt[2] a utilizzarlo in un contesto tecnico per descrivere un regolatore centrifugo deputato al controllo del suo motore a vapore, e successivamente, nel 1834, fu André-Marie Ampère[3] a utilizzare *cybernétique* per indicare nel campo delle scienze la funzione di "governo" dei sistemi.

Al di là delle diverse concezioni o interpretazioni del significato del termine, la cibernetica identifica inequivocabilmente quella scienza che si interessa del *governo dell'elaborazione e della trasmissione delle informazioni in sistemi complessi.* Tuttavia, come precedentemente preannunciato, questo settore scientifico abbraccia numerosi campi di studio e di ricerca come la biologia, la fisica, la matematica, la robotica, l'ingegneria, l'informatica, l'Intelligenza Artificiale, le scienze cognitive, ma soprattutto l'interazione tra l'uomo e le moderne innovazioni tecnologiche che spesso si intrecciano in ambiti e contesti comuni.

In questo capitolo tenteremo di illustrare le più moderne e recenti evoluzioni delle applicazioni cibernetiche, ma cercheremo anche di far comprendere la portata di alcune sperimentazioni scientifiche nel tentativo di definire uno scenario del futuro della cibernetica per il prossimo millennio.

Dalle prime applicazioni su robot teleguidati, approderemo all'identificazione di quel nuovo "umanoide" che sarà il frutto della naturale evoluzione delle applicazioni di questo settore scientifico così complesso. L'ipotesi che un giorno l'uomo potesse arrivare alla creazione di un suo simile artificiale ha sempre alimentato la fantasia di scrittori, filosofi, scienziati e registi televisivi. Probabilmente nessuno si è mai impegnato a enumerare tutti i film prodotti dalle case cinematografiche in cui il ruolo centrale era attribuito a *cyborg* dalle sembianze umane muniti di molteplici capacità, e program-

---

[2] James Watt (19 gennaio 1736 – 19 agosto 1819) è stato un matematico e ingegnere scozzese. A lui si deve l'invenzione della valvola di regolazione per mantenere costante la velocità della macchina a vapore. Egli introdusse l'unità di misura chiamata *cavallo vapore* per comparare la potenza prodotta dalle macchine a vapore, utilizzata per indicare la potenza dei motori degli autoveicoli.

[3] André-Marie Ampère (22 gennaio 1775 – 10 giugno 1836). Fisico francese a cui si deve l'ideazione dell'unità di misura della corrente elettrica.

mati per conseguire obiettivi più o meno edificanti. Tuttavia, al di là delle intenzioni dei rispettivi ideatori, queste produzioni televisive, cinematografiche e letterarie, possono confermare quale sia il livello di interesse dell'uomo per questo tipo di obiettivo scientifico.

Molti filosofi asseriscono che questo nuovo essere vivente artificiale, in cui si andrebbero a combinare elementi naturali e sintetici, dovrebbe essere in grado di acquisire una consapevolezza di sé particolare che lo porterebbe a identificare quello che Paracelsus[4] (o Paracelso) identificò come *homunculus*. Questo termine indica una forma di vita creata dall'alchimia e uguale all'essere umano, ma di dimensioni più ridotte, che viene descritta da Paracelso in questo modo:

> Se la fonte di vita, chiusa in un'ampolla di vetro sigillata ermeticamente, viene seppellita per quaranta giorni in letame di cavallo e opportunamente magnetizzata comincia a muoversi e a prendere vita. Dopo il tempo prescritto assume forma e somiglianza di essere umano, ma sarà trasparente e senza corpo fisico. Nutrito artificialmente con *arcanum sanguinis hominis* per quaranta settimane e mantenuto a temperatura costante prenderà l'aspetto di un bambino umano. Chiameremo un tale essere *Homunculus*, e può essere istruito ed allevato come ogni altro bambino fino all'età adulta, quando otterrà giudizio ed intelletto.

Naturalmente i filosofi utilizzano il termine *omuncolo* come metafora per dare una spiegazione di come alcune connotazioni o capacità personali influenzino il funzionamento della mente. Per questo motivo ipotizzano che tutti i vari stimoli che provengono dall'esterno (veicolati all'interno del cervello attraverso gli organi di senso e il sistema nervoso periferico) siano interpretati e manipolati da un "essere" misterioso che risiede in una zona della struttura cerebrale dell'individuo: l'*homunculus*. L'uomo, in funzione degli obiettivi e delle motivazioni che intende perseguire e in base

---

4 Philippus Aureolus Theophrastus Bombastus von Hohenheim detto Paracelsus (meglio noto come Paracelso) (Einsiedeln, 14 novembre 1493 – Salisburgo, 24 settembre 1541) fu una delle figure più rappresentative del Rinascimento. Era medico, astrologo e alchimista.

alle sollecitazioni esterne che percepisce, attiva un processo decisionale che gli consente di inoltrare una serie di comandi ai suoi organi periferici (muscoli, gambe, voce, occhi, etc.). Il tutto è coordinato da un *sistema pensante* che risiede in noi. Per analogia, un robot teleguidato (per esempio come quelli utilizzati dalle forze di polizia per verificare la presenza di ordigni esplosivi) non è altro che un "corpo" in grado di inviare segnali sensoriali e di ricevere comandi (mandati dall'uomo) che agiscono sul suo sistema motorio. L'individuo che lo governa è "l'homunculus del robot", cioè la sua mente. La distanza tra il robot e l'essere umano che lo controlla diventa del tutto insignificante. Anche se da un punto di vista scientifico sarebbe assurdo considerare la mente come un elemento "ospite" all'interno del corpo umano, non è così improponibile assumere, da un punto di vista filosofico, che il sistema pensante dell'uomo sia un elemento la cui complessità rappresenta ancora un elemento di sfida per lo scibile umano.

In funzione di quanto formulato, questo ipotetico "bambino" che è presente in ognuno di noi potrebbe rivelarsi un giorno attraverso lo sviluppo della cibernetica, e ciò porrebbe le basi per la creazione di un nuovo modello di pensiero che avrebbe influssi determinanti sul nostro sistema sociale. Pertanto cercheremo ora di comprendere come la cibernetica potrà in futuro influenzare la vita dell'uomo e, di conseguenza, il suo modo di agire e di interfacciarsi con il mondo che lo circonda.

Cibernetica: cenni storici

La storia della cibernetica è uno dei pochi settori scientifici che non possiede, da un punto di vista storico, una cronologia temporale ben definita.

Tuttavia pur non essendo possibile definire una datazione storica precisa a cui far risalire la sua vera nascita, la cibernetica si afferma tra il 1946 e il 1953 grazie alla nascita di un nuovo interesse per questo settore scientifico che coinvolgerà eminenti scienziati operanti in settori diversi. Tra loro citiamo John Von Neumann, matematico e informatico ungherese, che divenne famoso per l'ideazione del modello concettuale dell'architettura del computer digitale; Warren McCulloch, neurofisiologo e cibernetico statunitense (particolarmente noto per le teorie sul funzionamento del cervello in cui si dimostrava la bontà delle tesi sostenute dalla macchina di Turing e che il neurone costituiva l'unità logica del cervello); Gregory Bateson, antropologo, sociologo e linguista, nonché studioso di cibernetica; Claude Shannon, ingegnere e matematico statunitense, spesso definito il padre della Teoria dell'Informazione; e il grande matematico statunitense Norbert Wiener, famoso per le sue ricerche sul calcolo delle probabilità e considerato il vero fondatore della cibernetica.

Nato da una famiglia di immigrati ebrei, Norbert Wiener si dimostrò da subito un bambino prodigio. A diciotto mesi conosceva già l'alfabeto, a tre anni leggeva perfettamente e a cinque interpretava con enfasi scritti in greco e latino. A sette anni frequentava la Peabody School of Cambridge, ma la sua mente era così avanti rispetto a quella dei suoi coetanei che fu "spostato" direttamente alla quarta classe. A dieci anni frequentava già il liceo pubblico di Aver e anche in questo caso fu ammesso, dopo la fine del primo anno di liceo, alla quinta classe. Nel 1906 si diplomò a pieni voti e subito dopo si iscrisse alla Tufts University diventando il più giovane studente universitario degli Stati Uniti. Dopo soli tre anni si laureò in matematica. Ossessionato da un'incontenibile sete di sapere, studiò presso diverse università: Cornell University, Columbia University, Harvard, Cambridge fino ad approdare in Germania, dove frequentò l'Università di Gottinga. Durante questo frenetico percorso formativo, conseguì le lauree in fisica e biologia.

Rientrò negli Stati Uniti e negli anni successivi fu docente alla Columbia University e poi a Harvard e all'Università del Maine. Nel 1932 approdò al Massachusetts Institute of Technology (MIT) di Boston come professore di matematica dove vi rimase fino al 1960.

Coinvolto in progetti militari nel periodo bellico durante il secondo conflitto mondiale, intuì rapidamente che il lavoro dell'uomo sarebbe stato notevolmente avvantaggiato dall'utilizzo di uno strumento di elaborazione dati che avrebbe potuto consentire di accelerare e migliorare enormemente il lavoro dell'uomo in una molteplicità di campi e applicazioni. Fondamentali furono le sue intuizioni sulla progettazione del computer, rafforzate dagli esperimenti condotti da Turing, che avrebbero consentito successivamente, a von Neumann, di strutturare l'architettura del futuro computer.

Durante i primi anni Wiener si dedicò allo studio della matematica, elaborando importanti teorie sulla probabilità e sull'analisi delle funzioni. Solo in un secondo periodo si concentrò sullo studio della cibernetica, sviluppando due importanti concetti che divennero in seguito elementi di riferimento per lo studio e le applicazioni nel settore: il *feedback* e la *trasmissione dell'informazione*.

Il *feedback* (o retroazione) è un principio che si basa sull'assunto che un fenomeno è in grado di autoregolare il suo *output* controllandone il risultato. Lo scienziato statunitense sviluppò questa semplice quanto interessante teoria basandosi sull'osservazione di un progetto bellico a cui stava lavorando. Il progetto si fondava sulla strutturazione di un sistema automatico di tiro (richiesto per le batterie di cannoni dell'artiglieria contraerea) basato su un radar che forniva informazioni a un calcolatore sulla rotta dell'aereo nemico da abbattere. Compito del calcolatore era di dirigere il cannone in funzione della prevista posizione dell'aereo nemico, elaborando tutti gli elementi utili per la correzione del tiro come la velocità del velivolo, il tempo di percorrenza del proiettile, la direzione e la velocità del vento. Dopo ogni colpo sparato, il radar trasmetteva all'elaboratore il margine di errore nella direzione di tiro per consentire a quest'ultimo di effettuare le conseguenti correzioni. Il ciclo continuava all'infinito finché l'obiettivo non veniva colpito. In realtà il processo di *feedback*, pur essendo un semplice processo circolare di informazioni, oggetto di elaborazioni continue in funzione del raggiungimento dell'obiettivo, rappresentava un'idea innovativa che poteva essere applicata in settori diversi.

Infatti essa venne estesa a una molteplicità di settori, che portarono, per esempio, alla scoperta che alcuni meccanismi neurofisiologici possono essere simulati con sistemi a *feedback*. Questa teoria, quasi inconsapevolmente da parte del suo creatore, assunse un'importanza fondamentale per la cibernetica: il concetto di *feedback* poteva rappresentare una metodologia di sviluppo di un modello di intelligenza cognitiva che fino a quel tempo risultava completamente assente in tutti i sistemi realizzati per eseguire automaticamente determinate funzioni. Tutti i sistemi progettati fino ad allora erano strutturati per effettuare una serie di operazioni in maniera più o meno automatica, ma non avevano alcuna capacità di apprendere nulla di nuovo e neanche di correggere gli errori commessi.

Naturalmente Wiener si rese conto che i sistemi analogici dell'epoca erano inadeguati per le corpose esigenze di calcolo richieste per la mole di elaborazioni che dovevano essere effettuate. In tal senso occorreva progettare un dispositivo "molto più veloce", e fu così che iniziò a sviluppare una tecnologia digitale che utilizzava le condizioni on/off (in perfetta base binaria), impiegando valvole elettroniche.

Per quanto concerne la *trasmissione di informazioni*, Wiener adottò alcune idee elaborate da Claude Shannon[5] sul concetto di quantità di informazioni, sviluppando una teoria della trasmissione dei segnali in presenza di rumore di fondo. Sviluppata inizialmente da Boole[6], la logica a due valori fu ripresa da Shannon che intuì che si potevano costruire sistemi di elaborazione in grado di compiere velocemente enormi quantità di calcoli. Su questa strada ebbe anche l'idea di trasmettere le informazioni in forma codificata, la quale trae origine dal presupposto che il contenuto di una informazione è indipendente dal contenuto del messaggio. L'informazione quindi va posta solo in relazione al numero di unità elementari (bit) necessarie per codificare il messaggio. In tale prospettiva, la tipologia del messaggio (a seconda che contenga testi, suoni, immagini, video) è assolutamente irrilevante in funzione del fatto che tutto può essere rappresentato da opportune sequenze di 1 e di 0 (bit). Pertanto, trasformando ogni comunicazione in una stringa di 1 e di 0, si possono trasmettere messaggi senza problemi (e soprattutto senza errori) anche a lunghissime distanze. Era nato il linguaggio binario digitale che avrebbe stravolto, in futuro, il modo di comunicare dell'intero pianeta.

Per questo motivo Shannon può essere ricordato come lo scienziato che ha rivoluzionato l'intero settore delle telecomuni-

---

[5] Claude Elwood Shannon (1916-2001). Ingegnere e matematico statunitense, fu tra i più noti studiosi di informatica e telecomunicazioni, passione che lo portò a essere definito come "il padre della teoria dell'informazione".

[6] George Boole (1815-1864). Logico e matematico inglese, creò lo strumento concettuale che sta alla base del funzionamento del calcolatore e che, in suo onore, va sotto il nome di algebra booleana. Si tratta di un calcolo logico a due valori di verità con alcune leggi particolari, che consente di operare su proposizioni allo stesso modo che su entità matematiche.

cazioni e i processi di elaborazione delle informazioni, spalancando la porta della logica binaria digitale.

Le molteplici esperienze accumulate da Wiener in settori diversi (tra cui anche l'epistemologia e la metafisica) lo portarono nel 1949 a scrivere un libro dal titolo *Cibernetica*, in cui descrisse le possibilità, in un futuro ormai prossimo, del controllo dell'azione sulle macchine, e le metodologie di elaborazione e trasmissione delle informazioni tra esseri viventi e macchine.

Di particolare rilevanza è la convinzione, che traspare nell'opera, che non vi sia una differenza sostanziale tra gli organismi viventi e i sistemi di elaborazione in grado di autoregolarsi. Pertanto, nei sistemi cibernetici assume particolare rilievo la *scienza olistica* che enfatizza lo studio dei sistemi complessi, ma che impone anche un nuovo paradigma che introduce il concetto di interconnessione globale. Tutto è connesso con ogni cosa e l'interazione uomo-macchina assume una nuova veste in funzione dei *feedback* e delle informazioni che vengono trasmesse nel binomio umano-artificiale che caratterizza la scienza cibernetica.

Curiosamente, pur avendo collaborato con gli ambienti militari, Wiener si distinse anche per una particolare contrarietà all'impiego militare delle scoperte scientifiche, che raggiunse il suo apice dopo lo sgancio delle bombe atomiche sul Giappone che provocò la sua minaccia di ritiro dal mondo della ricerca scientifica.

Dai calcolatori alle macchine pensanti

Sin dai suoi primi esordi, l'elettronica (a partire dalla radio fino alla televisione, ai sistemi di registrazione audio-video) ha sempre fornito fantasie e suggestioni senza limiti a futurologi, sociologi e filosofi interessati agli scenari che queste tecnologie avanzate avrebbero disegnato nel futuro dell'uomo. Ma furono senza alcun dubbio la scoperta del calcolatore elettronico e le sue applicazioni in diversi campi a scatenare nuove filosofie di pensiero e innovativi scenari futuristici in grado di scatenare un grande impatto sull'emotività dell'uomo. Sin dai primi anni '40, con l'avvento dei primi elaboratori elettromeccanici realizzati dagli alleati per decrittare i codici segreti dei tedeschi, fu subito chiaro che il futuro sarebbe stato condizionato enormemente dalle tecnologie informatiche. I primi calcolatori (Mark I nel 1944, ENIAC nel 1946, EDSAC nel 1948, fino a IBM Selective Sequence nel 1948) stabilirono primati assolutamente strabilianti per l'epoca e convinsero l'intero mondo scientifico dell'importanza dell'elaboratore elettronico nella vita dell'uomo, convincendo molti esponenti del settore che uno degli obiettivi futuri sarebbe stato quello di trovare un punto di incontro tra macchine e organismi biologici.

Gli anni '60 furono caratterizzati dall'avvento aggressivo della robotica industriale che introdusse un nuova presenza nello scenario dell'innovazione tecnologica: il robot. Elemento di raccordo tra diverse discipline (meccanica, informatica e trasmissione dati), si colloca come riferimento assoluto dell'ingegno e della creatività tecnologica dell'uomo. A partire dagli anni '80, tuttavia, si definiscono nuovi scenari per lo sviluppo della robotica.

In particolare negli Stati Uniti, ma anche in Europa e in Giappone, si pensò all'utilizzo della robotica in settori diversi, azzerando quella visione che la limitava a un contesto di applicazione "di fabbrica". Nasce la *robotica avanzata* e con essa gli studi sulla realizzazione di *macchine pensanti*.

Nei primi anni '80 riprende vigore lo studio dell'Intelligenza Artificiale e si demolisce la convinzione che il robot industriale non potesse (o dovesse) avere vita propria, e che fosse strutturato per accettare semplicemente una serie di comandi "definiti", finalizzati alla conduzione di una tipologia di lavoro "da fabbrica". Questa convinzione, alimentata negli stessi ambienti scientifici degli anni precedenti, proveniva dalla certezza che i costruttori di robot dovessero concentrarsi unicamente sullo studio degli organismi artificiali, tralasciando i possibili collegamenti con l'Intelligenza Artificiale. Analogamente anche gli studiosi di Intelligenza Artificiale dovevano limitarsi allo studio della simulazione delle attività cerebrali più sofisticate dell'essere umano senza interagire con "strumenti e dispositivi artificiali", ma limitandosi ad analizzare l'interazione con settori legati allo sviluppo di applicativi "intelligenti" (software) per gli elaboratori elettronici. In sostanza, il robot doveva limitarsi al contesto di fabbrica, l'Intelligenza Artificiale ad applicazioni istituzionali e di *management* aziendale.

Nell'aprile del 1981 il governo giapponese annuncia l'attivazione di un programma che ha come obiettivo la realizzazione di calcolatori super intelligenti, identificati anche come calcolatori della quinta generazione (che alcuni definirono con il termine di *macchine pensanti*). L'annuncio provocò un entusiasmo tale nella comunità scientifica da guadagnarsi una pubblicazione sulla rivista *Spectrum* (organo ufficiale dell'associazione degli ingegneri elettrici ed elettronici, la IEEE, fondata nel 1884), che gli dedicò persino la copertina del numero di novembre del 1983. Come se non bastasse, la direzione della rivista autorizzò la pubblicazione di una tabella riassuntiva delle generazioni dei sistemi di elaborazione, enfatizzando l'ultima (la quinta) come la più esaltante da un punto di vista di potenzialità esprimibili. L'elenco comprendeva:

- la prima generazione, che si basa sull'utilizzo di valvole termoioniche (1946-1956);
- la seconda generazione, che si basa sull'utilizzo dei transistor (1957-1963);
- la terza generazione, che si basa sui circuiti integrati (1964-1981);
- la quarta generazione, che si basa sui circuiti a elevato grado di integrazione (1982-1989);
- la quinta generazione, che si basa su tecnologie avveniristiche (dal 1990 in poi).

La maggioranza degli studiosi e dei ricercatori del settore cominciò a convincersi del fatto che dal '90 in poi avremmo assistito a una trasformazione epocale dei computer, in particolare per quanto concerne le applicazioni nel settore dell'Intelligenza Artificiale. Nonostante l'ottimismo imperante le cose non andarono proprio nella maniera sperata, anche se vi furono realizzazione di particolare interesse come la Connection Machine CM-1 di Dennis Hills, realizzata nel 1986 con il contributo economico della DARPA (Defense Advanced Research Projects Agency). La CM-1, forte di un'architettura parallela di 64.000 elementi di calcolo a 1 bit, si dimostrò particolarmente potente dimostrando di trovare le occorrenze di una parola chiave, in un testo di 16.000 articoli, in un ventesimo di secondo. Tuttavia il cammino verso la realizzazione di macchine pensanti si preannunciava ancora particolarmente arduo e irto di ostacoli, e le aspettative sulla realizzazione di computer rivoluzionari della quinta generazione andarono in parte deluse. In definitiva, gli anni '90 non saranno ricordati per l'avvento dei super-calcolatori pensanti della quinta generazione, ma sicuramente hanno rappresentato il periodo dell'avvento delle tecnologie informatiche avanzate e dello sviluppo delle telecomunicazioni in Rete, ossia Internet. Da qualche tempo di parla di "sesta generazione" e sembra che questa nuova fase sia meno pubblicizzata ma maggiormente confortata da risultati di grande rilevanza che tratteremo nel paragrafo successivo.

Cibernetica moderna: dal robot al cyborg

Nonostante gli sforzi compiuti negli anni '90 sulla metafora mente-elaboratore elettronico, i sostenitori dell'esaltazione dell'Intelligenza Artificiale, che intravedevano in questo settore di ricerca una possibile strada per dimostrare che il cervello umano fosse assimilabile al software di un computer, si ritrovarono ben presto in quella che il celebre Dante Alighieri definì come una "selva oscura". La verità è che in quel decennio non riuscirono a smontare la tesi più feroce dei loro oppositori che sostenevano che la mente fosse un organismo molto più complesso di un semplice meccanismo di manipolazione di simboli formali.

Riprende quindi grande vigore la tesi, inconfutabile, che il pensiero generato dall'uomo ed esprimibile con le parole (generate dalla nostra mente) non può essere semplicemente rappresentato da simboli formali non interpretabili. Le parole hanno un significato che può anche variare in funzione di una serie di variabili. Pertanto si riafferma prepotentemente il valore della semantica e delle sue accezioni. Quindi i simboli formali di un programma informatico non garantiscono la presenza del contenuto semantico che si trova nelle menti reali.

L'Intelligenza Artificiale trova a questo punto una sua nuova collocazione come strumento di simulazione della mente, e in questa nuova veste troverà studiosi e ricercatori interessati proprio alla studio della simulazione del sistema cerebrale umano (vedi Cap. 3). Questi studi, condotti dagli anni '90 fino a oggi, hanno consentito però di effettuare passi da gigante soprattutto nello studio della neuroanatomia e della neurofisiologia. È stato approfondito lo studio sui neurotrasmettitori e si è mappato il genoma umano, sono state perfezionate le metodologie di diagnosi precoce dei disturbi neurologici e della comunicazione nervosa, ma soprattutto è stata approfondita la conoscenza dell'attività cerebrale. Lo studio delle neuroscienze ha consentito di migliorare e sviluppare nuovi elementi di studio con inediti spunti di riflessione, riattivando le speranze per l'implementazione di una nuova era di ricerche per verificare la possibilità di realizzare autentiche macchine pensanti.

Le sperimentazioni di Warwick

Per cercare di comprendere la portata delle più recenti innovazioni e scoperte nel settore della cibernetica, dobbiamo spostarci presso l'Università di Reading in Inghilterra. Qui insegna robotica e cibernetica il professor Kevin Warwick, autorevole studioso di Intelligenza Artificiale e ingegneria biomedica. Membro della Institution of Engineering & Technology, è il più giovane membro della City & Guilds of London Institute. I suoi studi nel settore lo portano, nel lontano 1998, a sottoporsi a un'inconsueta sperimentazione che suscitò particolare scalpore (e non poche critiche) nel mondo scientifico internazionale.

L'esperimento consisteva nell'impiantarsi un *chip* sottocutaneo a radiofrequenza (RFID) per effettuare alcune operazioni quotidiane in modo completamente automatico. Attraverso il microprocessore che si era impiantato, dimostrò che poteva accedere nel proprio ufficio (la porta si apriva automaticamente in funzione del rilevamento del *chip* a radiofrequenza), che poteva attivare il riscaldamento, accendere le luci nei locali in cui sostava, oltre che gestire tutti i dispositivi elettronici predisposti negli ambienti che frequentava (ovviamente compreso il computer). Il 14 marzo del 2002, si spinge oltre e decide di farsi innestare nel suo braccio destro (dopo un intervento durato due ore) un elettrodo array[7], forte di 100 elettrodi interconnessi direttamente al suo sistema nervoso,

---

[7] L'elettrodo array è un conduttore utilizzato per stabilire un contatto elettrico con una parte non metallica di circuito (es. un semiconduttore). Un elettrodo array è un configurazione di elettrodi utilizzati per misurazioni analoghe e in grado di operare in modo bidirezionale, dato che possono essere utilizzati anche per fornire stimolazioni elettriche o tensione.

per governare a distanza, mediante la rete Internet, un braccio artificiale e una sedia a rotelle. Lo scienziato riuscì effettivamente a pilotarli dalla Columbia University, mentre il braccio e la sedia a rotelle erano ubicati presso l'Università di Reading. Lo scopo della sperimentazione (che riuscì pienamente) era di dimostrare che il connubio uomo-macchina è realizzabile, dimostrando quindi che il superamento di alcuni limiti fisici imposti da madre natura era possibile. Tuttavia, alcuni giorni dopo l'intervento, temendo possibili effetti collaterali, i medici gli imposero la rimozione dell'impianto concludendo la sperimentazione in atto.

Comunque l'esperimento dimostrò che era possibile, anche a distanza, muovere oggetti mediante la misurazione di segnali elettrici che giungono al *chip* e che, a loro volta, vengono ritrasmessi in Rete sotto forma di messaggi. Ma Warwick non si arrese e decise di coinvolgere anche sua moglie in queste avveniristiche sperimentazioni. Adottando la stessa tecnica, nel 2002 fece impiantare nel braccio di sua moglie un dispositivo analogo con lo scopo di stabilire un canale comunicativo (quasi telepatico) tra loro.

I rispettivi sistemi nervosi entrarono effettivamente in comunicazione consentendo però solo l'interscambio di messaggi elementari (per esempio quando la moglie dello scienziato muoveva il braccio, il movimento veniva avvertito dal marito).

La comunità scientifica fu stravolta e lo scienziato inglese venne etichettato come il primo vero "cyborg" della storia dell'umanità. Le sperimentazioni di Warwick in effetti hanno spalancato le porte di un comparto scientifico che finora era stato solo limitatamente esplorato: l'ibridazione uomo-macchina. Le sperimentazioni condotte dal professore inglese ci hanno dimostrato che l'interazione tra dispositivi tecnologici e corpo umano sono possibili e possono consentire di gestire oggetti e funzioni semplicemente mediante impulsi elettrici. Inoltre la sperimentazione condotta con la moglie ci porta a ipotizzare che ulteriori sviluppi del progetto potrebbero condurre a una forma di comunicazione del pensiero (considerata fantascientifica fino a qualche anno fa). Lo stesso Warwick è convinto che nel futuro la società mondiale sarà popolata da forme di vita ibride, a metà tra l'essere umano e le macchine. Potremmo essere muniti di GPS integrato a livello cutaneo, o di un *microchip* in grado di monitorare i valori corporei (pressione, temperatura corporea, valori del sangue, etc.), o semplicemente di un tag RFID in grado di autenticarci ogni volta che transitiamo negli aeroporti, in ufficio o in strutture pubbliche. Il prossimo obiettivo di Warwick, per il quale ha fissato un intervallo temporale di circa sette anni, si basa su un progetto di *comunicazione telepatica* che consentirebbe la trasmissione di informazioni complesse come immagini o sensazioni.

Al di là delle avveniristiche previsioni dello scienziato inglese, senza alcun dubbio gli studi e le ricerche della cibernetica si stanno concentrando su un settore specifico: quello della medicina.

Homo tecnologicus: integrazioni uomo-macchina nel prossimo futuro

Una delle maggiori ossessioni dell'uomo è rappresentata, senza alcun dubbio, dal fenomeno dell'invecchiamento. Le motivazioni sono facilmente intuibili. Anche se nei primi del Novecento l'aspettativa di vita era di quarantacinque anni, a distanza di circa un secolo le speranze di vita a livello mondiale superano i sessantasei anni, con punte (in alcuni paesi occidentali) di oltre ottant'anni (Italia inclusa). Sicuramente lo studio dello stile di vita, farmaci sempre più perfezionati ed efficaci, un'alimentazione più controllata consentono di aumentare la durata della vita e di limitare i rischi derivanti dall'insorgenza di nuove e più insidiose malattie. Un grande contributo per l'ottenimento di questi risultati va attribuito anche alle terapie fisiche, ai trattamenti farmacologici e agli sviluppi delle biotecnologie (come la produzione di cellule staminali), che stanno fornendo risposte sempre più valide ed efficaci per contrastare la maggior parte delle problematiche che affliggono il copro umano.

Al momento un ruolo meno decisivo viene giocato dalle nanotecnologie, sulle quali però si sta investendo moltissimo a livello planetario. E non a caso. Nonostante la medicina generale domini ancora incontrastata nella cura delle patologie umane, sono già in corso diversi tentativi di penetrazione delle tecnologie avanzate all'interno del corpo umano. Primo tra tutti, la possibilità di sviluppare e impiantare organi artificiali per risolvere le problematiche dei trapianti (legate soprattutto all'indisponibilità degli organi richiesti) comincia a trovare terreno fertile.

Per questo motivo, a livello mondiale si sta lavorando alacremente su ricerche, studi e progetti in grado sviluppare innovativi dispositivi tecnologici in grado di migliorare (e in molti casi salvare) la vita dell'uomo. Di seguito riportiamo alcune delle più interessanti sperimentazioni che si stanno conducendo a livello planetario per ottenere questi risultati:

- *Microprocessore cerebrale.* Nel 2003, la Cyberkinetics, società statunitense fondata da alcuni ricercatori della Brown University e della University of Chicago, ha presentato un progetto che prevede la realizzazione di un microprocessore in grado di rilevare l'attività neuronale di un cervello umano. La prima sperimentazione, condotta su una scimmia, ha dimostrato che mediante il dispositivo l'animale riusciva a muovere un braccio artificiale. Il progetto, denominato Brain Gate, ha ottenuto l'autorizzazione da parte della Food and Drag Administration (FDA) di procedere alla sperimentazione su cinque pazienti disabili e affetti da gravi patologie di movimento delle articolazioni. Iniziata a maggio del 2009, la sperimentazione consisterà nell'installazione di un sensore di 2 millimetri all'interno della corteccia motoria dei pazienti. Gli interventi, effettuati presso il Massachusetts General Hospital, saranno effettuati su soggetti volontari affetti da gravi patologie come lesioni del midollo spinale, ictus cerebrale, distrofia muscolare, sclerosi laterale amiotrofica, tetraplegia e altre malattie che interessano i neuroni legati agli aspetti motori, e consentiranno, mediante l'innesto del dispositivo nel cervello, di attivare la trasmissione dei pensieri del paziente al dispositivo tecnologico che si occuperà di indirizzarli, per esempio, agli arti interessati che siano biologici o artificiali. Gli scienziati hanno affermato che a settembre 2015 saranno disponibili tutti i risultati della sperimentazione e se il dispositivo avrà superato tutte le verifiche necessarie, sarà rapidamente immesso sul mercato.

- *Occhio bionico.* Second Sight Medical Products Inc. è un'azienda che ha sede in California, fondata nel 1998 principalmente per studiare le patologie dell'occhio, con particolare attenzione alle degenerazioni della retina. In tal senso, nel corso degli anni, l'azienda ha effettuato ricerche sulla progettazione e lo sviluppo di protesi artificiali in grado di migliorare (o addirittura risolvere) particolari, gravi patologie dell'occhio, come per esempio la retinite pigmentosa. Proprio questa malattia genetica, assimilabile a una distrofia retinica progressiva, può condurre facilmente la persona che ne è affetta alla cecità assoluta. Nel 2002 l'azienda californiana ha realizzato Argus, un congegno, che si basa su una minuscola macchina fotografica munita di relativo trasmettitore, che viene installato su un'apposita montatura da occhiale. Anche in questo caso si prevede l'innesto di un microprocessore nella retina del soggetto che, grazie a un collegamento *wireless*, riceve le immagini riprese dagli occhiali. Quindi la fotocamera cattura l'immagine (che viene rappresentata da luci e ombre) che viene trasmessa al processore video il quale la trasforma in un segnale elettronico e invia quest'ultimo al trasmettitore degli occhiali da sole. Il microprocessore impiantato nel paziente riceve in modalità *wireless* i dati dal processore della fotocamera e li invia, mediante un minuscolo cavetto del diametro di un capello, alla retina sotto forma di impulsi elettrici. Gli impulsi vengono trasformati dalla retina in risposte inviate, mediante il nervo ottico, al cervello che si occupa dell'interpretazione delle macchie chiare o scure. In questo modo i pazienti imparano a interpretare i "modelli visivi" che vengono trasmessi in immagini che contengono forme chiare e scure. I primi dispositivi (Argus I, 2002) sono stati impiantati a Los Angeles su sei soggetti completamente ciechi. Nel 2006 Second Sight ha perfezionato il dispositivo realizzando il modello Argus II inaugurando la seconda generazione di protesi retiniche. L'azienda americana sta conducendo sperimentazioni anche in altri paesi come Messico, Francia, Regno Unito e Svizzera. A febbraio 2009 erano 18 i soggetti a cui era stato impiantato il sistema. Anche se al momento il dispositivo consente di distinguere unicamente luci e ombre dai contorni più o meno definiti, questa innovazione potrà permettere concretamente un miglioramento della vita di tutti i soggetti non vendenti e soprattutto una maggiore indipendenza.

- *Orecchio bionico*. L'orecchio elettronico o bionico (o impianto cocleare) è un dispositivo che consente di riacquistare l'udito (completamente o in parte) a tutti coloro che sono affetti da sordità o forme di forte riduzione dell'udito, e viene utilizzato soprattutto quando le protesi uditive non ottengono i risultati sperati. Il congegno fornisce impulsi elettrici direttamente alle fibre del nervo acustico scavalcando le cellule deteriorate dell'orecchio interno. Gli impulsi, nel momento in cui raggiungono il cervello, vengono interpretati come suoni. L'impianto, che si sostituisce alla coclea[8] e che deve essere inserito mediante un intervento chirurgico, si compone di un meccanismo interno (ricevitore-stimolatore munito di un cavetto porta elettrodi) e di una parte esterna rappresentata dal congegno che elabora il linguaggio. Anche sul piano della realizzazione di appositi strumenti automatici di traduzione e visualizzazione del linguaggio, le innovazioni procedono spedite. Il progetto Blue-Sign Translator è un programma elaborato da un gruppo di ricercatori dell'Università di Siena che ha come obiettivo la dimostrazione che si possono utilizzare dispositivi automatici per fruire della traduzione/visualizzazione della Lingua dei Segni (LIS). BlueSign Translator si basa sull'utilizzo di un software in grado di trasmettere, in tempo reale, video e traduzioni mediante l'utilizzo di un "traduttore virtuale" che può essere visualizzato in qualsiasi dispositivo tecnologico, come pc, telefonini, smartphone, PDA e perfino la televisione digitale terrestre. In sostanza viene proiettato, sullo schermo del dispositivo, un omino che traduce tutti i messaggi trasmessi.

- *Pelle artificiale.* Anche la pelle si trasforma, o meglio si "sintetizza". Alla tedesca GmbH Euroderm di Lipsia in collaborazione con lo Stuttgart Fraunhofer Institute for Interfacial Engineering and Biotechnology (IGB) stanno sperimentando la produzione di pelle artificiale grazie a un procedimento particolarmente avveniristico: vengono prelevati alcuni capelli dal paziente che necessita di un trapianto di pelle (per esempio a causa di

---

[8] La coclea è un componente dell'orecchio costituito da una spirale ossea collegata a un canale cocleare, che contiene due liquidi (perilinfa ed endolinfa). Mediante questi liquidi è in grado di trasmettere vibrazioni proporzionali alla pressione sonora avvertita dal padiglione uditivo. La funzione della coclea è di trasmettere i suoni all'interno dell'apparato uditivo al fine di trasformarli in elementi interpretabili dal cervello.

ustioni o lesioni cutanee) e vengono "coltivati" mediante un procedimento complesso che consente di riprodurre parti di pelle vera con una tecnica di coltivazione della pelle che contiene la radice dei capelli. In sostanza si tratta di un procedimento di coltura delle cellule dell'epidermide in grado di riprodurre nuova pelle identica a quella della persona a cui va innestata. Ovviamente la peculiarità maggiore della tecnica risiede proprio nella capacità di riprodurre una pelle identica a quella del soggetto a cui è stato effettuato il prelievo cutaneo. Dall'intervento sono sufficienti solo 28 giorni per garantire una perfetta "aderenza" della nuova pelle sul soggetto che ha subito il trapianto. Alla Euroderm garantiscono che l'intervento può essere effettuato a livello ambulatoriale. Il paziente si reca presso un centro autorizzato, dona alcuni capelli che vengono trasferiti presso un laboratorio specializzato e dopo poche settimane la "nuova pelle" può essere innestata nel paziente senza subire interventi chirurgici invasisi o che richiedono lunghi (e dolorosi) soggiorni in cliniche specializzate. I costi? "Ridotti a circa un terzo del costo di un classico intervento di trapianto di pelle" asseriscono i ricercatori tedeschi.

- *Arti bionici.* Anche in questo caso parliamo di innovazione, in parte, tutta italiana. Un gruppo di ricercatori della Scuola Superiore Sant'Anna di Pisa e della svedese Università di Lund ha realizzato una *mano bionica* (SmartHand), prima al mondo in grado di fornire sensazioni tattili. Le mani artificiali tradizionali e attualmente commercializzate si differenziano molto da questo innovativo dispositivo sia perché sono assimilabili a semplici pinze (con grandi limiti in termini di destrezza), sia perché non sono controllate naturalmente e non restituiscono all'amputato nessuno stimolo di *feedback* sensoriale. L'idea del progetto SmartHand risale al 2005 e si collega al progetto europeo CyberHand, in cui si concepiva lo studio di una mano completamente neuro-controllata, cioè integrata di tutte le sue componenti funzionali: la mano, il *link* telemetrico per lo scambio di informazioni tra la mano e il sistema impiantato, l'interfaccia di controllo e stimolazione, gli elettrodi a contatto con i nervi periferici. Dopo anni di ricerche e studi è stata realizzata SmartHand, una mano "nervosa" che, grazie a ben 4 motori contenuti nel palmo e ai suoi numerosi gradi di libertà, è capace di effettuare molte delle prese utili nelle attività quotidiane. A ciò si aggiungono 40 sensori capaci di rilevare forza, posizione e pressione tattile, fondamentali per il *feedback* sensoriale. Il principio che sta alla base della realizzazione di SmartHand è quello conosciuto come "arto fantasma". In sostanza, subito dopo l'amputazione di un arto, nel corpo umano si verifica un particolare processo di riadattamento nervoso. A causa di una rimappatura corticale che coinvolge le aree del cervello relative all'arto stesso, si verifica un'espansione delle stesse aree che erano interessate all'arto in questione e che vanno a espandersi e a occupare le zone in relazione all'arto che non esiste più. Questa ristrutturazione corticale produce nell'individuo una sensazione di percezione dell'arto mancante che può essere definita come "percezione dell'arto fantasma". Sfruttando questa condizione, le energie attive vengono misurate da appositi sensori di forza che vengono utilizzati per esercitare pressioni analoghe nell'arto artificiale. Gli stimolatori artificiali sono stati sviluppati dai ricercatori dell'Università di Lund e impiegano appositi servomotori. La mano bionica è stata già sperimentata con successo, nel 2009, su uno svedese (Robin af Ekenstam) a cui era stata riscontrata una grave forma tumorale alla mano che gli aveva causato l'amputazione. Studi avanzati nel settore hanno consentito di sperimentare diversi dispositivi "intelligenti" che possono sostituire qualsiasi arto del corpo umano. Per esempio, alla Otto Bock (azienda anch'essa tedesca) producono, con grande successo, il C-Leg, il primo *ginocchio bionico*, elettronico e completamente comandato da microprocessori che esaminano costantemente le variazioni di passo dell'individuo, regolando simultaneamente la velocità, la lunghezza e la frequenza del passo. Nel 2005 è stato impiantato il primo braccio bionico a una soldatessa dei Marines, reduce del conflitto iracheno, che aveva subito l'amputazione del braccio. Il dispositivo, prodotto dalla Rehabilitation Institute of Chicago, si basa su un braccio che riceve, mediante appositi microprocessori, impulsi inviati direttamente dal cervello che vengono indirizzati, attraverso fasci muscolari, agli elettrodi del dispositivo che li traduce a sua volta in movimenti.

- *Cuore bionico. Dulcis in fundo* non poteva sfuggire all'attenzione degli studiosi di dispositivi artificiali intelligenti quell'elemento nevralgico che più di ogni altro assume un ruolo determinante nel corpo umano e che ci garantisce ogni istante di vita: il cuore. Il prodotto di cui si parla è un cuore artificiale e si chiama AbioCor ed è prodotto dalla statunitense AbioMed di Danvers (Massachusetts). Impiantato per la prima volta nel 2001 su un paziente a cui avevano diagnosticato pochi mesi di vita (a causa delle gravissime condizioni del suo cuore), ha dato il via a una sperimentazione innovativa. Basato su sette miocardi in plastica e titanio, Abiocor ha due motorini elettrici che per mezzo di una pompa a valvola riescono ad azionare un fluido idraulico capace di far pulsare due membrane che simulano le pareti del cuore umano e che effettuano la funzione di pompaggio del sangue. Silenziosissimo, il dispositivo è munito di un sistema di controllo in grado di regolare le pulsazioni in funzione dello sforzo che esercita l'individuo, ed è alimentato da una piccola batteria interna che viene a sua volta ricaricata da una esterna. La batteria interna, che ha un'autonomia di circa 30 minuti, può consentire di effettuare particolari operazioni (per esempio la doccia) senza l'ausilio di quella esterna (più ingombrante). Ma la notizia più esaltante è senz'altro quella giunta nel 2009 dall'Advanced Cell Technology di Worcester (Massachusetts), in cui si annuncia che entro dieci anni saranno in grado di produrre un cuore artificiale biologico di tessuto umano (anch'esso riprodotto grazie alla coltivazione di cellule staminali del paziente stesso).

Questi dispositivi tecnologici esaminati rappresentano solo alcune delle innovative sperimentazioni che ci annunciano l'ingresso in una nuova era: la cibernetica moderna o di sesta generazione. Come abbiamo potuto comprendere, sarà il campo della medicina a beneficiare *in primis* delle innovazioni tecnologiche del prossimo futuro. L'esigenza di garantire una vita migliore (e forse anche più lunga) all'essere umano rappresenta ancora l'obiettivo maggiormente perseguito dall'uomo. Pertanto la biomedicina assumerà sempre di più un ruolo fondamentale soprattutto per le applicazioni nel settore delle nanotecnologie. Sperimentazioni in tal senso esistono già. Da anni si sta studiando la possibilità di realizzare microscopici dispositivi (nano-robot) in grado di somministrare farmaci direttamente nei vasi sanguigni. Di grande importanza è lo studio che si sta conducendo per la realizzazione del *respirocita*, una cellula artificiale realizzata con le nanotecnologie, in grado di veicolare centinaia di volte il carico di ossigeno di un singolo globulo rosso (potrebbe teoricamente consentire a un essere vivente di rimanere in apnea per oltre 4 ore!). Oppure la straordinaria ipotesi che sta alla base dell'utilizzo delle fibre ottiche quali sostituti del midollo osseo. Essendo già utilizzate in chirurgia per le microsonde (usate per il monitoraggio visivo all'interno del corpo umano), le fibre ottiche potrebbero garantire la trasmissione di milioni di informazioni molto più velocemente del midollo osseo.

Naturalmente non si esclude dal novero degli elementi che compongono il corpo umano quello più straordinario e che occupa il vertice della piramide dei componenti più straordinari della natura: il cervello. Anche se al momento appare irrealizzabile, teoricamente dovrebbe essere possibile effettuare un *upload* di un cervello umano (*mind upload*) su un supporto digitale, in modo da svincolare la mente dal suo corpo fisico (naturalmente destinato alla degenerazione) aprendo così le porte all'immortalità della coscienza umana. Fantascienza? Molti eminenti scienziati non ne sono così convinti e qualcuno ha deciso di passare alle sperimentazioni. Alcune di queste sono state effettuate presso il Neural Engineering Lab dell'Università della Southern California a Los Angeles, e hanno dimostrato che l'interconnessione tra *chip* e neuroni umani potrebbe realizzarsi molto presto. Il direttore del laboratorio, l'ingegnere biomedico Ted Berger, ha realizzato un microprocessore del diametro di tre millimetri in grado di connettersi a uno strato di tessuto cerebrale (appartenente ancora una volta a un topo) e di svolgere alcune funzioni in particolare legate alla gestione della memoria. Sostanzialmente la sperimentazione si basa sul collegamento del *chip* a uno strato di tessuto cerebrale del topo che viene mantenuto vitale in provetta. Berger ha dimostrato che il tessuto cerebrale asportato riesce a comunicare con il microprocessore utilizzando lo stesso codice di impulsi elettrici che agiscono sui neuroni. Quindi i neuroni dialogano con il *chip* come se fosse una parte del cervello dell'animale. L'idea di partenza dell'ingegnere statunitense è quella di realizzare un microprocessore in grado di sostituire una zona dell'ippocampo (area del cervello che svolge un ruolo determinante nella formazione della memoria a lungo termine e nella navigazione spaziale). Dimostrato che la trasmissione di informazioni dal tessuto cerebrale a una memoria artificiale è possibile, non dovrebbe essere così impossibile ipotizzare la realizzazione di un processore che sia in grado di immagazzinare tutte le informazioni trasmesse da un cervello umano. Questo significa che forse tra alcuni decenni sarà possibile effettuare su un supporto magnetico un *backup* di tutte le informazioni contenute nella nostra mente, ma sarà possibile allo stesso modo effettuare un "salvataggio" della propria coscienza?

Attualmente gli scienziati non danno risposte certe su quali siano gli elementi determinanti che contribuiscono all'insorgere della coscienza nell'essere umano. E non è neppure chiaro se la coscienza nasca in maniera immediata o graduale. Di sicuro la coscienza dell'uomo è intrinsecamente legata ad altri fattori che la scienza non ha ancora identificato e che lo sviluppo individuale di ogni essere umano tende a personalizzare. Non è chiaro neppure se esistano dei limiti a questa capacità di "essere coscienti" o se sia una capacità priva di barriere. Tuttavia essere vivi non significa essere coscienti: il funzionamento del corpo non va di pari passo con quello della coscienza. Pertanto il fatto che la coscienza appartenga agli esseri umani non deve necessariamente indurci a pesare che sia irrealizzabile il tentativo di costruire esseri coscienti facendo ricorso a organismi artificiali viventi.

Di sicuro le ricerche e gli studi nel settore delle neuroscienze si stanno avvicinando molto, sia per la mole degli investimenti che per le sperimentazioni in corso, molto simili a quelle che hanno portato l'uomo sulla Luna. Il terzo millennio potrebbe essere ricordato come quello della scoperta della "mente" e potrebbe costituire l'atto finale dell'instancabile ricerca dell'uomo verso la comprensione del più grande dei suoi interrogativi: la comprensione di se stesso. Questa risposta potrebbe giungere proprio dall'impiego delle tecnologie avanzate che potrebbe consentirci, proprio mediante la realizzazione di una coscienza artificiale, di comprendere chi siamo e come possiamo colloquiare con il nostro "io" artificiale.

Visione remota: fantascienza o nuova frontiera?

Premessa

La visione remota o *Remote Viewing* identifica una facoltà mentale che consente a un *viewer* (osservatore) di descrivere o fornire informazioni su cose o scenari che risultano inaccessibili ai sensi dell'uomo e indipendenti da parametri definiti come la distanza e il tempo. Tanto per fare un esempio, a un *viewer* si potrebbe chiedere di descrivere una particolare strada in un lontano paese in cui non è mai stato, oppure ciò che si vede in un incrocio di una città distante migliaia di chilometri, oppure la conformazione degli edifici presenti, in un tratto di costa, di un paese ubicato dall'altra parte del mondo. A ciò si aggiunge il fatto che la descrizione dello scenario "visionato" potrebbe anche prescindere dalla condizione temporale. In altri termini il soggetto potrebbe essere in grado di descrivere un determinato scenario di un particolare luogo, risalente a uno specifico momento storico.

Quindi, la visione remota consente, a una persona dotata di queste capacità, di descrivere, con un certo grado di accuratezza, immagini, luoghi, oggetti, persone realmente presenti (o che lo siano state) in posti molto distanti e senza che gli vengano fornite descrizioni o informazioni di alcun tipo.

Volendo attribuire una definizione più tecnica al fenomeno, lo si potrebbe descrivere *come un processo attraverso il quale un individuo riesce a percepire* (visualizzare a livello cerebrale) *informazioni* (prevalentemente immagini) *su ambienti e luoghi geograficamente anche molto distanti, senza limitazioni di tempo e di spazio.* Stiamo quindi parlando di una *particolare capacità* non contemplata nei cinque sensi conosciuti, e riconducibile a strumenti *metafisici*.

Il concetto appare, al primo impatto, particolarmente complesso se non addirittura privo di un solido fondamento scientifico, e da un certo punto di vista, ciò è assolutamente incontestabile. Non a caso, per l'essere umano tipicamente razionale e abituato a una visione "materiale" della realtà, è inaccettabile che si possa vedere qualcosa utilizzando strumenti diversi dai propri occhi. Se poi cerchiamo di coinvolgere la nostra mente in questa ipotesi di *potere oscuro* dell'individuo, il risultato che ne deriva è quello di un totale rifiuto anche solo all'ipotesi che esista una metodologia di apprendimento che utilizzi strumenti diversi dai sensi dell'uomo.

Tuttavia la realtà potrebbe riservarci qualche sorpresa. Innanzitutto bisogna partire dalla considerazione che l'uomo è abituato a relazionarsi con il mondo intero solo basandosi su specifiche capacità sensoriali, ignorando quasi sistematicamente la propria mente e le sensazioni da essa generate. Tuttavia, secondo molti e autorevoli scienziati, l'essere umano utilizzerebbe il proprio cervello per una percentuale pari solo al 10%. Verrebbe da chiedersi a questo punto a cosa possa servire il rimanente 90%, e forse qualcuno potrebbe asserire che effettivamente molti esseri umani, di fatto, utilizzano ben poco il proprio cervello! Al di là delle facili battute, è stato scientificamente dimostrato che non esistono all'interno del cervello dell'uomo aree inutilizzate o addirittura inservibili. Pertanto, l'essere umano necessita integralmente dell'intero sistema cerebrale per svolgere una miriade di funzioni complesse, alcune delle quali ancora tuttora avvolte nel mistero. È altresì vero, però, che per quanto concerne le reali potenzialità di sviluppo di un cervello umano, non sono mai stati definiti dei limiti ben precisi.

Per la verità, la scienza ha sempre lasciato intendere che il cervello di ogni singolo individuo può svilupparsi ed evolversi in maniera completamente diversa dagli altri, e a questa diversificazione possono concorrere molteplici fattori spesso riconducibili ad aspetti genetici, di crescita personale, di esperienze di vita, etc. In tal senso, è possibile affermare che il *cervello umano può crescere ed evolversi in maniera infinita*, raggiungendo confini che possono spalancare le porte di capacità e potenzialità ancora inesplorate.

Pertanto la visione remota può essere identificata come una *percezione extrasensoriale* (Extra-sensory perception – ESP), una capacità che esula dai cinque sensi dell'uomo. Alcuni la definiscono anche *sesto senso*, ma comunque la si voglia chiamare, permane la certezza della capacità di acquisire informazioni attraverso canali sconosciuti e inspiegabili per coloro che si basano, per la dimostrazione dei fenomeni, su metodologie riconducibili alle scienze classiche e scientificamente dimostrabili. Nell'alveo delle percezioni extrasensoriali (che fanno parte del settore di studio della parapsicologia) è possibile identificare diverse capacità paranormali, come la *precognizione* (o capacità di prevedere ciò che avverrà in futuro), la *telepatia* (che consentirebbe di comunicare mediante la trasmissione del pensiero) e la *chiaroveggenza*, che sembrerebbe avere molti punti in comune con la *Remote Viewing* (RV). Come abbiamo già chiarito, essa si basa sulla capacità di acquisire conoscenze su luoghi, eventi, persone e cose ubicate in posti lontani o comunque non visibili al chiaroveggente (termine che identifica colui che è dotato di questa capacità). Anche la storia del termine è particolarmente singolare, in quanto deriva da due lingue: il termine attuale deriva dal francese *clairvoyance* (visione chiara), che a sua volta deriva dal latino *clarus* e *videre* (chiaro e vedere).

Brevi cenni sugli sviluppi della fisica moderna: la meccanica quantistica

Prima di procedere all'illustrazione delle teorie e delle sperimentazioni riconducibili alla visione remota, è opportuno chiarire alcuni concetti della fisica moderna, basata soprattutto sul settore della *meccanica quantistica*. Senza alcun dubbio essa rappresenta un importante punto di svolta nell'interpretazione del mondo fisico così com'era stato concepito da Galileo Galilei e Isaac Newton. La meccanica quantistica si sviluppò all'inizio del XX secolo per dare una spiegazione al comportamento della materia a livello microscopico, e soprattutto per cercare di comprendere quei fenomeni che non potevano (e che ancora non possono) essere spiegati dalla meccanica classica. La maggiore delle peculiarità della meccanica quantistica, che la distingue in maniera sostanziale dalla meccanica classica, è quella di limitarsi a *esprimere la proba-*

bilità di ottenere un dato risultato in funzione di una certa misurazione (interpretazione di Copenaghen)[1]. Pertanto è lecito asserire che la meccanica quantistica focalizza l'attenzione sulla capacità di descrivere lo stato e l'evoluzione di un sistema fisico in maniera probabilistica. In tal senso, questa branca della scienza descrive il comportamento di una particella come una *funzione d'onda* o *onda di probabilità*. A ciò si aggiunge il fatto che lo studio delle particelle subatomiche[2], nel corso degli anni, ha dimostrato che:

- *Non è possibile conoscere simultaneamente la velocità e la posizione di una particella con certezza*, come asserito nel principio di indeterminazione di Heisenberg. Con questo principio, formulato nel 1927, Werner Karl Heisenberg definisce uno dei capisaldi della meccanica quantistica: non è possibile misurare contemporaneamente la posizione e la quantità di moto delle particelle. Inoltre, le particelle non sono divisibili in ulteriori componenti più piccoli, e la loro divisione produce particelle dimensionalmente identiche a quella originale. In tal modo si sostituisce alla *visione deterministica*, cioè attribuibile in modo causale da una serie di eventi verificatisi in precedenza, una *visione probabilistica*, in quanto si limita a esprimere la probabilità di ottenere un particolare risultato.

- Nella meccanica quantistica i risultati delle misurazioni di variabili coniugate sono sostanzialmente non deterministici, nel senso che anche se conosciamo tutti i dati iniziali è impossibile conoscere a priori il risultato di un esperimento, dato che l'esperimento stesso influenza il risultato. Pertanto non è possibile separare le proprietà concrete dei quanti da quelle personali dell'individuo che le osserva. Queste sono alcune delle *interpretazioni di Copenaghen*, elaborate dai fisici Niels Bohr e lo stesso Werner Karl Heisenberg (1927).

---

[1] L'interpretazione di Copenaghen della meccanica quantistica si ispira fondamentalmente ai lavori svolti da Niel Bohr e da Werner Karl Heisenberg nel 1927. L'interpretazione riguarda aspetti della meccanica quantistica come il principio di complementarità e la dualità onda-corpuscolo.

[2] Nella fisica (fisica delle particelle) una particella elementare costituisce il nucleo elementare della materia. Fino agli inizi del XIX secolo permaneva la convinzione che l'atomo fosse il costituente elementare della materia (non divisibile in altri componenti). Successivamente, la scoperta delle particelle subatomiche (elettrone, protone e neutrone) portò allo studio della fisica delle particelle.

- Secondo l'equazione di Erwin Schrödinger (1926), illustre fisico austriaco, le particelle prendono la forma di funzioni d'onda, pertanto l'elettrone può assumere una serie di diverse posizioni prima di essere osservato.

- Le particelle acquisiscono conoscenze istantaneamente. Nel 1982, Alain Aspect, fisico francese e direttore del Centro Nazionale Francese per la Ricerca Scientifica, realizzò il primo *esperimento EPR* (meglio noto come *paradosso Einstein-Podolsky-Rosen*) che consisteva nel dividere due particelle e, dopo averle allontanate, nell'effettuare una misura dello stato quantico di ognuna di esse. L'esperimento dimostrò che subito dopo la separazione delle due particelle, indipendentemente dalla loro distanza, la misura dell'una corrispondeva esattamente e simultaneamente alla misura dell'altra. In realtà, è come se la seconda particella acquisisca la conoscenza esatta di ciò che sta accadendo all'altra, senza alcun limite temporale e spaziale. Pertanto l'informazione sembrerebbe trasmessa a una velocità perlomeno superiore di venti volte alla velocità della luce. Questa tesi infrange in maniera determinante l'assunto della *relatività ristretta di Einstein*, secondo il quale il limite massimo per trasmissione di un segnale è la velocità della luce. Questo fenomeno, anche noto come *entaglement quantistico* (o correlazione quantistica), dimostra che gli spin[3] delle particelle

---

[3] In fisica lo spin è il momento angolare intrinseco di un corpo, al contrario del momento angolare orbitale, che è legato al moto del centro di massa attorno a un punto. Nella meccanica classica, il *momento angolare di spin* di un corpo è associato alla rotazione del corpo attorno al proprio centro di massa. Per esempio lo *spin* della terra è associato alla sua rotazione giornaliera attorno al proprio asse. Dall'altra parte il suo momento angolare *orbitale* è associato alla sua rivoluzione attorno al Sole. Nella meccanica quantistica lo spin è il momento angolare intrinseco associato alle particelle. Diversamente dagli oggetti rotanti della meccanica classica, che derivano il loro momento angolare dalla rotazione delle parti costituenti, lo spin non è associato ad alcuna massa interna. Per esempio, le particelle elementari, come gli elettroni, possiedono uno spin, anche se sono (allo stato attuale delle conoscenze) considerate particelle puntiformi. Inoltre, contrariamente alla rotazione classica, lo spin non viene descritto da un vettore, ma da un oggetto a due componenti (per particelle con spin semi-intero): esiste una differenza osservabile di come quest'ultimo si trasforma ruotando le coordinate. Altre particelle subatomiche, come i neutroni, che non dispongono di carica elettrica, possiedono uno spin non nullo (http://it.wikipedia.org/wiki/Spin).

sono collegati in modalità immediata (senza alcun vincolo) e che tale collegamento non è adattabile alla velocità della luce, ma è di gran lunga superiore. Ulteriori esperimenti condotti negli anni seguenti su un numero di particelle e di distanze maggiori hanno dimostrato i medesimi risultati: la crescita della distanza tra le particelle non ritarda minimamente la trasmissione dei segnali tra lo spin delle due particelle. Indipendentemente dalla tipologia di coppie di particelle trasmesse (elettroni, neutroni, protoni), che hanno condiviso lo stesso stato quantico in posizioni diverse di spazio e di tempo, esse rimangono correlate a prescindere dallo spazio e dal tempo.

Probabilmente, il paradosso EPR è forse l'esempio più eclatante di come la meccanica quantistica sia materia di "scontro" tra i sostenitori della fisica classica (le cui intuizioni derivano da sperimentazioni pratiche che vengono effettuate a livello macroscopico) e i sostenitori della fisica ancora da "comprendere", che vedono ancora incompiuta l'opera dell'uomo nel viaggio di scoperta dei segreti della scienza. Particolarmente esaltante è la possibilità dimostrata da queste sperimentazioni per quanto concerne la struttura della materia: le ultime sperimentazioni hanno mostrato che queste "interconnessioni non localizzate" esistono, oltre che per le particelle, anche per gli atomi interi, e questa possibilità spalanca un nuovo percorso di studio per quanto concerne la realizzazione di sistemi di teletrasporto. In effetti, alcune sperimentazioni in tal senso sono già avvenute. Già nel 1993, il professor Charles Bennet (IBM) si interessò alla realizzazione di un sistema che consentisse di trasportare particelle a distanza, ma i primi successi concreti si riscontrarono con il lavoro svolto da un gruppo di ricercatori dell'Istituto di Fisica Sperimentale di Vienna diretti da Anton Zeiliger, grande studioso di fisica quantistica.

Nel 2003 un gruppo di scienziati del Dipartimento di Fisica dell'Università di Ginevra, coordinati dal Professor Nicolas Gisin, è riuscito a teletrasportare le caratteristiche di un fotone (un fascio di luce) da un laboratorio a un altro, distante esattamente 2 km, avvalendosi di un mezzo trasmissivo in fibra ottica. Nella primavera del 2004, due gruppi di fisici, rispettivamente del

National Institute of Standards, NIST (Colorado, USA), e dell'Università di Innsbruck (Austria), hanno dimostrato, grazie a uno specifico esperimento, che lo stato quantico di interi atomi può essere teletrasportato mediante la trasmissione di bits quantici (qubits)[4] che definiscono gli atomi. Nella sperimentazione condotta al NIST[5] fu teletrasportato lo stato base di ioni di berillio, così come nell'esperimento di Innsbruck[6] furono teletrasportati gli stati base e metastabili di ioni del calcio, bloccati magneticamente. Questi esperimenti dimostrano che è possibile trasmettere informazioni istantaneamente senza alcun limite di spazio-tempo e questa metodologia è attualmente nota come "non-località" delle sperimentazioni.

Le scoperte e gli esperimenti di tutti i fenomeni fisici, riconducibili alla meccanica quantistica, hanno portato alcuni studiosi a considerare le strutture mentali coscienti come *dispositivi in grado di compenetrare e interagire con strutture materiali con cui hanno attivato delle relazioni*. Pertanto, la strada che viene tracciata, in funzione di queste scoperte, è che la mente non sia solo in grado di assorbire e processare informazioni oggettive, ma che abbia anche una funzione attiva nel crearle.

Sono studi nuovi, che possono condurci all'esplorazione di mezzi e tecnologie finora inesplorate non solo da un punto di vista fisico, ma anche cosmologico. Potrebbero addirittura condurci alla realizzazione di sistemi di teletrasporto mentale e/o strumenti di navigazione ultraveloce verso pianeti ai confini dell'universo. Fantascienza o materializzazione dei nostri desideri più ambiti? Solo il futuro potrà darci una risposta, ma sembra proprio che il futuro sia già il presente.

---

[4] Qubits, contrazione di *quantum bit*, è il termine coniato da Benjamin Schumacher per indicare il bit quantistico, cioè l'unità di informazione quantistica.

[5] Barret, M.D., Chiaverini, J., Schaetz, T., Britton, J., Itano, W.M., Jost, J.D., Knill, E., Langer, C., Leibfried, D., Ozeri, R., Wineland, D.J. (2004) "Deterministic quantum teleportation of atomic qubits", *Nature* 429, 737 (17 june 2004).

[6] Riebe, M., Haffner, H., Roos, C.F., Hansel, W., Benhelm, J., Lancaster, G.P.T., Korber, T.W., Becher, C., Schmidt-Kaler, F., James D.F.V., Blatt R. (2004) "Deterministic quantum teleportation with atoms", *Nature* 429, 734 (17 june 2004).

Origini storiche della visione remota

La convinzione che alcuni individui fossero dotati di poteri sovran-naturali, in particolare in grado di poter visualizzare, attraverso specifiche funzioni cerebrali, situazioni, cose o immagini, ha sempre influenzato la maggioranza dei popoli della terra, condizionando le diverse culture sviluppatesi in ogni angolo del pianeta. In Occidente, e precisamente nel XVIII secolo, fu lo scienziato svedese (nonché filosofo e mistico) Emanuel Swedenborg (1688-1772) a teorizzare, grazie anche ai suoi studi sullo spiritismo, l'esistenza di fenomeni inspiegabili assimilabili alla chiaroveggenza. Le sue tesi suscitarono grande interesse a livello europeo, ma fu soprattutto Immanuel Kant[7] a rimanere influenzato dalla sua scuola di pensiero, cosa che lo portò ad analizzare in profondità il conflitto tra ragione e follia dell'uomo. Nel saggio *Träume* che lo stesso Kant dedica a Swedenborg, descrive il mistico svedese nel modo seguente: "Vive a Stoccolma un certo signor Swedenborg, senza impiego né ufficio, dotato di un discreto patrimonio. Tutta la sua occupazione consiste, come egli stesso dice, a vivere da più di vent'anni nel più intimo commercio con gli spiriti e con le anime dei defunti".

Tuttavia, il filosofo tedesco definisce i racconti di Swedenborg come il risultato di una "… intuizione fanatica, alimentata non da una volontà ingannatrice, bensì da una ragione traviata dall'illusione dei sensi"[8].

Un altro illustre studioso tedesco, Franz Anton Mesmer (1734-1815), medico e filosofo, nonché appassionato di scienze naturali, alchimia ed esoterismo, dedicò parte della sua vita allo studio delle pratiche mistiche. Iniziò con la sperimentazione di alcune cure (per particolari malattie) con la pratica del *magnetismo minerale*[9], uti-

---

[7] Filosofo tedesco (1724-1804), fu uno dei più importanti esponenti dell'Illuminismo in Germania. Di particolare interesse fu la sua opera *Critica della ragion pura*, il cui tema principale è quello della conoscenza e della correlazione esistente tra metafisica e scienza.

[8] Fornasiero, L. (2001) "Il concetto di dogmatismo nell'interpretazione kantiana della follia: dai Sogni di un visionario a Un tono superiore recentemente adottato in filosofia", *Leitmotiv* 1.

[9] Il magnetismo è quell'area dell'elettromagnetismo che si interessa dello studio dei campi elettromagnetici. Il magnetismo minerale si interessa delle proprietà magnetiche di alcuni minerali.

lizzando del ferro calamitato che veniva applicato su pazienti affetti da particolari forme di malattie croniche. Ciò produsse la convinzione che *il corpo umano fosse in possesso di particolari forze in grado di sprigionare fluidi che potevano interagire con altri organismi*. Questa certezza dell'esistenza di forze di origine magnetica si trasformò in una vera e propria terapia, meglio nota con il termine di *mesmerismo*. Essa si basava sul concetto che il normale funzionamento del corpo umano è assicurato da un flusso armonico di magnetismo animale che lo attraversa e che ha la funzione di stabilizzare e assicurare il suo corretto funzionamento. Quindi tutte le malattie e le alterazioni fisiche dell'uomo sarebbero causate dall'inefficienza di questo flusso magnetico. La sua metodologia si basava, almeno nella fase iniziale, sull'applicazione di particolari calamite sulle parti del corpo. Successivamente sviluppò altre tecniche (imposizione delle mani, bagni con acque magnetizzate, etc.) che ben presto si rivelarono fantasiose o addirittura controproducenti.

Anche se in possesso di vere competenze mediche, Mesmer non fu mai in grado di dimostrare in alcun modo la bontà delle sue tesi, che furono peraltro analizzate nel 1784 da una specifica commissione scientifica di cui facevano parte illustri personaggi tra i quali Benjamin Franklin e Antoine Lavoisier. La commissione fu molto aspra nelle conclusioni e affermò che gli scarsi risultati delle pratiche magnetiche di Mesmer scaturivano da fenomeni di suggestione riconducibili al fenomeno psicologicamente noto come *effetto placebo*[10].

Lo stesso Mesmer dopo qualche tempo ammise di aver cambiato parere sulla natura del magnetismo animale, considerandolo un fenomeno diverso dal magnetismo terrestre e da quello generato dai metalli.

---

[10] Per effetto placebo si intende una serie di reazioni dell'organismo a una terapia che non derivano dall'applicazione della terapia stessa, ma da un effetto psicologico determinato dalle attese dell'individuo. In sostanza, l'effetto placebo è una conseguenza del fatto che il paziente, specie se favorevolmente condizionato dai benefici di un trattamento precedente, si aspetta o crede che la terapia funzioni, indipendentemente dalla sua efficacia "specifica".

Nel 1882 la Society for Psychical Research inizia a studiare, in maniera scientifica, i fenomeni legati alla chiaroveggenza, generando un interesse di tipo scientifico anche per la telepatia e la precognizione. Nonostante la presa di coscienza della comunità scientifica della necessità di attivare studi e ricerche su queste presunte capacità del cervello umano, e nonostante gli sforzi sostenuti nei decenni successivi per sperimentazioni e indagini sui fenomeni paranormali, non furono mai prodotti risultati che comprovassero scientificamente l'esistenza di questi poteri superiori della mente dell'uomo.

Sul finire degli anni '20, gli studi sulle capacità mentali ripresero grazie a un botanico con la passione per la psicologia (che studiò per qualche anno presso l'Università di Harvard), che poi fu considerato il padre fondatore della parapsicologia moderna. Il suo nome era Joseph Banks Rhine. Nato a Waterloo, in Pennsylvania, nel 1885, si interessò sin da giovanissimo allo studio dei fenomeni che rientrano nel campo della parapsicologia, passione che lo portò a collaborare con il professor William McDougall, nel 1927, presso la Duke University. Proprio in quegli anni intensificò le sue ricerche sul paranormale e a lui si deve la coniazione del termine *parapsicologia*, che consentì di separare questo settore di studio dalla psicologia tradizionale. A lui si deve anche la paternità di un altro termine, *percezione extrasensoriale* (ESP, ExtraSensory Perception), che consentì di identificare quell'area di ricerca sull'abilità di alcune persone di acquisire informazioni senza utilizzare i cinque sensi conosciuti. Di particolare rilevanza fu la sperimentazione condotta presso la Duke University, che mirava alla dimostrazione dell'esistenza, nell'uomo, di particolari capacità riconducibili, almeno in prima battuta, alla chiaroveggenza e alla precognizione. L'esperimento si basava sull'utilizzo di un mazzo di 25 carte (le cosiddette *Zener cards*), ognuna delle quali riporta, su una faccia, uno dei cinque simboli prescelti: una croce, una stella, delle linee ondulate, un cerchio e un quadrato. L'esperimento si sviluppava in questo modo: un soggetto prescelto doveva tentare di indovinare i simboli esatti delle carte che gli venivano sottoposte (chiaramente coperte). Gli esperimenti condotti si conclusero positivamente, dato che furono indovinate ben 2400 carte. Il numero di carte indovinate è assolutamente rilevante, soprattutto se consideriamo che in funzione di calcoli statistici, la possibilità che ciò accada equivale a una possibilità su un milione (si verificò infatti un eccesso di carte indovinate pari a 489). Le sperimentazioni dimostrarono inoltre l'esistenza di un "qualcosa" che condizionava la scelta delle carte da parte dei soggetti prescelti e questo risultato rafforzò le tesi sostenute da Rhine sull'esistenza di particolari capacità psichiche. Egli riportò questi risultati su un famoso testo, scritto in collaborazione con altri colleghi della Duke, dal titolo *Extra-Sensory Perception after Sixty Years*. Dal 1940 in poi, il botanico appassionato di psicologia portò a termine ulteriori sperimentazioni, su diverse aree, come la *criptestesia* (capacità di vedere all'interno di una busta o involucro sigillato) e la *psicocinesi* (meglio conosciuta come telecinesi, fenomeno paranormale che attribuisce a un individuo la capacità di agire sull'ambiente che lo circonda, muovendo, per esempio, oggetti inanimati). Nel 1960 fondò l'Istituto di Parapsicologia e ancora oggi presso il Rhine Research Center di Durham vengono condotte sperimentazioni su fenomeni paranormali. A Rhine, tuttavia, non furono risparmiate le molte critiche che colpirono soprattutto alcuni suoi esperimenti che a molti sembrarono "manipolati" o "eccessivamente esaltati", ma egli fu senza alcun dubbio il più grande sostenitore di quella scuola di pensiero che portò una parte della comunità scientifica a credere nell'esistenza di capacità umane superiori.

Ma il più rilevante contributo allo studio e alla ricerca sulla visione remota è stato dato dal fisico americano Harold E. Puthoff (nato a New York nel 1936), che si interessò a questo fenomeno paranormale, assumendo perfino la direzione di un programma finanziato dalla CIA (Central Intelligence Agency).

Impegnato da oltre venticinque anni in studi scientifici su campi ancora inesplorati, Puthoff è attualmente coinvolto nella ricerca sul ZPE (Zero Point Energy), una misteriosa fonte energetica potenzialmente illimitata che si annuncia come una delle più grandi scoperte del secolo. Tuttavia la sua celebrità, acquisita a livello mondiale, è sicuramente da attribuire agli studi condotti all'inizio degli anni '70 che lo portarono alla realizzazione di uno dei più famosi, quanto misteriosi, progetti finanziati dal governo statunitense.

Il progetto Stargate

Esattamente nel 1972, presso lo Stanford Research Institute (SRI) e successivamente all'Applications International Corporation (SAIC) di Menlo Park, CA, Puthoff insieme a colui che diverrà il suo collaboratore più prezioso, Russel Targ, anch'egli fisico, realizzarono una serie di esperimenti riconducibili alle *proprietà quantiche*[11] della mente dell'uomo. I primissimi esperimenti si basarono sulla collocazione di un soggetto (ricevente) in una camera sigillata ed elettricamente schermata, e di un secondo soggetto (inviante) in un'altra stanza anch'essa opportunamente sigillata e schermata. Mentre il soggetto inviante veniva esposto a lampi intensi di luce a intervalli regolari, contestualmente venivano registrate mediante un elettroencefalogramma (EEG) le onde cerebrali dell'inviante e del ricevente. Curiosamente le onde cerebrali dell'inviante che si accompagnavano ai lampi di luce risultarono analoghe a quelle del ricevente, che le produceva solo dopo alcuni attimi (da notare che il ricevente non veniva esposto ai lampi di luce dell'inviante). Questo esperimento dimostrò che esisteva un "qualcosa" di cerebrale che legava i due individui prescelti.

In quello stesso anno, Puthoff propose allo SRI di approfondire queste ricerche proprio per indagare le proprietà della fisica quantistica negli esseri umani. In particolare i due fisici condussero delle ricerche su un personaggio che sembrava possedere particolari capacità psichiche: il suo nome era Uri Geller. Geller nacque a Tel Aviv nel 1946 da genitori ungheresi, e nel corso degli anni ebbe occasione di spostarsi in diversi paesi, cosa che gli consentì di acquisire la conoscenza di diverse lingue. Dopo aver prestato il servizio militare come paracadutista (partecipò alla Guerra dei Sei Giorni, in cui rimase ferito), lavorò perfino come fotomodello, ma ben presto iniziò a fare spettacoli in giro per i locali di tutto il

---

[11] Attualmente molti scienziati sostengono che l'attività mentale nell'uomo è riconducibile a processi chimici e fisici che avvengono a livello molecolare, atomico, e forse persino sub-atomico nel sistema nervoso, vale a dire nell'ambito di validità della meccanica quantistica. In funzione di ciò è ragionevole supporre che anche l'attività mentale sia un fenomeno quantistico, e molti ricercatori hanno già prodotto sperimentazioni a sostegno di questa tesi.

mondo, esibendo le sue capacità particolari, tra cui quella più famosa in cui riusciva a piegare i cucchiaini da caffè grazie alla forza del pensiero. Targ e Puthoff, venuti a conoscenza delle sue particolari capacità, lo convocarono per invitarlo a collaborare sulle loro ricerche. Lo studiarono per mesi approfonditamente e dopo qualche tempo pubblicarono un resoconto, che finì sulla rivista *Nature*, che scatenò un'autentica bufera: i due fisici giudicarono attendibili le capacità mentali del giovane israeliano.

Le notizie delle sperimentazioni condotte allo SRI non tardarono a raggiungere la CIA (Central Intelligence Agency), che inviò a Stanford, nel giro di pochi giorni, due agenti per conoscere Puthoff e Targ. L'Agenzia mostrò subito un particolare interesse per le ricerche condotte dai due fisici sulla visione remota, soprattutto perché era venuta a conoscenza di sperimentazioni analoghe condotte oltre la "cortina di ferro". Effettivamente, pare che sin dal 1940 il Cremlino avesse manifestato uno smisurato interesse per queste particolari capacità mentali, al punto tale che sembra che lo stesso Stalin fosse diventato amico di un eccentrico ebreo polacco, Wolf Messing, responsabile della premonizione della fine della Germania nazionalsocialista, qualora Adolf Hitler avesse attaccato l'Unione Sovietica. Tuttavia la ragione di tanta attenzione da parte di Stalin per la *psicotronica* (fu così ribattezzata la scienza che si occupa delle *reali energie umane*) era riconducibile a uno scopo ben preciso. Sembra che nel 1953 egli avesse già dato disposizioni in merito all'organizzazione, con la collaborazione delle Forze Armate, di gruppi di individui dotati di facoltà telecinetiche che dovevano essere utilizzati per una molteplicità di operazioni: dall'intercettazione dei piani strategici degli avversari al disturbo delle strumentazioni in uso ai militari degli eserciti occidentali, fino all'utilizzo di spie "telepatiche" che avrebbero dovuto assimilare informazioni segrete di tipo diverso. Purtroppo ben poco è trapelato sulle sperimentazioni condotte in URSS, ma sembra che siano proseguite fino al termine degli anni '70, con il coinvolgimento di diversi personaggi, particolarmente "dotati", come Karl Nikolaev[12] e Yurij Kamenskij. Furono proprio gli espe-

---

[12] Nikolaiev, K., Targ, R., Katra, J. (1999) *Miracles of Mind*, Ph.D., New World Library.

rimenti condotti su questi ultimi due personaggi, a partire dal 1965, a convincere i sovietici della bontà degli studi sui poteri della mente. Sembra infatti che siano riusciti a effettuare delle sessioni di comunicazione mentale, raggiungendo distanze di centinaia di chilometri, ottenendo risultati che furono ritenuti sbalorditivi dallo stesso Cremlino, che autorizzò l'immediata realizzazione di centri di ricerca in varie aree geografiche, alcune delle quali identificate vicino alle città di Novosibirsk, Odessa, Zhaporozhje, Taganrog e Alma Ata.

Proprio in base a queste ultime informazioni che giungevano dal paese comunista, i due agenti della CIA (con la collaborazione della DIA – Defence Intelligence Agency, e dei servizi di Intelligence della Marina) offrirono ai due fisici la possibilità di continuare le sperimentazioni con la massima libertà d'azione e con la promessa di corposi finanziamenti erogati dal governo. La stessa offerta fu estesa ovviamente anche a Targ. Di certo, nell'offerta di collaborazione della CIA furono determinanti le esperienze maturate da Puthoff, prima come Naval Intelligence Officer nella Marina USA e successivamente come impiegato presso la National Security Agency.

Puthoff e Targ accettarono, e le prime ricerche furono indirizzate su sperimentazioni che si basavano sulla percezione a distanza di simboli e oggetti nascosti in buste e scatole. In sostanza, ad alcuni soggetti *riceventi* veniva chiesto di disegnare o di descrivere alcuni oggetti nascosti, o di disegnare gli oggetti che erano ubicati vicino al soggetto *inviante*. I risultati di alcune di queste sperimentazioni furono descritti, in maniera dettagliata, in due pubblicazioni realizzate dallo stesso Puthoff[13]. Anche se nel 1995 furono declassificate e rese pubbliche (dalla CIA) circa 270 pagine di relazioni dello SRI, quasi tutta la documentazione delle sperimentazioni, che rappresenta la parte di maggiore rilevanza scien-

---

[13] Puthoff, H.E., Targ, R. (1976) "A Percentual Channel for Information Transfer over Kilometer Distances: Historical Perspective and Recent Research", *Proc. IEEE 64*, 329.
Puthoff, H.E., Targ, R., May, E.C. (1977) "Experimental Psi Research: Implications for Physics, in the Role of Consciousness in the Physical World", a cura di R.G. Jahn (AAAS Selected Symposium 57, Westviw Press, Boulder, 1981).
Targ, R., Puthoff, H.E. (1977) *Mind Reach*, Delacorte Press, New York.

tifica delle sperimentazioni condotte, resta ancora classificata. Nonostante il rilevante alone di riservatezza che ancora oggi circonda l'intero progetto, sembra che i funzionari della CIA preposti al controllo dello svolgimento degli esperimenti siano rimasti positivamente colpiti dai risultati conseguiti, al punto tale da ritenere che la trasmissione delle informazioni a distanza fosse possibile anche per persone non dotate di questi particolari poteri. Non a caso, in alcuni documenti[14], lo stesso Puthoff afferma che gli sviluppi conseguiti presso lo SRI potevano consentire ad agenti della CIA, che non avevano conoscenze specifiche di queste procedure o che non erano stati opportunamente preparati, di eseguire con successo esperimenti di acquisizione a distanza di informazioni (Figg. 1 e 2).

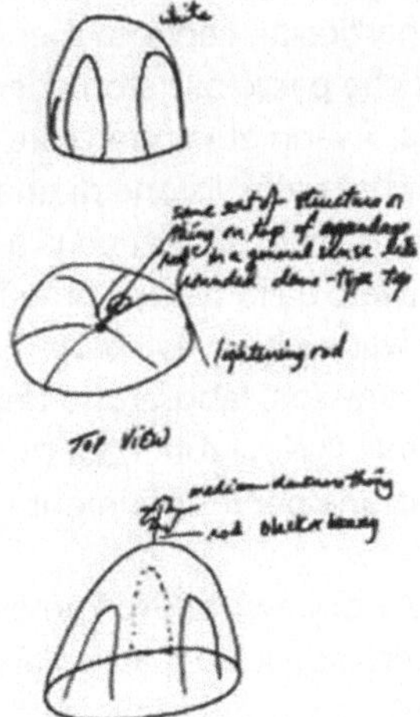

Fig. 1. *Esempio di disegno realizzato dal soggetto ricevente (Abstract CIA-Initiated Remote Viewing At Stanford Research Institute di H.E. Puthoff, Ph.D.)*

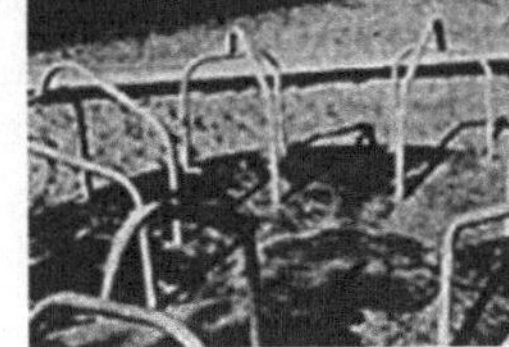

Fig. 2. *Immagine acquisita dal soggetto inviante (Abstract CIA-Initiated Remote Viewing At Stanford Research Institute di H. E. Puthoff, Ph.D.)*

---

[14] Puthoff, H.E., Targ, R. (1974b) "Percentual Augmentation Techniques", *SRI Progress Report* 3 (31 October 1974).
Puthoff, H.E., Targ, R. (1 december 1975) "Final Report to the CIA", covering the period January 1974 – February 1975.

Nel 1973 il progetto subì una variazione metodologica, che condusse anche alla definizione del suo nome: *Scanate* (scanning by coordinates). Questa volta l'interesse di Puthoff e Targ si concentrò sulla sperimentazione di tecniche di acquisizione di informazioni a distanza, mediante l'utilizzo di coordinate geografiche (da questo il nome di Scanate). In pratica, al *soggetto ricevente* venivano fornite semplici coordinate geografiche basate su latitudine e longitudine (riconducibili a un luogo preciso in cui era presente una persona che assumeva il ruolo di osservatore); pertanto il soggetto ricevente acquisiva le informazioni mediante un processo di visione mentale basato esclusivamente sulle coordinate date. Solo dopo pochi mesi venne fornito un rapporto particolarmente incoraggiante sui risultati delle sperimentazioni condotte, ma la più famosa fu sicuramente quella che interessò un enigmatico personaggio: Ingo Swann. Alla costante ricerca di personaggi che presentassero determinate caratteristiche, o che asserivano di possedere particolari capacità mentali, Puthoff e Targ si imbatterono in colui che passò alla storia per l'esperimento dell'anello di Giove. In realtà, Swann era entrato precedentemente in contatto con Puthoff, in base alla visione di una richiesta di finanziamento, elaborata dal fisico dello SRI, per un progetto di ricerca sulla biologia quantistica inviato dallo stesso Puthoff al laboratorio Clive Backster di New York. Swann, che aveva partecipato ad alcuni esperimenti di psicocinesi presso il laboratorio del professor Gertrude Schmeidler, al City College di New York, contattò Puthoff offrendogli la sua totale collaborazione per le sperimentazioni che stava conducendo.

Ingo Swann, eccentrico artista e scrittore di New York, fu immediatamente descritto dai due fisici come un individuo "particolarmente dotato". Uno dei primi esperimenti in cui fu coinvolto lo scrittore newyorkese fu quello delle scatole di cui il visore doveva indovinare il contenuto. Durante un test di questo tipo fu chiesto a Swann di descrivere il contenuto di una di esse ed egli disse:"… io vedo qualcosa di piccolo, marrone e irregolare, come una sorta di foglia o qualcosa che le assomiglia, solo che mi sembra molto viva, come se fosse in movimento!". La scatola conteneva una piccola falena viva che aveva proprio l'aspetto di una piccola foglia[15].

---

[15] "CIA-Initiated Remote Viewing Program at Stanford Research Institute" (1996), http://www.crvmanual.com/docs/hp95.html.

Tuttavia l'esperimento più famoso fu quello che coinvolse l'osservazione del pianeta Giove. Una sera del 1973, i due fisici parteciparono a una sessione di visione remota con Swann, che, dopo una premonizione che durò circa venti minuti, descrisse alcune caratteristiche fisiche del pianeta Giove tra cui l'esistenza di un sottile anello che lo circondava (piuttosto simile a quello di Saturno). Fornì inoltre alcune indicazioni sulla superficie del pianeta, sull'atmosfera e sulle condizioni meteo presenti. Effettivamente l'anello fu poi osservato solo nel 1979 dalla sonda Voyager. Anche in questo caso non mancarono critiche e contestazioni sulla correttezza e sull'approssimazione delle affermazioni fatte da Swann. I risultati di queste sperimentazioni furono riportati su una pubblicazione che venne rilasciata durante un convegno tenutosi presso l'Università di Stanford nel 1972[16], in cui si annunciarono pubblicamente le possibilità e le potenzialità mentali di alcuni individui particolarmente dotati.

Il progetto, rinominato *Stargate*, andò avanti per diverso tempo e furono condotte ulteriori sperimentazioni che portarono alla riformulazione della tecnica CRV (Coordinate Remote Viewing). Ulteriori ricerche furono condotte anche per un progetto analogo, coordinato però dall'esercito statunitense (anch'esso in collaborazione con la DIA), presso Fort Meade nel Maryland, e noto con il nome di *Grill Flame*. Gli esperimenti, condotti con personale civile e militare, proseguirono fino al 1979, anno in cui si procedette alla fusione dei due progetti. Coperti entrambi da un livello di segretezza elevatissimo, non fu rivelato molto sugli esiti delle sperimentazioni che proseguirono fino al 1983, quando il progetto venne rilevato dall'INSCOM (United States Army Intelligence e Security Command), struttura militare dell'Esercito USA e della National Security Agency (NSA) con sede a Fort Belvoir (Virginia). La prosecuzione degli studi fu sottoposta alla supervisione del Generale Albert Stubblebine (ribattezzata Center Lane Project), ed è proprio in questo periodo che Puthoff e Swan redassero, nel 1986, il *CRV Manual* (The Controlled Remote Viewing Manual), prima guida di apprendimento sulla visualizzazione a distanza[17].

---

[16] Puthoff, H.E., Targ, R. (1975) "Physics, Entropy and Psychokinesis", in: Proc. Conf. Quantum Physics and Parapsychology, Ginevra.

[17] Il manuale è reperibile in Rete al seguente indirizzo: http://www.firedocs.com/remoteviewing/answers/crvmanual/CRVManual_FiredocsRV.pdf.

All'apice della sua curva evolutiva, lo studio sulla visione remota poteva contare sul lavoro condotto da ben 14 laboratori di ricerca completamente dedicati al progetto. Da questo momento in poi, per quello che è dato sapere, sembra che i risultati conseguiti non siano stati molto incoraggianti (si parlò di una percentuale di successi di visione remota del 20% contro l'80% di insuccessi), e in funzione di un riesame sfavorevole da parte della National Academy of Sciences (NAS), l'esercito USA e la DIA decisero di abbandonare definitivamente il progetto. Non fu dello stesso avviso la CIA, che nel 1995 rifinanziò le ricerche e contattò l'American Institute of Research incaricandolo di esaminare i risultati delle ricerche e delle sperimentazioni. Fu elaborata una relazione da parte di due eminenti esponenti del NAS, Jessica Utts e Ray Hymann, che espressero due opinioni discordanti nel valutare i risultati conseguiti nei 24 anni di durata del progetto. L'esperta di statistica Utts valutò positivamente le sperimentazioni effettuate, consigliando una prosecuzione delle indagini sulle effettive capacità di alcuni individui analizzati, e raccomandando che venissero effettuati "… futuri esperimenti per mettere a fuoco e per comprendere meglio il funzionamento di questo fenomeno, e su come renderlo possibile". Di parere contrario fu lo psicologo Hymann, il quale affermò che, nonostante le sperimentazioni condotte fossero state ben progettate e analizzate, e sebbene avessero dimostrato per alcuni individui l'esistenza di particolari "capacità mentali", il ridotto numero di candidati, le molte imprecisioni degli esperimenti e i difetti di alcune metodologie di sperimentazione non erano di conforto per la prosecuzione delle ricerche. Pur trovandosi di fronte a un giudizio "misto", l'American Institute of Research consigliò la CIA di terminare il programma Stargate.

È opportuno sottolineare che le valutazioni dei due esperti del NAS si basarono solo su una parte, peraltro ridotta, della documentazione prodotta in tutti gli anni in cui fu attivo il progetto. Complessivamente, il progetto Stargate (che nel corso degli anni cambiò nome più volte) costò nei due decenni oltre 20 milioni di dollari, e portò al coinvolgimento di molteplici personaggi, alcuni dei quali conquistarono anche una particolare notorietà, come Ingo Swann, Pat Buchanan, Paul Smith, Joseph McMoneagle, Ed Dames.

Il 17 aprile 1995 il presidente Bill Clinton impartì l'Ordine Esecutivo Nr. 1995/4/17, intitolato *Classified National Security Information*, che produsse la declassificazione e conseguente pubblicizzazione di oltre 270 pagine custodite dalla CIA e riconducibili alle relazioni redatte dalla SRI negli anni delle sperimentazioni, anche se, come già asserito, la maggior parte della documentazione prodotta in quegli anni non è stata ancora declassificata.

Nel 1995 il progetto fu ufficialmente terminato, ma non si ha la certezza assoluta che le ricerche e le sperimentazioni siano state definitivamente abbandonate. È altresì ignoto se il progetto sia stato nuovamente (e segretamente) rifinanziato dal governo statunitense. È interessante notare che pare che anche il governo britannico nel periodo 2001-2002 si sia interessato allo studio della visione remota. Sembra tuttavia che le sperimentazioni effettuate su circa 18 soggetti "dotati" non abbiano prodotto risultati interessanti. Le sperimentazioni furono divulgate nel 2007, in seguito a un *Freedom of Information request*[18].

Sperimentazioni operazionali: il caso di Semipalatinsk

Una particolare menzione meritano le cosiddette *sperimentazioni operazionali* che vennero condotte dalla CIA a partire dal 1974. Esattamente nella seconda metà del '74 furono avviati alcuni esperimenti focalizzati sulla scansione territoriale di alcuni siti del blocco comunista di particolare interesse per i servizi di Intelligence statunitensi. In quella che forse può essere considerata la prima operazione di *Intelligence remota,* fu coinvolto anche un ex poliziotto californiano, classificato dall'Agenzia come particolarmente "dotato" e soprattutto "attendibile": il suo nome era Pat Price.

---

[18] È una richiesta che viene formulata al Parlamento del Regno Unito per accedere a informazioni particolari in virtù dell'attuazione del "diritto di sapere" da parte dei cittadini del Regno (per maggiori informazioni http://www.mod.uk/DefenceInternet/FreedomOfInformation/DisclosureLog/SearchDisclosureLog/RemoteViewing.htm).

L'esperimento in cui fu coinvolto Price consisteva nel descrivere un sito militare (in realtà era un centro di ricerca e uno dei più grandi siti atomici del mondo), noto con il nome di Semipalatinsk e ubicato nella ex Unione Sovietica (attualmente nel Kazakistan orientale). Quella di Semipalatinsk fu l'unica sperimentazione diffusa al pubblico e quella di maggiore interesse (ma non certo la migliore, a quanto asserisce lo stesso Puthoff) per quanto concerne la visione remota. Controllata completamente dalla CIA (più esattamente da un'apposita commissione interna, nota con l'acronimo COTR – Contracting Officer's Technical Representative), la sperimentazione si basava su tre fasi. Durante la prima, furono fornite ai soggetti "vedenti" solo alcune coordinate in gradi, minuti e secondi. Furono inoltre avvisati che la ricerca si basava sull'identifica-

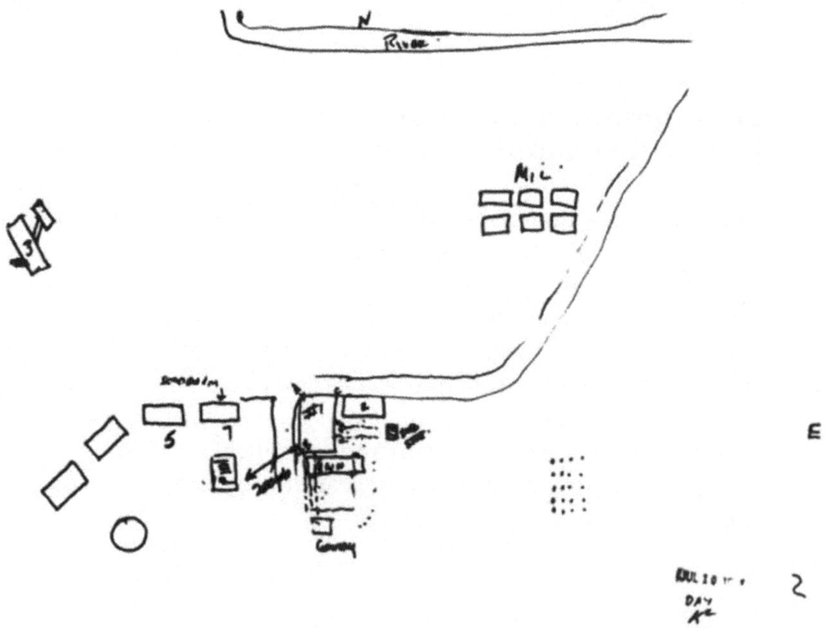

Fig. 3. Disegno raffigurante il sito di Semipalatinsk secondo la visione di Price (fonte "Unconventional Human Intelligence Support: Transcendent and Asymmetric Warfare Implications of Remote Viewing", Commander L.R. Bremseth, 28 Aprile 2001, United States Navy)

zione di una struttura di ricerca. In funzione di questi pochissimi elementi, i soggetti si misero all'opera e riuscirono (tramite la tecnica *scanning by coordinates*) a disegnare alcuni dettagli di straordinaria somiglianza. Nella Fig. 3 è riportato il sito disegnato da Price, in cui viene raffigurato il sito di Semipalatinsk. Come si evince dalla Fig. 4, elaborata in funzione delle testimonianze di alcuni "osservatori" del posto, sussistono diverse analogie tra il disegno di Price e la struttura reale. Di maggiore rilievo è la straordinaria somiglianza tra la rappresentazione grafica di un carrello trasportatore o gru disegnata da Price (Fig. 5) e l'immagine del medesimo strumento riportata dagli osservatori (Fig. 6). Nella seconda fase, in cui fu coinvolto anche il personale della CIA, vennero confrontati i dati e le informazioni acquisiti dagli informatori sul posto, per incrociarli con quelli prodotti dai soggetti "vedenti". Questa fase si sviluppò in una terza, e ultima, in cui furono poste ulteriori richieste ai soggetti "vedenti" che fornirono ulteriori informazioni che non potevano essere riscontrate dagli informatori. Sembra che nel giro di poche settimane siano state prodotte registrazioni audio e video delle sessioni di visione remota ricche di indicazioni e dati di particolare interesse, ma essendo le sperimentazioni coperte dal massimo riserbo, gli esiti non furono mai pubblicizzati.

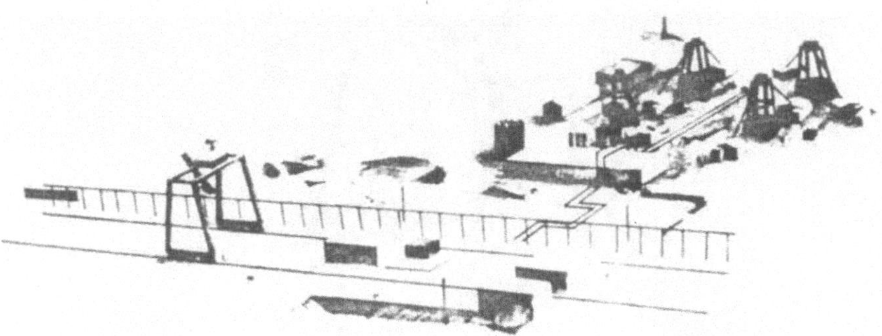

Fig. 4. *Immagine rendering effettiva realizzata dal COTR sul sito di Semipalatinsk e fornita dagli osservatori sul posto (fonte "Unconventional Human Intelligence Support: Transcendent and Asymmetric Warfare Implications of Remote Viewing", Commander L.R. Bremseth, 28 Aprile 2001, United States Navy)*

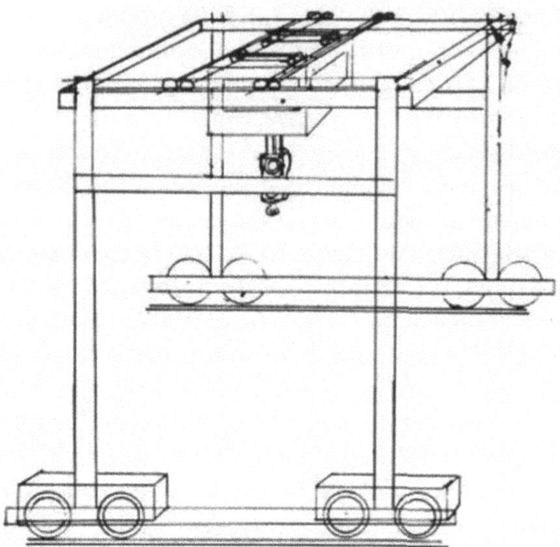

Fig. 5. *Disegno raffigurante il particolare della gru secondo la visione di Price (fonte "Unconventional Human Intelligence Support:Transcendent and Asymmetric Warfare Implications of Remote Viewing", Commander L.R. Bremseth, 28 Aprile 2001, United States Navy)*

Fig. 6. *Ingrandimento del particolare della gru (fonte "Unconventional Human Intelligence Support:Transcendent and Asymmetric Warfare Implications of Remote Viewing", Commander L.R. Bremseth, 28 Aprile 2001, United States Navy)*

Altre applicazioni di Remote Viewing

Come abbiamo visto, nel 1995 gli USA conclusero ufficialmente il progetto, ma per tutto il ventennio precedente le ricerche e i risultati sulla visione remota suscitarono un così grande interesse da scatenare una serie di richieste di applicazioni da parte di organizzazioni governative e militari.

Sembra che nel corso di quegli anni diversi *viewer* siano stati utilizzati in varie occasioni o per identificare alcuni siti di importanza strategica o per verificare alcune informazioni di particolare interesse. Tra i pochi casi noti si cita l'episodio del sequestro dei 52 componenti dell'ambasciata statunitense a Teheran nel 1979 (in seguito all'insediamento di Khomeyni). Essi furono liberati nel gennaio del 1981, poco dopo l'insediamento di Ronald Reagan alla Casa Bianca, grazie a una complessa intermediazione internazionale. Nella fattispecie, sembra che i "vedenti" siano stati utilizzati per localizzare l'esatta ubicazione degli ostaggi nella città iraniana, in funzione della decisione dell'allora Presidente Jimmy Carter di autorizzare una missione militare di salvataggio degli ostaggi[19]. Tuttavia l'operazione (denominata Eagle Claw – Artiglio d'Aquila) fallì miseramente per alcuni incidenti tra velivoli militari che si verificarono nel deserto iraniano a pochi chilometri dalla capitale. Un altro episodio in cui sembra che siano stati coinvolti i "vedenti" fu quello del rapimento del generale americano James Lee Dozier, all'epoca comandante della Nato per l'Europa Meridionale, a opera di una cellula delle Brigate Rosse il 17 aprile 1981. Venne liberato grazie all'intervento dei NOCS (Nucleo Operativo Centrale di Sicurezza) della Polizia il 28 gennaio del 1982. Pare che l'appartamento, ubicato a Padova, in cui era detenuto il generale americano, sia stato identificato grazie all'utilizzo di un'applicazione di *Remote Viewing* da parte della CIA.

Altro caso interessante risale al 1995, anno in cui l'allora Presidente Jimmy Carter, durante un discorso agli studenti di un college di Atlanta, raccontò un episodio che si verificò durante il

---

[19] "Unconventional Human Intelligence Support: Trascendent and Asymmetric Warfare Implications of Remote Viewing", Commander L.R. Bremseth, United States Navy, 28 April 2001.

periodo della sua amministrazione e che lo vide coinvolto nella gestione della ricerca di un aereo (che per l'Intelligence era un aereo spia sovietico) precipitato nello Zaire. I satelliti americani "spazzolarono" l'intero perimetro in cui si pensò fosse precipitato l'aereo, con l'obiettivo di identificarlo, ma le estenuanti ricerche satellitari non rivelarono nulla. Il capo della CIA dell'epoca, Ammiraglio Stansfield Turner, si avvalse quindi di una donna dotata di particolari poteri psichici, che nel giro di qualche giorno fornì le coordinate esatte in cui si sarebbero trovati i resti del velivolo. I satelliti furono orientati alla latitudine e longitudine forniti dalla *viewer*, e le foto fornite dai satelliti confermarono che l'aereo era proprio lì.

A quanto è dato sapere, pare che i *viewer* siano stati utilizzati spesso per identificare luoghi, ambienti o oggetti legati a eventi o situazioni di particolare interesse o gravità, ma soprattutto per esigenze legate allo spionaggio. Tuttavia la scarsa documentazione disponibile e l'altissimo livello di segretezza, che ancora avvolge le attività e le sperimentazioni condotte nel settore da diversi paesi, rendono difficoltosa una ricostruzione lineare e chiara della storia di questo particolare settore scientifico.

Un particolare interessante, che è riuscito a superare le barriere di segretezza, è sicuramente quello riconducibile alla caratteristica di assenza di schermatura dell'acqua. Infatti sembrerebbe che, in base a sperimentazioni condotte con l'ausilio di sottomarini, l'acqua non produca alcun effetto schermante sulla trasmissione delle informazioni[20].

---

[20] Puthoff, H.E., Targ, R., May, E.C. (1981) "Experimental Psi Research: Implications for Physics", in: Jahn, R.G. (1981) "The Role of Consciousness in the Physical World", *Selected Symposium 57*, Westview Press, Boulder.
Puthoff, H.E. (1984) "Calculator-Assisted Psi Amplification", in: White R., Solfvin, J. (1985) *Research in Parapsicology 1984*, Scarecrow Press, Metuchen, NJ.
Puthoff, H.E. (1985) "ARV (Associated Remote Viewing) Applications", in: White R., Solfvin, J. (1985) *Research in Parapsychology 1984*, Scarecrow Press, Metuchen, NJ.

Considerazioni sulle sperimentazioni

Nella relazione "CIA-Initiated Remote Viewing Program at Stanford Research Insitute" (1996), Puthoff asserisce:

> Nonostante le ambiguità insite nella tipologia di esplorazione effettuata in questi programmi, i risultati, nel loro complesso, sembrano fornire la prova inequivocabile dell'esistenza di una capacità umana di accesso remoto a eventi verificatisi nello spazio e nel tempo, piuttosto esitante, mediante un processo cognitivo non ancora compreso. I miei anni di partecipazione, in qualità di direttore della ricerca di questi programmi, mi hanno lasciato la convinzione che queste circostanze devono essere prese in considerazione per tentare di sviluppare un quadro imparziale della realtà dei fatti.

Un altro interessantissimo documento "Unconventional Human Intelligence Support: Transcendent and Asymmetric Warfare Implications of Remote Viewing", scritto dal Comandante Bremseth, si conclude con queste parole:

> Tra il 1972 e il 1995, le strutture militari e governative degli Stati Uniti, che hanno collaborato al progetto di ricerca della visione remota, hanno dimostrato l'efficacia di queste applicazioni che possono rappresentare un metodo unico per le operazioni di Intelligence di tipo Humint, cioè per la raccolta convenzionale di informazioni. Per misurare lo spettro dei conflitti, gli "osservatori" remoti possono provvedere alla raccolta di informazioni cruciali, che possono garantire la pace e consentire di stabilire i livelli operativi e strategici in azioni di guerra. Nonostante i successi ottenuti, nel 1995 il programma è stato terminato e ciò è probabilmente attribuibile allla cattiva gestione interna della CIA, al disinteresse nell'assumere la gestione del programma, all'insufficiente interesse della politica e/o delle corporazioni e/o delle organizzazioni governative, e alla non disponibilità nel collaborare per programmi non convenzionali, controversi e a lungo termine. La conclusione del programma Remote Viewing rappresenta un'opportunità perduta per ulteriori maggiori esplorazioni che potrebbero essere parte integrante

dello scenario della guerra trascendentale. Discutibilmente, il fallimento delle organizzazioni governative nell'esplorazione e lo sviluppo della visione remota, che rappresenta un potenziale umano particolare, si configura come la perdita più grande del programma, che è destinato ad appassire e morire in istituzioni convenzionali e simmetricamente orientate. Per certi versi, l'incapacità degli USA a concettualizzare la guerra trascendentale e il suo effettivo sviluppo e impiego crea risposte asimmetriche alle dinamiche di ambienti che potrebbero essere invece identificati e sviluppati dai nostri avversari. A meno che le nostre istituzioni non divengano sufficientemente innovative e flessibili nello sviluppo di una cultura del trascendentale e/o nei processi asimmetrici, non ci sono ragioni che possano indurre a sviluppare metodi e programmi che possano interessare il futuro del trascendentale o delle minacce asimmetriche.

Molti degli osservatori a distanza, precedentemente coinvolti nel programma militare, oggi mettono le loro capacità e potenzialità a disposizione di imprese private e possono essere contattati direttamente presso il *Cognitive Sciences Laboratory* (CSL) con sede in California. Ed Dames, ex Maggiore dell'U.S. Army e componente della Defense Intelligence Agency's Psychic Intelligence (PSINT), attualmente Executive Director della Matrix Intelligence Agency, società che si occupa di assistenza nel *Remote Viewing*, è uno dei principali consulenti del governo USA. Egli sostiene che "la visione remota è una scienza esatta" e che "i suoi clienti non sono tenuti a sborsare un centesimo se i risultati non sono accurati". Inoltre afferma che, durante la Guerra del Golfo, la sua società ha intrapreso con successo operazioni di visione a distanza per conto di agenzie di Intelligence. Dichiara tra l'altro: "Quando dei generali dell'esercito chiedono di sapere da dove vengono i nemici, occorre fornire loro informazioni estremamente precise" (Dames 2000).

Realisticamente, nessuno sa con certezza chi abbia fatto più progressi nell'ambito della visione a distanza. Per esempio, secondo Tim Rifat (1999) è noto che i militari e le agenzie di Intelligence di Russia e Cina sono molto avanti in questo campo.

Lo stesso Ingo Swann sostiene che i russi hanno venduto le loro conoscenze ad altri paesi:

Diverse fonti piuttosto attendibili mi hanno informato del fatto che due importanti nazioni stanno facendo progressi nelle applicazioni dell'energia psichica, tra le quali la visione a distanza. Si ritiene che anche una terza nazione più piccola, ben nota per il suo odio nei confronti dello stile di vita americano del quale non fa mistero, stia facendo progressi in questo campo. Credo a queste fonti perché sono a conoscenza del fatto che la Russia postcomunista ha venduto per ben tre volte, in cambio di grossissime somme di denaro, i segreti metafisici sovietici allo scopo di reperire la valuta straniera di cui ha bisogno (vedi Affermazioni di Ingo Swann sulla Visione a Distanza rilasciate il 1 dicembre 1995, http://www.biomindsuperpowers.com/Pages/Statement.html).

Come precedentemente indicato, anche i sovietici effettuarono numerosissime ricerche e sperimentazioni sulla visione a distanza. Una testimonianza è data anche dal libro di Martin Ebon del 1983 *Psychic Warfare: Threat or Illusion?* Ancora Swann sostiene:

> Tra il 1969 e il 1971 fonti dei servizi segreti americani iniziarono a scoprire e a confermare che l'Unione Sovietica era pienamente coinvolta nella cosiddetta ricerca metafisica. Nel 1970 si scoprì che i sovietici vi investivano circa 60 milioni di rubli all'anno, e oltre 300 milioni nel 1975.

Anche i cinesi non si sono dimostrati da meno nell'approfondimento degli studi sull'argomento. Ovviamente ben poche informazioni sono filtrate sulle sperimentazioni condotte (e probabilmente ancora in corso) nel paese asiatico. Tuttavia, in funzione di poche e scarne informazioni disponibili, sembra che la Cina, dal punto di vista degli studi sulla metafisica, sia quasi certamente più avanti degli Stati Uniti e della Russia. Al di là delle possibili congetture o previsioni, è ragionevole presupporre che in funzione della sua grande popolazione, nel territorio cinese vi sia il più elevato numero di sensitivi presenti al mondo. Uno dei più conosciuti è senz'altro Zhang Baosheng, personaggio dotato di poteri poco comuni e affidato alle cure (e alla rigida sorveglianza) dei servizi segreti cinesi. Definito dalla Commissione per le Scienze e Tecnologie Militari come un personaggio dotato di "indiscutibili capacità metapsichiche", Baosheng è stato oggetto di studi e analisi presso un laboratorio del governo appositamente predisposto per studi e ricerche nel settore della metafisica.

Sembra inoltre che il trentasettenne cinese sia stato utilizzato anche per particolari operazioni di controspionaggio. Come riportato nel libro *China's Super Psychics* di Paul Dong e Thomas E. Raffill, emerge un interesse particolarmente rilevante, da parte del governo cinese, nell'individuazione di persone dotate di particolari capacità metafisiche. Una stima indica in circa 5.000 i bambini sentitivi, da 300 a 500 i sensitivi adulti e più di 30 i superpsichici. Sembrerebbe inoltre che fino al 1997 siano stati analizzati più di 100.000 bambini.

Il progetto PEAR

Il progetto PEAR (Princeton Engineering Anomalies Research) nasce nel 1979 presso il laboratorio dell'Università di Princeton, grazie agli studi condotti da Robert G. Jahn, ingegnere e fondatore nel 1961 del primo laboratorio dedicato alla ricerca di propulsori elettrici per satelliti e veicoli spaziali (Electric Propulsion and Plasma Dynamics Laboratory) da lui diretto per oltre tre decenni.

Lo scopo del progetto, che è tuttora in corso, è di verificare se effettivamente vi sia un confine delimitato tra le capacità soggettive (non misurabili e legate all'elaborazione del pensiero) e quelle oggettive della realtà, verificabili e misurabili quantitativamente. In verità lo scopo della sperimentazione era di dimostrare che la coscienza umana, in qualche modo, fosse in grado di intervenire in modalità proattiva sul mondo reale. In tal senso lo studio nella fase iniziale si è concentrato sulla realizzazione di dispositivi che potevano essere influenzati dalla volontà umana e, in funzione di ciò, in grado di produrre una serie di *output* casuali (eventi). Questi dispositivi, meglio noti come *Random Events Generators* (REG), sono capaci di sfruttare le interazioni fisiche tra microscopiche particelle, grazie al collegamento tra semiconduttori, in maniera tale da consentire alla macchina di emettere impulsi positivi e negativi (influenzati dal pensiero umano), fruibili per calcoli statistici. Sostanzialmente, un REG è un dispositivo ingegneristico che produce eventi di tipo binario (0 e 1) in maniera casuale, utilizzando una piccola onda di elettroni liberi in una giunzione di semiconduttori. Tanto per citare un esempio, si potrebbe paragonare il dispositivo a uno strumento predisposto per identificare il risultato del lancio di una moneta: testa o croce. Non è possibile prevedere quante volte uscirà un risultato o l'altro, ma in percentuale si potrebbe prevedere un andamento del 50%. La macchina REG, in funzione di una possibile interazione fisica tra particelle, avrebbe dovuto produrre una serie alternata di impulsi negativi e positivi (Fig. 7). Qualora il numero di elettroni che fluivano attraverso il dispositivo, in una certa frazione di secondo, fosse stato superiore alla media, il risultato sarebbe stato 1, in caso contrario, 0. La sperimentazione fu condotta secondo la seguente modalità: i soggetti coinvolti erano seduti a qualche metro di distanza dal dispositivo e dovevano semplicemente "desiderare" di produrre una variazione della media probabilistica dei risultati prodotti dal REG.

Quindi la sperimentazione consisteva nel verificare cosa poteva accadere se alcuni soggetti avessero *pensato intensamente* di produrre una variazione della media statistica, partendo dal primo evento (Intenzione Alta), passando al successivo (Intenzione Bassa) e in seguito senza manifestare alcun pensiero. In sostanza, se l'intenzione mentale era alta, si produceva un innalzamento (Fig. 8) della media, viceversa se l'intenzione era bassa, si produceva un abbassamento della media (Fig. 9).

Alle sperimentazioni condotte alla Princeton collaborò anche una psicologa dell'Università di Chicago, Brenda Dunne (attualmente componente della Psyleron, società e struttura di ricerca fondata dallo stesso Jahn e da un gruppo di ricercatori della Princeton), e dopo quasi due decenni di sperimentazioni, il gruppo produsse i seguenti risultati:

- *Il 52% delle prove effettuate aveva prodotto uno spostamento del flusso dati del generatore verso la direzione desiderata.* Questo risultato era stato prodotto da oltre i due terzi dei soggetti sperimentatori, dimostrando l'efficacia dell'influenza del pensiero sull'andamento dei flussi.

- *Furono rilevate delle differenze tipologiche sull'andamento dei REG.* Furono rilevate delle differenze sostanziali negli sperimentatori sulle diverse tipologie di condizionamento. I maggiori successi furono registrati quando l'intenzionalità era alta rispetto a quella bassa.

- *Particolarmente interessante fu la sperimentazione effettuata su dei pulcini che furono condizionati dal dispositivo.* In questo caso fu utilizzato un REG portatile che assunse il ruolo "guida" per i piccoli animali. Fu possibile notare un andamento anomalo delle oscillazioni che risentivano del comportamento dei pulcini.

• *Furono coinvolte alcune coppie di individui, affettivamente legati tra loro, che dimostrarono che le alterazioni subivano delle deviazioni superiori rispetto ai singoli individui.*

Furono condotte ulteriori sperimentazioni miranti alla verifica dei condizionamenti degli ambienti e delle persone. Una di queste fu diretta da Roger Nelson, direttore del Global Consciousness Project (GCP), che realizzò un REG trasportabile, meglio noto come Field-REG, che ha dimostrato in molteplici sperimentazioni condotte nell'ultimo decennio che l'interazione uomo-macchina è molto più intensa quando si verifica in ambienti emozionalmente forti, e molto meno intensa in habitat noiosi o poco eccitanti. Pertanto le sperimentazioni confermarono che il maggior trasporto dei partecipanti generava quasi automaticamente una risonanza emozionale che amplificava in maniera rilevante il segnale dell'informazione anomala.

Altra sperimentazione di particolare interesse, tuttora in corso, è quella guidata da Roger Nelson del Princeton Engineering Anomalies Research Group, ideatore e realizzatore del progetto Noosphere. Questo ambizioso e caratteristico progetto

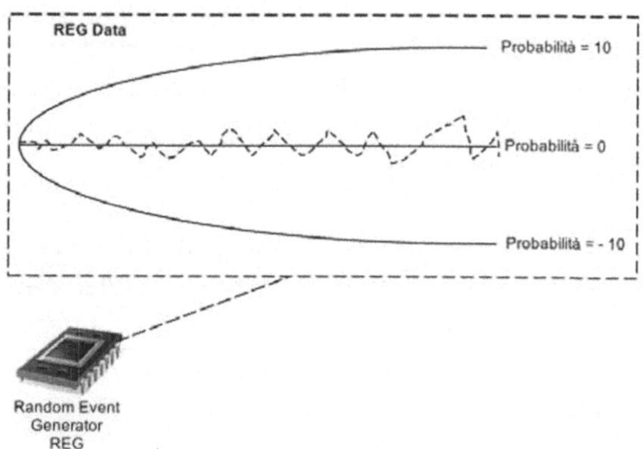

Fig. 7. *Funzionamento della macchina REG basato sull'interazione fisica tra particelle in grado di produrre una serie alternata di impulsi negativi e positivi*

(http://noosphere.princeton.edu/), che rientra anch'esso nel Global Consciousness Project, ha come obiettivo quello di raccogliere continuamente dati da una rete mondiale di generatori di numeri casuali ubicati in 65 siti di accoglienza sparsi in tutto il mondo. Lo scopo del progetto è quello di esaminare tutte le possibili correlazioni tra le diverse coscienze umane ubicate in contesti geografici diversi, e i grandi eventi che si verificano a livello mondiale. In tal senso, le sperimentazioni in corso sembrano confermare che sussista la concreta possibilità che una specie di *coscienza sociale* possa produrre effetti, non molto comprensibili, sull'ambiente.

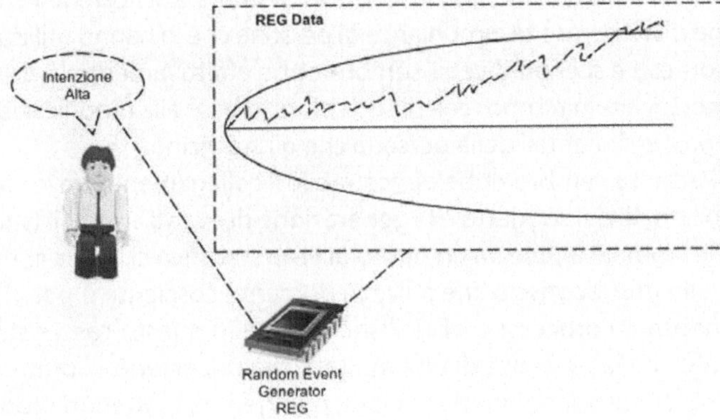

Fig. 8. *L'intenzione mentale alta produce un innalzamento della media*

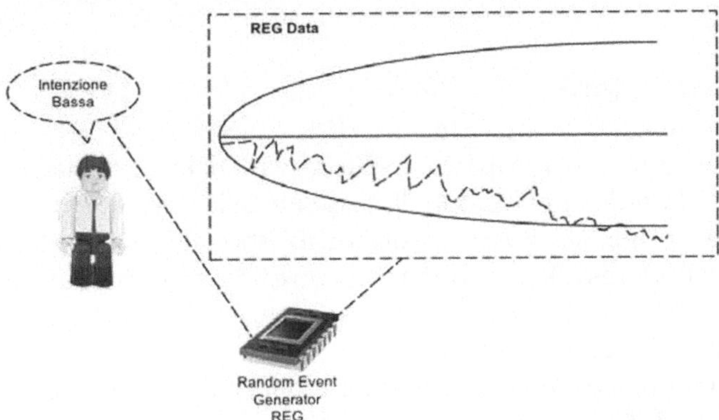

Fig. 9. *L'intenzione mentale bassa produce un abbassamento della media*

Alla Psyleron hanno perfino messo a punto una serie di dispositivi in grado di dimostrare l'attendibilità delle sperimentazioni effettuate. Quello maggiormente interessante è sicuramente la *Mind Lamp* (lampada mentale) in grado di variare la tonalità cromatica in funzione del condizionamento umano (http://www.mind-lamp.com/ mind-lamp-research.php).

Si tratta di una lampada munita di un REG che utilizza il fenomeno quantistico noto come *tunneling di elettroni*. Esempio classico di dispositivo che viola le teorie convenzionali della scienza classica, la *Mind Lamp* è in grado di cambiare il suo colore in funzione di una serie di modificazioni del pensiero e dello stato d'animo del suo possessore. Il meccanismo, ancora oggetto di studio e di ricerche, in funzione di numerose testimonianze di persone che lo hanno utilizzato in contesti e scenari diversi, sembrerebbe effettivamente in grado di modificare, in tempo reale, il suo colore in base alla modificazione dei processi mentali della persona che gli sta vicino.

Pertanto, sembrerebbe dimostrabile il collegamento tra lo stato emozionale del soggetto e la generazione di eventi anomali (variazione cromatica), che da un punto di vista statistico ci indica che sia a livello di subconscio che a livello di mente cosciente è possibile influenzare i processi probabilistici. Anche in questo caso è stato notato che la presenza di una molteplicità di persone, soprattutto se legate emozionalmente tra loro, può generare ulteriori modificazioni del colore della lampada. Complessivamente, la maggior parte degli utilizzatori conferma che la *Mind Lamp* reagisce in funzione dei loro umori, intenzioni e stati d'animo momentanei.

Conclusioni

Il concetto di *realtà assoluta*, così basilare nella fisica classica, è stato fortemente messo in discussione dalla fisica quantistica a favore di modelli di esperienza probabilistici, causali e non lineari. Questi, a loro volta, sono rappresentati e analizzati tenendo conto delle stesse menti che ne fanno esperienza e che, come abbiamo potuto comprendere, li creano.

In un modello così complesso e difficile da accettare per la mente dell'uomo, abituata a ragionare logicamente, diventa maggiormente difficoltoso il fatto che la stessa volontà possa entrare in qualche modo in *risonanza* con un dispositivo meccanico influenzandone l'andamento.

Tuttavia la capacità degli esseri viventi di influire sull'ambiente e di condizionarne gli eventi necessita ancora di un accurato e approfondito percorso di studi da condurre nel tempo, soprattutto per essere sorretta da un riscontro empirico replicabile. Il progetto PEAR rappresenta pertanto, in questa accezione, un esempio concreto di come questo nuovo paradigma scientifico sia già stato inaugurato.

Particolarmente interessante è la testimonianza del Maggiore dell'esercito degli Stati Uniti David A. Morehouse, che venne assegnato, dal 1987 al 1991, a diversi programmi segretissimi nel Comando di Sicurezza dell'Intelligence dell'Esercito degli Stati Uniti e nell'Agenzia per l'Intelligence della Difesa. Nel suo libro *Psychic Warrior – The True Story of the CIA's Paranormal Espionage Program*, pubblicato nel 1996, asserisce:

> Il governo della nazione più potente di questa Terra ha ammesso di essere a conoscenza del fatto che gli esseri umani possono trascendere il tempo e lo spazio per vedere persone, luoghi, cose ed eventi distanti, e che è possibile riferire informazioni ottenute in tal modo. Spero comprendiate il significato di questa informazione.

Le finalità perseguite da tutti gli scienziati dei vari paesi impegnati nello studio e nella ricerca delle capacità mentali dell'uomo (molte delle quali ancora inesplorate) confluiscono verso un denominatore comune: la creazione di una scienza in grado di dimostrare la fattibilità dell'integrazione delle capacità mentali soggettive dell'individuo con quelle dei sistemi digitali, per estendere questa "super-scienza del tutto" alla comprensione ma soprattutto allo sviluppo di nuovi strumenti e applicazioni multifunzionali per il prossimo futuro.

Si intravedono dunque degli importanti punti di partenza e nuovi approcci nello studio della mente (e delle sue capacità) che ben si inseriscono nel quadro di quello che numerose voci hanno chiamato *punto di svolta* nella scienza o anche *punto di non ritorno*, in cui la mente non è slegata né dall'ambiente che la circonda né da nessun'altra componente.

Un computer per leggere il pensiero

L'inizio del *punto di svolta* potrebbe avere una data di riferimento: marzo 2010. L'annuncio è stato dato nel 2009 ed è riconducibile alla realizzazione di un software messo a punto da Intel (azienda statunitense, leader nel settore della realizzazione di microprocessori), in grado di effettuare la lettura del pensiero (almeno in parte) della mente umana. Il funzionamento del dispositivo è piuttosto semplice (si fa per dire!) e si basa sull'utilizzo di un sistema utilizzato per effettuare le risonanze magnetiche. Il congegno effettua una mappatura delle aree del cervello interessate alla generazione delle parole, in maniera similare a quanto fanno le applicazioni che traducono la voce in comandi per la scrittura di testi. È opportuno ricordare che l'attività cerebrale del cervello si basa su onde elettriche (onde cerebrali) che generano l'attività elettrica cerebrale. Non a caso, mediante l'elettroencefalogramma (EEG) è possibile registrare l'attività elettrica dell'encefalo. In sostanza, mediante il dispositivo della Intel, è possibile identificare le parole generate dal cervello, abbinare a loro un significato elettrico cerebrale e costruire, mediante una procedura di apprendimento, una sorta mappa di collegamento tra le parole pensate e i relativi comandi da generare. La dimostrazione è stata effettuata su un soggetto a cui è stato chiesto di pensare a una serie di parole comuni (indicate dal ricercatore). Uno specifico algoritmo matematico associava a ogni parola le aree del cervello che si attivavano quando esse venivano pensate. Successivamente, al soggetto veniva chiesto di pensare a una delle parole precedentemente suggeritegli. Il sistema ha dimostrato, durante i vari test effettuati, un'accuratezza superiore al 90%. Le applicazioni che potrebbero usufruire di un sistema del genere sono sterminate. Pensiamo solo alla possibilità di gestire dispositivi elettronici senza usare le mani (pensate all'eliminazione di tastiere, mouse, monitor *touchscreen*, telecomandi, etc.), ma consideriamo anche le possibilità di applicazioni nel settore della domotica (scienza interdisciplinare che si occupa dello studio e della ricerca di tecnologie legate al miglioramento della qualità della vita nella casa). Forse, nel giro di qualche anno, saremo in grado di accendere il televisore e di sincronizzarlo su un canale televisivo semplicemente pensando al programma che ci interessa, oppure di aprire porte e serrature con un semplice desiderio espresso dalla nostra mente. Mi fermo qui, ma potrei continuare a citare esempi innumerevoli, tra cui le possibili applicazioni per le persone affette da gravi handicap fisici. Il dispositivo è stato presentato al Teach Heaven di New York suscitando grande stupore e interesse. Al momento i limiti maggiori sono imposti dall'elevato costo dei particolari macchinari, soprattutto in funzione del costo e delle dimensioni del dispositivo di risonanza magnetica. Tuttavia secondo Dean Pomerleau, ricercatore dei laboratori Intel, il dispositivo ridurrà il suo ingombro alle dimensioni di un cappello, e anche il costo subirà un sostanziale ridimensionamento grazie anche allo sviluppo delle nanotecnologie.

Nel giro di qualche anno potremmo leggere sui quotidiani la notizia della realizzazione di un dispositivo in grado di visualizzare (magari in 3D) i pensieri dell'uomo, e non sarebbe poi così sorprendente, se riflettiamo su quanto sia stato fatto nel settore del *Remote Viewing*. La realizzazione di un congegno di lettura del pensiero ha sancito la nascita di una nuova era e sarà difficile prevederne gli sviluppi e le molteplici applicazioni che ne deriveranno, ma di certo possiamo asserire con assoluta certezza che la vita dell'uomo non sarà più come prima.

Il condizionamento psicologico della Rete sull'individuo: cause, effetti, possibili conseguenze

Premessa

La *rivoluzione digitale* innescata dalla nascita di Internet, secondo molti esperti del settore, oltre ad alimentare i dibattiti di schiere di filosofi e sociologi interessati alla materia, rappresenta forse la più grande "invenzione" del XX secolo, soprattutto per quella che sembra essere la maggiore delle sue peculiarità: quella di rappresentare uno straordinario veicolo di stravolgimenti e repentini cambiamenti sociologici a livello planetario. La capacità di poter influenzare in maniera così determinante la vita dell'uomo rappresenta effettivamente una delle potenzialità più rilevanti della Rete.

Ma cosa dobbiamo intendere esattamente con i termini *cambiamenti* e *stravolgimenti*? Di certo, elencare gli stravolgimenti causati da Internet in tutti questi anni, a livello sociale, economico, politico e industriale, sarebbe difficoltoso e forse anche poco produttivo dal punto di vista dell'analisi degli effetti psicosociali prodotti dal fenomeno di "connettività globale".

Tuttavia è possibile affermare che la Rete ha prodotto soprattutto una vera trasformazione culturale e sociologica, in particolare per quanto concerne il modo di pensare e di concepire la vita stessa di ogni singolo individuo.

Non a caso, se ci riflettiamo bene, dobbiamo prendere atto che le moderne tecnologie di comunicazione utilizzate quotidianamente dall'uomo, influiscono in maniera crescente sul nostro modo di esprimerci, di ragionare, sulla maniera di interpretare ciò che osserviamo, e quindi sul modello di vita che abbiamo deciso di adottare nell'attuale società. Dunque la nostra percezione della realtà è mutata. Interagiamo sempre di più con dispositivi tecnologici come i computer, gli smartphone, i palmari, i sistemi di videocomunicazione interattiva, che ci portano a concepire lo stesso concetto di *comunicazione* non come processo di trasmissione di informazioni, mirante alla diffusione della "conoscenza", ma come *modus vivendi* in un contesto sociale globalizzato privo di barriere geografiche o temporali, che ha fatto della comunicazione digitale la ragione stessa del suo funzionamento.

Internet ha assunto da tempo la fisionomia di uno strumento di conoscenza, ormai irrinunciabile, su cui si fondano le radici stesse della nostra esistenza. Definizione esagerata? Facciamo un esempio: immaginiamo cosa accadrebbe se domattina sparissero, come per incanto, tutti gli strumenti che vi garantiscono quella connettività *on-line* a cui ci siamo tanto abituati: e-mail, web, chat, social software, notiziari *on-line*, web-tv, tutto sparito, come se un colossale *tsunami* avesse cancellato la presenza di tutti quei preziosissimi dispositivi tecnologici che utilizziamo quotidianamente. Saremmo costretti a modificare radicalmente le nostre vite, e probabilmente le conseguenze sarebbero catastrofiche non solo a livello professionale, ma soprattutto a livello sociale. Cambierebbe di fatto il nostro modello di vita e quindi il mondo stesso e il nostro modo di interagire con esso. Le conseguenze sarebbero così pesanti da influire sul nostro modo di pensare e sul modo di percepire la società in cui viviamo.

Quindi Internet non rappresenta solo una metodologia di condivisione e fruizione della conoscenza, ma riproduce qualcosa di più, un dispositivo di tecnologia evoluta, valutabile secondo due distinte vedute: prodigiosa e sconvolgente al tempo stesso. La visione prodigiosa risiede nelle straordinarie potenzialità della Rete. Prima tra tutte la sua capacità di abbattere quei confini spazio-temporali che costituivano un ostacolo alla nostra percezione di vicinanza di paesi e culture differenti dalla nostra. Abbattute le barriere della distanza e del tempo, la Rete ci consente di essere in più luoghi, istantaneamente e senza vincoli di sorta, operando parallelamente anche su più contesti professionali-lavorativi grazie alla sua interattività e alla possibilità di fruire di una molteplicità di applicazioni. A ciò si aggiunge la straordinaria possibilità di fruizione della sterminata dotazione informativa che la Rete è in grado di offrirci, oltre alla possibilità di consentirci di acquisire conoscenze in una molteplicità di settori culturali. Quindi Internet sta cambiando il nostro concetto stesso di vita, e il suo tasso di penetrazione mondiale in costante crescita non sta risparmiando nessun contesto di utilizzo: da quello pubblico a quello privato, da quello individuale a quello istituzionale, da quello professionale e quello legato al tempo libero. La società stessa ha subito un processo di trasformazione e di riorganizzazione strutturale in funzione di questa nuova forma di comunicazione virtuale, fatta di relazioni interpersonali, interazioni multimediali, fruizione di conoscenze condivise, assorbimento di informazioni in tempo reale, insomma un vero e proprio processo di rivoluzione socioculturale che ci ha introdotti nella *Cyber Society*, o società del terzo millennio.

Questo nuovo modello sociale, *fisiologicamente tecnologico*, ha assorbito con estrema naturalezza, tutti gli strumenti tecnici messi a disposizione dai comparti produttivi che lavorano nell'*high tech*, assegnando a tali dispositivi un ruolo chiave nella quotidianità dell'uomo moderno.

Ci troviamo di fronte a una società che sta mutando in funzione di questi nuovi e potentissimi strumenti e delle nuove forme di comunicazione e di conoscenza offerte dalla Rete, modificando perfino le logiche mentali di un tempo e finora perseguite dall'uomo. Un esempio per tutti: l'utilizzo del video in Rete. La *web-conference*, straordinario strumento di videocomunicazione, rapido ed economico, attualmente rappresenta un'eccellente soluzione per un numero sempre maggiore di aziende operanti in contesti geografici diversi, soprattutto per quanto concerne lo scambio di informazioni e le fasi di acculturamento aziendale. Di fatto la Rete ha trasformato il modo stesso di comunicare tra le persone nelle organizzazioni azzerando confini geografici e temporali, ma soprattutto riducendo enormemente i costi aziendali sempre più bersagliati dal *management* dell'organizzazione. La prodigiosità del collegamento video su Rete non è solo appannaggio delle grandi aziende o di particolari organizzazioni multinazionali. Anche lo studente lontano da casa per motivi di studio interagisce con i propri familiari con strumenti di videoconferenza o con smartphone muniti di sistemi di videochiamata, e perfino i nostri politici, tradizionalmente riottosi all'utilizzo delle nuove tecnologie, utilizzano connessioni video durante i loro frequenti spostamenti.

Elencare tutte le applicazioni fruibili su Internet che garantiscono livelli e metodologie di comunicazione di indubbia efficacia e qualità sarebbe inutile, dato che i media ci informano quasi quotidianamente dello stato dell'arte degli stessi. Tuttavia, bisogna sottolineare che in alcuni settori si è verificato uno stravolgimento tale da costringere alcuni *players* di mercato a intraprendere un processo di cambiamento globale delle proprie attività: mi riferisco in questo caso all'industria della musica che grazie al *file-sharing* (nella fattispecie parliamo di condivisione di brani musicali in Rete) è stata costretta a percorrere nuove metodologie di distribuzione dei prodotti musicali, coinvolgendo gli stessi autori che hanno dovuto revisionare sia i sistemi di pubblicizzazione dei propri brani che le tecniche di organizzazione delle loro tournèe.

Ma la Rete non ci sta imponendo solo nuove metodologie di lavoro e forme di interazione interpersonale diverse da quelle di un tempo, ci sta influenzando anche da un punto di vista psicologico, imponendoci approcci a nuove strutture mentali che possono condurre, come sempre più spesso accade, a deviazioni pericolose in grado di produrre nuove tipologie di problemi, come per esempio quello della *chat-dipendenza*, del *gioco d'azzardo on-line* (fenomeno in costante aumento soprattutto nei paesi occidentali), o come la *dipendenza dal sesso-online* che sta producendo profonde alterazioni perfino a livello di nucleo familiare. Stiamo assistendo a un processo di digitalizzazione umana che sta producendo un nuovo essere, l'individuo digitale, futuro abitante della *Cyber Society*.

Il condizionamento psicologico: la dipendenza da Internet

Come abbiamo precedentemente asserito, i cambiamenti e le mutazioni che la "rete delle reti" sta producendo a livello planetario stanno esercitando una sostanziale modificazione del *daily life* di ogni singolo individuo. Tuttavia da qualche tempo si parla con sempre maggiore insistenza del fenomeno *dell'isomorfismo di Internet*. Il termine *isomorfismo* (che deriva dal greco *isos*, uguale e *morphé*, forma), spesso utilizzato in matematica per identificare una tipologia di applicazione tra oggetti matematici, nel nostro caso va inteso come un processo di *mappatura tra due ambienti complessi*. In altri termini, esso va interpretato come l'interazione o la contrapposizione che giocano le due realtà che contraddistinguono l'individuo del terzo millennio: la *realtà reale* e la *realtà virtuale*.

Secondo alcuni, l'isomorfismo tra le emozioni e le reazioni degli ambienti reali con quelli virtuali sta producendo nell'individuo una vera e propria condizione di *sdoppiamento della personalità* riconducibile alle rispettive diverse realtà che vive quotidianamente. A ciò si aggiunge la considerazione che, se è vero che la realtà *reale* è strettamente legata alle nostre percezioni e cognizioni, allora la realtà *virtuale* di Internet rappresenta quella che ci fabbrichiamo in funzione dei sogni, dei fabbisogni emotivi e dei desideri che non riusciamo a realizzare nel contesto effettivo della nostra quotidianità.

Tutto questo semplicemente perché la realtà virtuale non è sottomessa ai vincoli e alle regole della vita reale. Un esempio in grado di facilitare la comprensione dello stato di *libertà mentale* che la Rete è in grado di elargire è quello legato al concetto di *disinibizione* percepibile in Internet e rappresentato dai seguenti elementi distintivi:

- *Anonimato*. È la possibilità di mantenere il proprio anonimato in Rete che spesso conduce il cybernauta, quasi inconsciamente, ad assumere un atteggiamento dissociativo dalle proprie azioni. Il fenomeno in questione, anche noto come *anonimato dissociativo*, assume un particolare rilievo da un punto di vista sociologico. Oscurare la propria vera identità può consentire a chiunque di mostrarsi diverso da come è, accentuando (se non inventando) i propri pregi e aspetti positivi e mascherando, nel contempo, gli aspetti negativi o i difetti che potrebbero rivelarsi controproducenti agli occhi degli altri cybernauti. Inoltre in Rete si tende ad assumere un comportamento più audace ed estroverso, ci si libera di tutti i timori e le incertezze derivanti dall'approccio diretto e reale con l'interlocutore, e ciò può determinare modificazioni rilevanti sulle conseguenze dello sviluppo dei rapporti e delle relazioni che si materializzano in Rete.

- *Invisibilità*. L'impossibilità di accertamento dell'identità in Rete è un'altra delle peculiarità di Internet. La comunicazione è "impersonale" e ciò consente di non sentire gli effetti della comunicazione socio-relazionale diretta, che si ottiene grazie alla presenza fisica degli interlocutori. La comunicazione *de visu* comporta generalmente delle modificazioni che possono essere generate proprio in funzione dell'ambiente che si percepisce in quell'istante e dalle reazioni e dai comportamenti degli interlocutori presenti.

* *Asincronismo.* Lo spiccato asincronismo delle conversazioni in Rete permette la fruizione di un quantitativo di tempo superiore sia per la costruzione delle domande che delle relative risposte. In tal senso la conversazione risulta più accurata nella scelta dei termini e quindi sostanzialmente migliore per la comprensione e l'attenzione rivolta al significato delle parole. Da ciò si evince che anche le reazioni riconducibili all'andamento della conversazione risultano più misurate e ponderate, ottimizzando la conduzione del rapporto in essere tra gli interlocutori. Tuttavia va evidenziato che la mancanza del riscontro *face to face*, che consente di introdurre nel dialogo "messaggi" personali riconducibili alla fisicità degli individui (atteggiamenti, gesti, espressioni del viso, gestualità), può falsare in maniera determinante la comunicazione *on-line*. In sostanza, nel dialogo virtuale prevale il vantaggio dell'assenza fisica che normalmente produce elementi significativi (negativi o positivi) nello sviluppo della conversazione.

In funzione di quanto esposto, Internet non può assumere la connotazione di una *realtà reale*, ma solo quella di una *realtà virtuale parallela a quella reale* in cui ci è concessa la libertà di mostrarci come siamo (liberandoci quindi dai molteplici condizionamenti che la collettività ci impone) o come vorremmo essere (mostrandoci diversi da come siamo in realtà). Così facendo, quindi, si rischia in maniera più o meno inconsapevole di costruire un nostro *duplicato virtuale* a cui è concesso di vivere nell'unico mondo che gli è concesso: quello della Rete.

Quindi il mondo digitale ci consente di deresponsabilizzarci dalle nostre azioni, ma anche dalle relative conseguenze che ne potrebbero derivare.

Alla nostra immaginazione viene concesso il libero arbitrio, ed essa può usufruire di tutto lo spazio d'azione di cui necessita, scegliendo tra un'infinità di applicazioni e metodologie in grado di soddisfare la sua insaziabile sete di fantasie.

L'uomo può finalmente esprimere liberamente ciò che vorrebbe essere o ciò che vorrebbe fare, dando in pasto all'immaginario collettivo della Rete solo gli aspetti e le caratteristiche migliori della propria identità fino ad assumere una nuova personalità, creata in funzione degli scopi o dei sogni che immagina di realizzare in quegli ambienti digitali in cui trascorre parte della sua esistenza.

In tal senso, un'altra delle peculiarità della Rete è proprio quella del piacere generato dal proprio *habitat virtuale* che si costruisce. In Internet, le emozioni, le cognizioni, le percezioni, anche se virtuali, sono in grado di generare un piacere intenso, soprattutto reale e facilmente ottenibile in quanto prelevabile da un mondo privo di limitazioni o condizionamenti, dove è possibile trovare tutto ciò che si desidera per ottenere quell'appagamento che riusciamo a ottenere sempre meno nella vita reale. Quindi il *piacere virtuale* può arrivare a sostituirsi completamente al desiderio di ricerca del *piacere reale*, sensazione che l'individuo insegue costantemente nella vita di tutti i giorni ma che difficilmente riesce a ottenere. La delusione generata dal fallimento della ricerca dei piaceri reali, come spesso accade, pone l'habitat virtuale come elemento irrinunciabile della propria esistenza, aspetto che conduce all'inesorabile disinteresse verso la vita reale e le persone che ne fanno parte.

Omnipotence of the net (onnipotenza della Rete) è il termine che identifica quel meccanismo mentale che assale l'individuo che rimane psicologicamente condizionato dall'utilizzo maniacale della Rete, e che lo conduce verso un vero e proprio rapporto di dipendenza psicofisica.

È la sperimentazione della portata del condizionamento della realtà virtuale su quella reale; è la possibilità di dominare qualsiasi situazione o scenario virtuale in cui si possono attivare rapporti reali che ci portano alla percezione di un senso di onnipotenza e controllo su tutti gli eventi che viviamo nel mondo della Rete. Naturalmente la tempistica legata al processo di trasformazione delle diverse percezioni del mondo reale e di quello virtuale può variare in funzione delle diverse condizioni psichiche ed emotive del singolo individuo. Nel momento in cui si verifica questa mutazione interpretativa della realtà, nella mente della persona si innesca un processo che conduce alla costruzione di una *realtà personalizzata* che ruota intorno al piacere generato dalla Rete.

Questo personalissimo habitat virtuale, in virtù di un complesso percorso mentale che tende alla formazione delle credenze, assume la veste del perfetto connubio tra i propri desideri e il mezzo per realizzarli. Pertanto il rischio che si possa giungere dalla ricerca esasperata dell'appagamento personale a una vera e propria forma di *perversione* è concreto. È un vero deterioramento dell'utilizzo dello strumento tecnologico, inteso come totalizzante dispositivo di piacere personale. Tuttavia è necessario fare un distinguo tra il concetto di *perversione* e quello di *dipendenza*.

La *dipendenza da Internet*, anche nota come *Internet Addiction Disorder* (IAD), è un argomento su cui, soprattutto negli ultimi anni, si dibatte intensamente a livello scientifico e sociologico. Di certo questa nuova patologia, a seconda che possa essere classificata come *disturbo psichico* o come *sintomo psicologico*, rappresenta una nuova tipologia di disfunzione psichica-comportamentale che può produrre effetti particolarmente dannosi per chi la subisce, ma anche per chi si trova a interagire con la persona affetta da questo particolare disturbo. Recenti studi hanno accertato che questa patologia è spesso legata al rifiuto di problematiche esistenziali, di realtà personali infelici o di desideri irrealizzabili, e la fuga nella Rete può costituire un perfetto riparo dalle miserie della vita. A ciò si aggiunge quello che gli anglosassoni definiscono come *dizziness effect* (effetto stordimento), provocato da lunghissime e interminabili *sedute*, trascorse navigando *on-line*. È uno stato di stordimento perfettamente assimilabile (almeno per quanto concerne l'allontanamento dalla realtà) a quello provocato dall'abuso degli alcolici o della droga, e come per gli alcolisti e i tossicodipendenti, passata la sbornia della prolungata sessione di collegamento *on-line*, l'incauto cybernauta si ritrova nuovamente innanzi a sé tutti i problemi da cui ha tentato di fuggire per una porzione della sua giornata. La disperazione lo assale di nuovo e la tentazione di rifugiarsi nuovamente nel suo magico e protettivo mondo virtuale è fortissima. Si attiva pertanto un pericolosissimo circolo vizioso che vede prevalere il desiderio di essere maggiormente presente nella vita virtuale piuttosto che in quella reale, inoltre la crescita delle ore trascorse *on-line* accresce le dimensioni dei problemi avvertiti, conducendo l'individuo a rinchiudersi sempre di più in quel mondo virtuale che rappresenta ormai l'unico riferimento di tranquillità e benessere.

Disturbi e fenomeni distorsivi legati all'utilizzo della Rete

Come abbiamo potuto comprendere, l'utilizzo costante e prolungato delle applicazioni fruibili sulla Rete può provocare sensazioni oltremodo piacevoli che possono condurre l'utente a rimanere intrappolato in un meccanismo di dipendenza. Il fenomeno dell'*Internet Addiction Disorder* racchiude un insieme di anomalie comportamentali particolarmente problematiche, che sono sostanzialmente riconducibili all'incontrollabilità delle pulsioni emotive dell'individuo. Per questo motivo è possibile classificare le forme di dipendenza secondo le seguenti tipologie:

* *Chat dependance.* Il termine *chat* (che in inglese può essere tradotto come *chiacchierata*) identifica due tipologie di servizi: il primo erogabile dall'apparecchio telefonico (*chat-line*), il secondo da Internet. In entrambi i casi può svilupparsi una dipendenza da "dialogo *on-line*" riconducibile al vantaggio della metodologia di colloquio che si sviluppa tra gli interlocutori che garantisce l'assoluto anonimato in un contesto non noto (*chatroom*). La chat può svilupparsi in due modalità: *one-to-one* (come per esempio l'*instant messaging*) e *group chat*, in funzione del numero dei partecipanti. In entrambi i casi l'aspetto che maggiormente fa della chat uno strumento che può creare dipendenza è l'assoluto anonimato che viene garantito all'utente del servizio. Discorrere per ore con identità virtuali attiva l'immaginario dell'individuo, che può mostrarsi e plasmarsi con grande facilità in funzione delle risposte del suo interlocutore o semplicemente del tipo di immagine che vuole trasmettere. Secondo alcune interpretazioni psico-sociologiche, solitamente la persona che trascorre gran parte del suo tempo a "chattare" avverte una particolare propensione all'isolamento fisico dal mondo che lo circonda, a volte rafforzata dal convincimento di non piacere agli altri o di non possedere un aspetto gradevole in funzione di alcune personali caratteristiche fisiche o caratteriali.

* *Gambling on-line.* Conosciuta anche come *net gaming* (giochi in Rete), è la possibilità di utilizzare tutti i giochi presenti in Rete che comprendono anche l'impiego di denaro. Tra i più diffusi, il

gioco d'azzardo, i videogames, i casinò virtuali, le scommesse *on-line*, ma anche le applicazioni rivolte alla compravendita di oggetti legati al fenomeno dello shopping *on-line*, che può generare una particolare patologia nota come *shopping compulsivo*. Soprattutto in quest'ultimo caso, sono stati registrati veri e propri casi di degenerazione psico-fisica, che hanno portato molti individui a indebitarsi a livelli inimmaginabili per le scommesse perse o le perdite subite al videopoker, o a condurre una vita in sostanziale isolamento in funzione del numero eccessivo di ore trascorse davanti al proprio terminale. Anche in questo caso le conseguenze sono sostanziali e colpiscono la sfera familiare ed economica dell'individuo che ne resta vittima, e che subisce anche conseguenze a livello psichico (depressione, isolamento, angoscia, ansia).

- *Information overloading*. Anche noto come *sovraccarico cognitivo*, si verifica quando l'individuo subisce un sovraccarico di informazioni attinte costantemente dalla Rete e senza possibilità di filtraggio delle stesse. Questa condizione di eccessiva assimilazione di dati provoca solitamente un blocco psicologico dell'individuo (per esempio nelle fasi di completamento dei processi decisionali). Può altresì determinare uno stato confusionale permanente per quanto concerne la corretta comprensione dei fenomeni o dei problemi che richiedono una decisione o un'azione. La patologia si manifesta come conseguenza dei lunghi periodi di navigazione in Internet alla continua ricerca di informazioni di vario genere. L'assimilazione incessante di informazioni, oltre a tradursi in una permanenza eccessiva nella navigazione *on-line*, di fatto impedisce qualsiasi tipo di analisi e verifica dei dati assimilati.

- *Cybersex dependence*. È forse la forma più nota di dipendenza da Internet. Nota anche come *sesso virtuale*, identifica più genericamente il commercio di materiale pornografico *on-line*. Il *cybersex* rappresenta anche la fonte di profitto maggiore tra i molteplici servizi offerti in Rete. Ogni giorno vengono attivati nuovi portali stracarichi di materiale pedopornografico, contenenti video e immagini per tutti i gusti che vengono "consumati" da una popolazione di cybernaviganti disposta a elargire qualsiasi somma pur di appagare i propri desideri e sogni sessuali più reconditi e perversi. Oltre agli innumerevoli portali sexy, non sono meno gettonate le *sex chat-room* e i siti ove è possibile combinare incontri con accompagnatrici e accompagnatori in grado di garantire i "servizi" più svariati. Purtroppo la dipendenza sessuale *on-line*, soprattutto negli ultimi anni, sta registrando una crescita esponenziale e con essa anche le degenerazioni umane che crescono di pari passo. Una delle cause dello sviluppo di questo scabroso fenomeno è da ricondurre soprattutto alla modificazione strutturale che ha subito la società moderna, sempre meno disponibile ai contatti umani e sempre più concentrata quasi esclusivamente sul modello di riferimento economico, basato sull'immagine personale da proiettare nel contesto sociale e sull'inseguimento ossessivo della migliore collocazione professionale e sociale. In quest'ottica il sesso virtuale rappresenta un prodotto di facile consumo, veloce, anonimo, sicuro, ed economicamente molto conveniente, ed è per queste motivazioni che il suo successo ha stuzzicato gli appetiti economici di organizzazioni criminose a livello planetario.

- *Cyber relations dependence.* Senza alcun dubbio le relazioni virtuali in Rete hanno avuto una crescita rapidissima soprattutto in funzione dell'avvento dei *social networks*. Facebook, Myspace, Linkedin, Viadeo, Badoo sono solo alcune delle più note reti sociali a cui si collegano, quotidianamente, decine di milioni di fruitori della Rete. La possibilità di legare interessi di lavoro, familiari, sociali, di studio e di interazione personale consente a questi formidabili strumenti di comunicazione *on-line* di rappresentare per l'individuo uno straordinario dispositivo di socializzazione virtuale che rischia, tuttavia, di assumere il ruolo di elemento unico di interazione relazionale con la collettività. Uno dei fenomeni più diffusi che può fornire un'idea del livello di esaltazione dei social software è quello dell'adulterio virtuale. Esso si consuma tra le molteplici applicazioni multimediali fruibili in Rete in grado di formalizzare un rapporto di intimità "quasi" completo con una persona con la quale si riscontrano una serie di affinità. Naturalmente, anche in questo caso, le disfunzioni e le anomalie comportamentali non tardano a manifestarsi e possono anche degenerare in atti di violenza o manifestazioni di rabbia incontrollata sia all'interno che all'esterno del proprio nucleo familiare. Anche le semplici amicizie virtuali possono assumere un ruolo prioritario o di riferimento per coloro che rimangono vittime di questa patologia, e in molti casi sono state determinanti per la nascita di instabilità coniugali e familiari.

Internet, pur rappresentando una delle maggiori "invenzioni" del XX secolo, ha contribuito anche allo sviluppo di nuove e per certi versi ancora incomprensibili patologie nel settore delle scienze psichiche, neurologiche e comportamentali. In funzione di quest'ultima considerazione, quali comportamenti dovrebbe adottare il singolo individuo e quindi la collettività di cui fa parte per controllare e soprattutto dominare questo potentissimo strumento a cui ha di fatto attribuito la funzione di gestore delle proprie relazioni con il resto del mondo? O forse le possibili conseguenze derivanti da un uso maldestro della Rete sono il prezzo da pagare per questo sistema di comunicazione che ha assunto un ruolo così strategico nelle nostre vite? È possibile evitare che il piacere generato dal suo utilizzo si trasformi, con il tempo, in dipendenza assoluta?

Una cosa è certa: Internet e le sue sterminate applicazioni di cui dispone non devono essere avvertite come strumenti demoniaci o mezzi messianici di scoperta della verità assoluta. È uno strumento come tanti altri, e come tale deve essere utilizzato nella maniera più corretta possibile e con la necessaria moderazione. Quindi la riflessione va fatta sulle *modalità* di utilizzo e non certo sulla bontà o meno del suo utilizzo. Pertanto la dannosità o l'utilità dell'utilizzo del mezzo non possono prescindere dalle *metodologie* e dagli *scopi* perseguiti nel suo impiego. Quindi non esistono ricette o *vademecum* in grado di descrivere esattamente come utilizzare questo rivoluzionario quanto potentissimo strumento di comunicazione e conoscenza. Peraltro, l'identificazione di norme o rigide regole comportamentali comporterebbe il rischio di adozione di misure di limitazione e di censura che nuocerebbero enormemente al concetto di libertà di informazione che rappresenta uno dei capisaldi di Internet. Va rilevato che in funzione di numerose indagini condotte sulla diffusione dei malesseri provocati dall'utilizzo intensivo della Rete è stato riscontrato che quasi nessuna delle persone affette dalle patologie finora evidenziate lamenta un disagio derivante dall'utilizzo della Rete. Anzi molte di esse si lagnano del fatto che il loro rapporto con questo strumento tecnologico è spesso disturbato da problematiche derivanti, per esempio, dal rapporto di coppia, dalla famiglia, dal lavoro e in genere dal rapporto con gli altri. Quindi la dipendenza da Internet non viene avvertita come una possibile *causa* del proprio disagio personale e delle problematiche individuali avvertite, ma assume la connotazione della *vittima* prescelta del proprio circuito familiare e sociale, che vede in essa la vera responsabile della condizione precaria del soggetto dipendente. Ed è per questo motivo che nel cyber-dipendente aumenta la spinta emotiva in difesa del prezioso strumento tecnologico di benessere personale.

Per quanto concerne la datazione storica della prima identificazione della patologia di dipendenza dalla Rete, già nel 1997, Kimberly Young, psicologa e docente di psicologia presso l'Università di Pittsburgh, in occasione del congresso dell'American Psychological Association, propose un'indagine[1] dalla quale risultarono evidenti delle modificazioni comportamentali da parte di individui che utilizzavano la Rete così frequentemente da ipotizzare una vera e propria forma di "dipendenza" dallo strumento di comunicazione multimediale. I dati e le considerazioni della Young suscitarono grande interesse, soprattutto per quanto concerne la verifica della portata mondiale della patologia.

Da quel momento furono attivati in tutto il pianeta numerosi portali web (primo fra tutti, quello della stessa Young) che proponevano valutazioni e autovalutazioni sul proprio livello di dipendenza dalla Rete, e che suggerivano anche terapie e modalità di "distacco" graduale dallo strumento. I trattamenti proposti, ancora oggi disponibili *on-line*, spaziano dai consigli generici al suggerimento di fare una vita più orientata ai rapporti sociali reali, dal ricorso a gruppi di aiuto fino alle più sofisticate offerte di metodologie di cura specialistica. Sono stati attivati perfino dei

---

[1] Young, K. (1996) *Internet addiction disorder: the emergence of a new clinical disorder*, Meeting Am. Psychol Ass., Toronto. Vedi anche il sito http://www.netaddiction.com.

percorsi formativi per operatori che intendono specializzarsi nell'attività di recupero degli "Internet-dipendenti", mediante la realizzazione di portali di tipo *web-counseling* per il disagio psicologico dei cyber-utenti.

In particolare, la Young, per consentire una rapida valutazione del livello di dipendenza dalla Rete, ha sviluppato un questionario (IAT – Internet Addiction Test) che si basa su 20 diversi item. In sostanza, il questionario tende a verificare se il soggetto utilizza in maniera eccessiva le applicazioni *on-line* (identificando il livello di eccessività in circa 40/50 ore a settimana), e in funzione delle risposte fornite è possibile determinare se i propri comportamenti hanno già assunto connotazioni distorsive o anomale. È possibile anche verificare se si è affetti da disturbi sociali (distacco familiare, lavorativo, trascuratezza nello studio e nelle relazioni sociali) e/o personali (insonnia, stati d'ansia, agitazione psichica e motoria, segni di depressione, ossessione dalla mancanza dell'utilizzo della Rete). Per esempio ad alcune domande del questionario è possibile rispondere scegliendo tra cinque diverse opzioni:

- rare volte;
- occasionalmente;
- piuttosto spesso;
- spesso;
- sempre.

In funzione del punteggio ottenuto rispondendo alle domande del questionario, la persona può verificare il suo livello di dipendenza dalla Rete collocandosi autonomamente in uno dei tre profili di seguito evidenziati:

- massimo autocontrollo nell'utilizzo di Internet;
- evidenti segnali della presenza di problemi nella vita del soggetto riconducibili all'eccessivo utilizzo di Internet;
- presenza di importanti problemi di dipendenza dalla rete Internet.

È importante sottolineare che la presenza di portali web e di applicativi appositamente realizzati per verificare il livello di cyber-dipendenza rappresenta un vero e proprio strumento di facilita-

zione per verificare se ci si è imbattuti nella patologia o se la fruizione dello strumento tecnologico è ancora entro limiti accettabili.
Di certo la dipendenza dalla realtà virtuale è una psicopatologia
che si manifesta soprattutto in quei soggetti che sono affetti da
particolari sindromi come disturbi della personalità (anche di tipo
ossessivo-compulsivo), depressione e distimia, fobie sociali e incapacità nella socializzazione, fino al completo isolamento sociale.

Una nuova patologia: la retomania

Come abbiamo potuto comprendere, la *retomania* (ulteriore termine coniato da alcuni esperti che identifica la dipendenza da
Internet) ha assunto negli anni la connotazione di uno specifico settore scientifico che si occupa dello studio della sindrome della
dipendenza da Internet. In particolare, attraverso l'analisi di nume-
rosissimi casi di studio e di questionari somministrati a persone
apparentemente affette da questa particolare malattia, sono state
identificate tre tipologie di elementi che possono fornire un sostanziale contributo alla rapida identificazione dell'insorgere della patologia. Questi elementi sono tipicamente quelli che vengono maggiormente rilevati in quell'habitat virtuale in cui si sviluppa la dipendenza, ma non devono comunque essere considerati gli unici in
quanto (ed è stato ampiamente riscontrato) la *sindrome della retomania* può colpire chiunque faccia uso in maniera smisurata delle
tecnologie di informazione e comunicazione digitale. I tre elementi
che vengono spesso rilevati nel contesto della dipendenza sono:

- la predisposizione psicologica;
- i comportamenti ad alta rischiosità;
- le potenzialità della Rete.

La *predisposizione psicologica* assume una posizione rilevante per
quanto concerne lo sviluppo della retomania. Come precedentemente accennato, la precaria stabilità emotiva dell'individuo, la
presenza di disturbi psicofisiologici, la presenza di sintomi osses-
sivi-compulsivi possono facilitare la visione di Internet come elemento di fuga o di compensazione verso le difficoltà relazionali
e/o comportamentali che si manifestano nel mondo reale. Inter-

net diffonde sicurezza, l'anonimato e i contatti virtuali permettono di superare le insicurezze e i timori che possono nascere da un contatto reale. I *social networks*, per l'immaginario di coloro che si sentono intimoriti dai rapporti sociali di tipo *face to face*, rappresentano una calda e morbida coperta protettiva, uno strumento di interazione sociale che offre garanzie assolute al livello di protezione psicologica. Le difficoltà di comunicazione vengono superate e la conoscenza, anche se può arrivare a livelli estremi di intimità, è sempre virtuale e gestita "a distanza" dall'interlocutore. In realtà si favorisce lo sviluppo di una vera e propria *illusione* delle potenzialità della Rete. L'illusione è quella di poter soddisfare qualsiasi esigenza emotiva e relazionale, azzerando le proprie paure, i timori, le paranoie e i difetti caratteriali, assegnando allo strumento informatico il compito di fungere da filtro magico per la trasformazione della propria personalità.

I comportamenti ad alta rischiosità possono essere adottati da chiunque, indipendentemente dalle proprie condizioni psicosociali. Come precedentemente affermato, la retomania non colpisce solo persone psicologicamente predisposte, ma può interessare anche individui che non manifestano alcuna patologia psicosociale e che non sono condizionati da problematiche sociali e/o familiari. Tuttavia, come sappiamo, la Rete è ricca di potenzialità e offre opportunità infinite per conoscere, informarsi e confrontarsi, e ciò può condurre a un graduale aumento dell'utilizzo di questo formidabile strumento per appagare il proprio bisogno di accrescere la conoscenza. L'inconsapevole incremento dell'accumulo delle informazioni fruibili in Rete comporta il rischio per l'individuo di rimanere vittima dei suoi bisogni, determinando, come conseguenza, l'avvio verso quel processo di dipendenza dallo strumento tecnologico. In questo caso si manifesta quella condizione che viene identificata con il termine di *sovraccarico cognitivo*, che conduce alla saturazione delle informazioni gestibili dal cervello e che può produrre fenomeni come esaurimento nervoso, isolamento sociale, squilibri nervosi, degenerazione dei rapporti sociali. Il ricorso alla Rete come elemento di insostituibile presenza quotidiana, soprattutto da parte di chi non avverte particolari patologie psicologiche distorsive, fa parte di un comportamento noto con il termine di *solipsismo telematico*, che identifica la tendenza a considerare la Rete come stanza di rifugio e di compensazione in cui rintanarsi per estraniarsi dai problemi della quotidianità. Questo comportamento è altamente rassicurante e il rischio di essere risucchiati dalla Rete non viene minimamente avvertito dall'individuo come una minaccia ma come una solidissima dimensione di tranquillità e di perfetto stato mentale di assoluto benessere.

Le potenzialità della Rete sono infinite e probabilmente non ancora tutte perfettamente conosciute. Inoltre, nell'ultimo decennio, sono stati avviati molteplici studi e ricerche che mirano all'identificazione delle metodologie e delle tecniche di utilizzo della Rete non solo come strumento di condizionamento psicologico, ma anche di persuasione. In tal senso, recentissimi studi hanno dimostrato come attraverso Internet sia possibile persuadere le persone ad adottare comportamenti o scelte di tipo diverso. Formidabili risultati si sono ottenuti nel settore del commercio (*e-commerce*), nella formazione (*e-learning*), ma anche nella conduzione di campagne politiche, di disinformazione e di proselitismo (come ampiamente dimostrato nel settore del terrorismo internazionale). La Rete può influire sull'individuo a un punto tale da indurlo a considerarsi diverso da come in realtà egli è, fino a trasformarlo nella sua identità e nella personalità. È opportuno quindi riflettere sull'importanza della comprensione delle capacità dello strumento per poterlo dominare e limitare senza che si trasformi in uno strumento di condizionamento della collettività.

Dipendenza dalla Rete: un problema sanitario

Nel mese di novembre 2009, presso il Policlinico Universitario "Agostino Gemelli" di Roma, è stato attivato il primo ambulatorio dedicato all'*Internet Addiction Disorder*. La decisione di realizzare un centro di cura dedicato a questa patologia è stata presa in funzione delle numerose richieste di aiuto pervenute presso la struttura sanitaria romana e riconducibili alla retomania. Lo stesso psichiatra Federico Tonioni, in servizio al Gemelli, ha dichiarato che "l'utilizzo patologico di Internet provoca sintomi fisici molto simili a quelli manifestati da tossicomani in crisi di astinenza" e che "l'astinenza dal web si trasforma in ansia, depressione e paura di perdere il controllo di ciò che accade in Internet, intervenendo nella struttura mentale sottostante alla dipendenza con curiosità e umiltà".

La retomania sembra colpire soprattutto i giovani, ma le conseguenze si manifestano anche nelle famiglie che rimangono coinvolte dai disturbi psichici che colpiscono il familiare. Un esempio per tutti è quello di Facebook, tra i più famosi *social networks*, che conta su circa sessanta milioni di iscritti a livello mondiale: si stima che il 10% degli utenti nel giro di pochissimo tempo ne diventi dipendente. All'Ambulatorio del Gemelli, hanno catalogato cinque tipologie di dipendenza: *cyber-sexual addiction* (sesso virtuale e pornografia), *cyber-relational addiction* (*social network*), *net-compulsion* (gioco d'azzardo, shopping e commercio *on-line*), *information overload* (ricerca ossessiva di informazioni) e *computer addiction* (coinvolgimento eccessivo in giochi virtuali o di ruolo). Tonioni ha asserito: "Garantiremo ai nostri pazienti di contenere quel malessere che per molti, durante l'astinenza dal web, si trasforma in ansia, depressione e paura di perdere il controllo di ciò che accade in Internet".

Anche negli Stati Uniti, nel 2009, è stato attivato il primo centro di trattamento per curare le persone affette da IAD. Si chiama Heavensfield Retreat Center, è ubicato a Fall City (WA) e lavora su un programma di riabilitazione basato su un trattamento terapeutico della durata di 45 giorni, al costo complessivo di 14.550 dollari. Il programma, battezzato simbolicamente RESTART, si basa sull'assistenza da parte di personale particolarmente qualificato e prevede terapie di gruppo, *coaching* professionale, riunioni periodiche, attività ricreative, escursioni, programmi di salute, attività volte alla socializzazione, fitness e servizi di volontariato. Secondo uno studio effettuato da Maressa Hecht Orzack, direttore del Computer Addiction Study Center del McLean Hospital dell'Università di Harvard, una percentuale che varia tra il 5% e il 10% dei navigatori del Web soffre di forme di dipendenza. Anche Orzack ha aperto una clinica per "tossicodipendenti da Rete" nel proprio ospedale nel 1996, quando, come ha sostenuto, "tutti pensavano che fossi pazza!". Dall'anno dell'attivazione della clinica, Orzack riceve almeno due pazienti a settimana, e ogni giorno risponde mediamente a circa 5-6 telefonate di persone che desiderano essere "trattate" perché ritengono di essere afflitte da questa patologia. È interessante notare che molte delle richieste provengono da famiglie che hanno al proprio interno un familiare che risulta affetto da dipendenza dai videogiochi, dal gioco d'azzardo e dalla pornografia *on-line*.

David Greenfield, ricercatore del Center for Internet Behavior, che ha condotto uno studio con la ABC News.com nel 1999 sempre sulla retomania, ritiene che alcuni servizi disponibili su Internet siano muniti di particolari proprietà psicologiche che inducono alla dissociazione sociale, alla distorsione della sensazione del tempo trascorso, e alla gratificazione emotiva immediata. Gli effetti di queste proprietà producono conseguenze negative a livello sociale su circa il 6% delle persone che si imbattono in questi servizi. Greenfield sostiene inoltre che non ci troviamo di fronte a sistemi che generano dipendenza, quanto a implementazioni digitali che costringono l'utente ad adottare una tipologia comportamentale. Diane M. Wieland, professore associato presso la Scuola di Infermieristica e Scienze della Salute della La Salle University a Philadelphia, asserisce che una delle maggiori forme di dipendenza da Internet interessa il cybersesso. Proprio uno studio condotto sulla sessualità in Rete ha dimostrato che circa 9 milioni di persone (pari al 15% degli utenti di Internet) accede a uno degli innumerevoli *sex websites* almeno una volta al mese. Sono sostanzialmente tre i fattori principali che spingono i cybernauti alla fruizione del sesso virtuale: facile accessibilità, economicità e anonimato. Il Consiglio Nazionale sulla Dipendenza e Compulsività Sessuale stima che siano circa 2 milioni gli americani che sono sessualmente "dipendenti" dal Web.

Un giudice di Pechino, Shan Xiuyun, ha affermato che il 90% della criminalità minorile nella città era legato all'utilizzo di Internet. La China Communist Youth League dal 2007 sostiene che oltre il 17% dei cittadini cinesi tra 13 e 17 anni sono dipendenti da Internet.

Vivere in Rete tra suggestioni e inganni

Abbiamo visto come il cyberspazio costituisca un elemento quasi essenziale per l'individuo della società attuale e come, alle volte, il suo utilizzo possa diventare eccessivo al punto tale da trasformarsi in una pericolosa patologia. Abbiamo anche compreso che la dipendenza dalla Rete si basa sulla sua capacità di rispondere (o illudere di farlo) ai fabbisogni dell'individuo che si affida a essa per soddisfare i suoi fabbisogni emotivi e conoscitivi.

Il segreto del successo di questo rapporto morboso tra l'individuo e lo strumento tecnologico è dato essenzialmente dalla possibilità per l'essere umano di costruirsi emozioni su misura nella certezza dell'assoluto anonimato e della riservatezza. Internet, di fatto, azzera lo spazio e il tempo, e permette di essere o di fare tutto ciò che nella realtà non ci è concesso fare o non ci trova nelle condizioni di poterlo fare. La Rete abbatte ogni tipo di frontiera e permette rapide incursioni in community diverse, morfologicamente differenti, modificando strumenti e metodologie di fruizione delle informazioni acquisite. È opportuno sottolineare che spesso sono proprio le community a generare quelle sensazioni di appartenenza che possono esercitare una sospensione psicosociale che si traduce in una forma pericolosa di alienazione. Ci si allena a sostenere un ruolo specifico nel gruppo, adottando delle relazioni e delle interazioni che consentono di sollevare l'individuo da responsabilità, obblighi e vincoli definitivi.

Nel mondo virtuale si possono sperimentare comportamenti e relazioni diverse e si può maturare una tipologia di esperienza che può condurre facilmente alla trasformazione dei propri pensieri e dei relativi modi di agire.

La possibilità di modificare la propria identità, l'età, il sesso, la professione e tutte le nostre caratteristiche fisiche e comportamentali ci consente anche di poter acquisire informazioni che sarebbero impossibili da ottenere se mostrassimo la nostra vera identità. Quest'azione di acquisizione di dati sarebbe impossibile da gestire se agissimo nella realtà vera, quella, per intenderci, che ci obbliga a mostrarci come siamo. Questa recitazione virtuale, condivisa in maniera più o meno forte dalla maggior parte dei cybernauti, può assumere livelli di esaltazione che possono degenerare in vere e proprie alterazioni comportamentali. Le trasformazioni di personalità possono condurre facilmente anche ad azioni violente nella realtà vera. Quasi ogni giorno i mass media riportano notizie di casi di violenza, maltrattamenti di vario genere ed eventi di *stalking* nati da contatti verificatisi su Internet, grazie proprio all'utilizzo dei *social networks*.

Un altro aspetto su cui andrebbe fatta un'approfondita riflessione è l'aspetto *quantitativo* della diffusione della conoscenza in Rete. Alcuni sociologi hanno affermato che nella nostra società è in atto un processo di trasformazione evolutiva, frutto della modificazione delle metodologie cognitive e di acquisizione delle informazioni da parte dell'individuo. Si tratta in pratica della nascita di un *modello evolutivo sociale* che sta trasformando la società stessa. Potremmo definirla *Cyber Society* o *Net Society*, ma il risultato non cambia: la società del terzo millennio è un organismo in continua e tumultuosa evoluzione, in grado di evolversi soprattutto in funzione delle informazioni che vengono prodotte e fagocitate da essa stessa. Quindi l'umanità sta assumendo la conformazione di un soggetto di comunicazione collettivo, in grado di autoalimentarsi delle proprie informazioni e di adottare comportamenti cognitivi sociali e di massa che non possono essere riconducibili integralmente al comportamento dei singoli individui, ma a un sistema di comunicazione e di interazione a un livello più elevato, cioè globale.

Le metodologie comportamentali della collettività si basano sulla comunicazione, e quindi sulla parola, che se scritta e diffusa in Rete assume il valore di un *oggetto di conoscenza*, definito sia nella sua struttura che nel significato, e quindi in grado di influenzare i soggetti che ne vengono a contatto. Le parole immesse in Internet producono una *rete di conoscenza* che viene condivisa a livello mondiale e permette di sviluppare comportamenti collettivi. La differenza con la comunicazione orale consiste nella sua capacità di incidere il suo significato in maniera più profonda nella mente dell'uomo. La parola scritta, come ben sappiamo, ha un livello di stabilità e di fisicità notevolmente superiore alla comunicazione verbale, e come la storia ci insegna, sulla scrittura è possibile costruire civiltà e filosofie di vita che possono essere tramandate nel futuro.

La Rete quindi è una *creatura di conoscenza planetaria*, in cui ogni individuo sin dalla nascita è in grado di fornire e acquisire conoscenze e informazioni in un rapporto dare/avere che si conclude solo con la morte dell'individuo. Al contrario delle informazioni scritte su papiri, pietre e libri che ci hanno consentito di scrivere una parte consistente della storia dell'uomo, le informazioni immesse nella Rete non sono deteriorabili dal trascorrere del tempo e non risentono del processo di deterioramento dei documenti cartacei o di altri materiali che possono subire alterazioni in funzione di fenomeni climatici o chimici. I bit non si deteriorano mai e hanno il dono dell'immortalità. Quindi i computer, la Rete, gli esseri umani concorrono insieme alla formazione di un *soggetto di conoscenza* che potrebbe essere realmente in grado di veicolare tutti i paesi del pianeta verso la costituzione di un *Cyber Planet* sempre meno condizionato da barriere culturali, politiche e religiose.

L'ipotesi della nascita di un *Cyber Planet* ha generato due correnti di pensiero: la prima, sostenuta da coloro che vedono con grande allarmismo un futuro fortemente condizionato dalla tecnologia e dal controllo delle informazioni, fino alla creazione di una società in cui le interazioni sociali siano basate quasi esclusivamente sulla realtà virtuale; la seconda, meno preoccupata del condizionamento dell'Information Technology a livello planetario e più entusiasmata per l'importanza dell'IT e del suo contributo nello sviluppo della democrazia, della libertà di espressione e di pensiero per le generazioni future. In entrambi i casi, si evince la presenza della convinzione che Internet eserciti un fortissimo condizionamento psicologico sulle masse del pianeta. È vero che la copertura della Rete non è ancora alla portata di tutti i paesi del globo, ma è altresì vero che sono molteplici e in costante aumento i progetti di riduzione del *digital divide* anche nei paesi del Terzo Mondo ove sussistono problemi ben più gravi di quelli legati alla connettività e alla mancanza di strumenti tecnologici di comunicazione.

Sarebbe tuttavia un errore considerare Internet semplicemente come un grandioso fenomeno tecnologico. In realtà ha assunto le dimensioni di un elemento di partecipazione comunicativa legato alla nostra esistenza. Esso incide intimamente sulla nostra natura di esseri umani, sul nostro modo di interagire con il mondo che ci circonda e sulla nostra epistemologia[2]. È un sistema che ci consente di *vedere* il pianeta in maniera diversa, molto personalizzata, e che ci consente di collocarci perfino in una posizione diversa da quella che realmente occupiamo nel mondo in cui viviamo. In Rete riusciamo ad acquistare prodotti che probabilmente nella realtà non acquisteremmo mai, stringiamo velocemente amicizie con persone mai viste sviluppando conversazioni con un livello di intimità che sarebbe impensabile in un contesto "faccia a faccia". Conce-

---

[2] L'epistemologia è una branca della filosofia che si occupa della presenza dei presupposti che determinano la possibilità di ottenere delle conoscenze scientifiche e delle metodologie per ottenerle. Il termine deriva dalla fusione di due parole greche, *episteme*, conoscenza certa, e *logos*, discorso. L'epistemologia è anche nota come filosofica della scienza, cioè quella scienza che focalizza la sua attenzione sui fondamenti di diverse discipline scientifiche.

diamo la nostra adesione a fan-club e gruppi virtuali di dubbia provenienza e indirizzo filosofico, e siamo pronti ad aderire a comitati politici e intellettuali che possono degenerare in gruppi in cui si diffonde la cultura della violenza e del sovvertimento politico, istituzionale e religioso.

Queste evidenze, ormai da tempo, sono oggetto di discussione e tavole rotonde a cui partecipano filosofi, psicologi, psichiatri e opinionisti di ogni genere, alla continua ricerca di teorie e tesi che possano sostenere la pericolosità della Rete o dei rischi derivanti dalle sue grandi potenzialità. Di certo Internet è una sorta di schermo personale che ci consente di costruire un'altra immagine di noi e che ci rappresenta a livello planetario. In tal senso, la domanda che dovremmo porci è la seguente: chi siamo veramente? La persona reale che vive nella società che la circonda, oppure la nostra vera identità è quella che viene trasmessa nel mondo virtuale? Di certo non vi sono dubbi di sorta sul fatto che la Rete eserciti un fortissimo condizionamento mentale sull'individuo del terzo millennio. È su questa certezza che organizzazioni multinazionali, mass media, organi istituzionali, aziende pubbliche e private, movimenti politici e religiosi stanno strutturando le rispettive campagne di acculturamento (o metodologie di condizionamento) volte ad accrescere proprio il livello di influenza sul pensiero del popolo dei navigatori del Web.

La possibilità di condizionare e modellare le menti umane rappresenta forse la maggiore delle potenzialità della Rete, e questa possibilità, non priva di pericoli, potrebbe condurre alla nascita della più profonda rivoluzione culturale pilotata a livello planetario. Com'è stato ampiamente dimostrato, in questi ultimi due decenni Internet ha esercitato una potente influenza sulla conoscenza e sul pensiero delle masse, e tutto questo lascia trasparire uno sconcertante scenario: il capovolgimento del rapporto tra l'uomo e la Rete. Internet non è più semplicemente uno strumento di comunicazione dell'uomo, e quest'ultimo potrebbe diventare uno strumento della Rete.

Ralph Samuel Butler asseriva, in una delle sue più famose citazioni, che una gallina è lo strumento di cui un uovo si serve per fare un uovo migliore: potrebbe essere giunto il momento in cui è l'uomo lo strumento migliore di cui la Rete si serve per migliorare le proprie potenzialità.

La captologia: la tecnologia della persuasione in Rete

Dalla macchina di Turing all'era della persuasione digitale

Era il 1950 quando Alan Mathison Turing, uno tra i più grandi matematici al mondo e inventore della famosa "macchina di Turing"[1], pubblicò sulla rivista *Mind* l'articolo "Computing Machinery and Intelligence". Nella pubblicazione veniva descritto un esperimento concettuale in grado di stabilire se una macchina per elaborazione dati (computer) fosse potenzialmente capace di simulare una mente "pensante". Sostanzialmente l'esperimento, noto come *test di Turing*, si basava sul *gioco dell'imitazione* e si fondava sulla presenza di un esaminatore che aveva il compito di capire attraverso una serie di domande se il suo interlocutore fosse di sesso maschile o femminile.

Inoltre il matematico inglese immagina di sostituire alla donna una macchina, assegnando all'esaminatore il compito di distinguere l'uomo dal computer. Una serie di sperimentazioni convin-

---

[1] La macchina di Turing è concettualmente una macchina che può essere intesa come un congegno ideale, che può trovarsi in stati determinati e che agisce in funzione di stringhe strutturate su regole ben precise. Rappresenta il primo modello di calcolo a cui si deve lo sviluppo dei moderni computer. La maggiore delle peculiarità è quella di essere retta da regole molto semplici e inoltre è possibile presentare sinteticamente le sue evoluzioni mediante descrizioni meccanicistiche piuttosto intuitive. La macchina di Turing rappresenta, ancora oggi, un efficace strumento teorico molto utilizzato nella teoria della calcolabilità e nello studio della complessità degli algoritmi.

sero Turing, e anche molti altri studiosi, che, annullata la presenza di un corpo fisico (inteso come elemento dalle sembianze umane), l'intelligenza assume la connotazione di un elemento esprimibile e riconoscibile soltanto mediante sequenze ben costruite di simboli. Nell'articolo aggiunse che le future *macchine intelligenti* avrebbero potuto raggiungere capacità linguistiche tali da consentire loro di conversare con il proprio interlocutore. Senza che se ne rendesse minimamente conto, Turing aveva creato un'area di studi e di ricerche che nei decenni successivi avrebbe dirottato studiosi, ricercatori e scienziati a esplorare aree nei settori delle tecnologie informatiche, della cibernetica e della psicologia e neurologia, che avrebbero condotto alla creazione di applicazioni futuristiche di grande portata. L'esperimento di fatto aveva prodotto la nascita di uno sconosciuto e fino ad allora impensabile rapporto tra le macchine e l'uomo, ponendo all'intera comunità scientifica uno strabiliante quesito: le macchine possono pensare?

In realtà la domanda deriva da una serie di considerazioni. Innanzitutto il test si basava sulla capacità di una macchina di imitare l'uomo e di utilizzare proprio il linguaggio quale mezzo di comunicazione con l'esaminatore. Essendo il linguaggio uno strumento di esternazione del pensiero dell'uomo (che risulta inaccessibile), ne deriva che se le sequenze verbali sono esternazioni del pensiero umano, cosa impedisce alle macchine di poter elaborare dei costrutti mentali in funzione della memorizzazione di una serie di risposte a domande specifiche?

Anche se nella prima metà del Novecento psicologi e filosofi erano ben lungi da ipotizzare possibili legami tra la mente umana e una macchina intelligente in grado di effettuare alcune elementari elaborazioni, Turing poneva un problema ancora oggi molto avvertito nelle scienze cognitive. Egli stesso affermava: "Non possono forse le macchine comportarsi in una maniera che deve essere descritta come pensiero, ma che è molto differente da ciò che fa l'uomo?".

Senza dubbio, a distanza di oltre 50 anni, le intuizioni e i dubbi espressi da Turing appaiono ancor più possibili soprattutto in virtù delle scoperte e delle evoluzioni conseguite dall'uomo in particolare nel campo dell'Intelligenza Artificiale, e della possibilità di realizzare, in un futuro ormai prossimo, il successore del sistema di elaborazione che attualmente utilizziamo: il computer quantico. Nella certezza che nei prossimi decenni l'Information Technology ci riserverà ancora inimmaginabili scoperte e trasformazioni epocali, in questo capitolo mi limiterò ad analizzare una particolare metodologia di utilizzazione della Rete e delle applicazioni in essa fruibili, che stanno influenzando e condizionando in maniera determinante la vita stessa dell'uomo: l'utilizzo del computer quale strumento di persuasione.

Il concetto di captologia

Turing, tra i molteplici meriti, ebbe quello di intuire che il futuro sarebbe stato enormemente condizionato dallo sviluppo dei computer. Tuttavia, nonostante la sua fervida immaginazione, lo scienziato inglese non avrebbe potuto prevedere la nascita e gli sviluppi di quella grande ideazione che avrebbe rivoluzionato il ruolo e gli utilizzi del computer: la rete Internet e il conseguente sviluppo di applicazioni fruibili in Rete e in grado di influenzare idee e comportamenti dell'uomo. Nel corso degli ultimi anni, grazie a Internet, il computer ha assunto in maniera non del tutto trasparente all'uomo un nuovo ruolo nel tessuto sociale mondiale, ossia quello del *formatore* in grado di esercitare anche una funzione di condizionamento nelle scelte e nelle idee di tutti coloro che utilizzano la Rete. Pertanto, seguendo una metodologia non proprio trasparente, ha assunto, in particolare per le nuove generazioni, il ruolo di *persuasore*, funzione che tradizionalmente veniva svolta da insegnanti, preti e, a un livello sociale maggiore, dalla figura del precettore che all'epoca aveva il compito di istruire ma soprattutto consigliare sapientemente il giovane discepolo che gli era stato affidato.

Da un punto di vista storico, le prime realizzazioni di applicazioni informatiche ottimizzate per essere utilizzate come strumento di persuasione risalgono ai primi anni '80, e furono tutte concepite negli Stati Uniti. Per esempio furono progettate alcune applicazioni fruibili su Internet che promuovevano *stili di vita* e *metodologie di alimentazione* per migliorare la vita dell'uomo, ma che avevano soprattutto il preciso scopo di tentare di ridurre le malattie derivanti da abitudini alimentari sbagliate che potevano produrre conseguenze negative per la salute. Vennero altresì realizzati alcuni software che cercavano di migliorare la *produttività nei luoghi di lavoro*, grazie all'impiego di programmi interattivi che attraverso una serie di domande poste al dipendente erano in grado di stimolare un maggiore attaccamento al proprio lavoro.

Ciò nonostante il primo vero esempio di sistema informatico ideato per questi scopi è sicuramente quello realizzato verso la fine degli anni '70 e conosciuto con il nome di *Body Awarness Resource Network* (BARN). Pensato con lo scopo di educare gli adolescenti al rifiuto di vizi e abitudini dannose per la salute (come il fumo o l'alcool), si sviluppò rapidamente come sistema in grado di educare i giovani al miglioramento della forma fisica attraverso consigli e indicazioni su stili di vita improntati al miglioramento del proprio corpo, fino a includere la trattazione di problemi di natura psicologica. L'avvento di Internet e del web ha consentito l'evoluzione di sistemi particolarmente complessi (soprattutto a livello di interazione psicologica tra utente e sistema informatico) in grado di stabilire una nuova dimensione virtuale che potesse concedere *sensazioni ed emozioni percepite come reali*. Grazie allo sviluppo di software avanzatissimi e di innovative tecniche di condizionamento psicologico, si è assistito alla proliferazione di siti web appositamente studiati e realizzati per persuadere o motivare le persone a cambiare atteggiamenti e abitudini in funzione del raggiungimento di specifici obiettivi (marketing motivazionale, condizionamento politico e religioso, etc.). Siamo giunti alla formalizzazione di una nuova scienza o oggetto di studio: la *captologia*[2], la disciplina che studia l'utilizzo dei computer per influenzare idee e comportamenti. Questo termine fu coniato nel 1996 da B.J. Fogg, direttore del Laboratorio di Tecnologia Persuasiva dell'Università di Stanford. La captologia si basa sullo studio di un innovativo campo di ricerca che analizza il contesto scientifico in cui la persuasione, intesa come tecnica di influenza, spinta motivazionale e

---

[2] Termine ideato da B.J. Fogg (psicologo sperimentale che dirige il Persuasive Technology Lab della Stanford University), che deriva dall'espressione "Computers As Persuasive Technologies". La captologia tratta "la progettazione, la ricerca e l'analisi di prodotti interattivi creati allo scopo di modificare l'atteggiamento e il comportamento delle persone" (tratto da: Fogg, B.J. (2003) *Tecnologia della persuasione*, Apogeo, Milano).

metamorfosi comportamentale, si fonde con le tecnologie informatiche. Il settore scientifico focalizza la sua attenzione sullo studio e la ricerca di metodologie di persuasione e sulle tipologie di applicazioni interattive fruibili in Rete (il web), allo scopo di modificare gli atteggiamenti e i comportamenti degli individui.

In realtà la captologia non è una materia di studio particolarmente nuova e non mancano esempi di applicazioni mirate per questi scopi che peraltro sono anche piuttosto datate. Un esempio per tutti è quello dei canonici mezzi di comunicazione e informazione (manifesti, radio, riviste, televisione) che da decenni tempestano gli individui di messaggi e comunicati che hanno il preciso scopo di influenzare e indirizzare le persone ad acquistare determinati prodotti/servizi o a scegliere apposite località per le vacanze e persino a votare questo o quel candidato politico. Molte *applicazioni persuasive* hanno scopi benefici di assoluto rilievo, come quelle rivolte al miglioramento della vita dell'uomo. Tipici esempi sono i messaggi di morte stampati sui pacchetti di sigarette, o i tabelloni elettronici predisposti nelle autostrade che ci informano sul numero dei decessi per incidenti verificatisi nel corso dell'anno, con il preciso intento di convincere l'automobilista a rispettare i limiti di velocità e le regole per un corretto utilizzo dell'autoveicolo. Soprattutto negli ultimi tempi abbiamo assistito a una vera e propria campagna di persuasione sulla conduzione di una vita più orientata allo sport e al benessere fisico, motivata sicuramente dall'importanza della salute degli individui, ma soprattutto con lo scopo di frenare l'inarrestabile crescita dei costi della sanità pubblica!

A questo punto è opportuno cercare di comprendere quale sia la particolare caratteristica che attribuisce al computer la capacità di attivare un processo di persuasione nell'uomo. La risposta è semplice: quella che lo contraddistingue maggiormente, ossia l'*interattività*. Non è un caso che le metodologie di persuasione raggiungano un livello di efficacia maggiore se implicano la caratteristica dell'interattività nella loro azione. Pertanto, se gli strumenti preposti al cambiamento del pensiero dell'individuo sono in grado di gestire un rapporto di interazione con l'essere umano, potranno ottenere con maggior successo gli obiettivi prefissati.

Prendiamo per esempio il caso del portale di *e-commerce* più diffuso al mondo: Ebay. Nel momento in cui si effettua l'accesso al sito per la ricerca di un prodotto, ci si immette nel sistema di asta virtuale che viene veicolata attraverso un'interazione continua tra il possibile acquirente e il sistema informatico che elabora le offerte. Solitamente, in funzione della tipologia di oggetto a cui il possibile acquirente è interessato, vengono proposti nell'asta ulteriori prodotti similari, nel tentativo di accrescere l'interesse dell'utente verso una molteplicità di prodotti. Inoltre nel momento in cui viene formalizzata un'offerta, sistematicamente si attiva una contesa con altri nuovi clienti interessati all'oggetto. Le offerte successive quasi sempre superano l'ultima di pochi centesimi, e molto spesso vengono effettuate dal venditore stesso del prodotto per aumentarne il prezzo di vendita. In più, se consideriamo che esistono appositi software in grado di analizzare le offerte mediante una serie di parametri (tempo di risposta dell'utente, quantità di denaro offerta, difformità nella sequenza delle cifre offerte, etc.), è facile dedurre che dietro le sigle che identificano gli altri acquirenti si possano celare software specifici in grado di simulare perfettamente un cliente "reale". Quindi mentre l'utente iniziale immagina di gareggiare con una serie di potenziali clienti-avversari per potersi aggiudicare il prodotto, in realtà è rimasto invischiato in un meccanismo di condizionamento mentale che lo ha condotto a ingaggiare una vera e propria sfida all'ultima offerta non con un suo pari, ma con uno strumento cognitivo artificiale meglio identificabile come un software di simulazione comportamentale dell'uomo.

Anche quando l'utente riesce ad aggiudicarsi il prodotto, il condizionamento psicologico non cessa di esistere. L'aggiudicazione del bene provoca nell'utente un intenso senso di gratificazione che viene ulteriormente rafforzato, alle volte, dall'attribuzione di premi (per esempio in alcuni portali vengono concessi buoni sconto per acquisti successivi) o riconoscimenti di vario tipo (inserimento in *mailing-lists* utilizzate per il sorteggio di premi o l'abbonamento a una rivista virtuale).

Quindi tra la mente e l'informatica si attiva un rapporto diretto, personalizzato e fortemente condizionante, che pone il sistema informativo in una condizione di *superiorità* per quanto concerne le capacità di adattamento alla psicologia del suo interlocutore umano, influenzandone sul piano cognitivo e psicosociale persino gli aspetti più intimi che possono anche colpire le persone che lo circondano. Nel portale di *e-commerce* (ma anche in altre applicazioni in cui si attiva un meccanismo di interazione uomo-sistema) è il computer che dirige il gioco: monitorizza e indirizza l'utente nelle azioni successive, impone un ritmo nella gestione dell'interazione uomo-applicazione, acquisisce informazioni sulla personalità dell'utente, elabora nuove strategie di comunicazione in funzione delle risposte fornite dal cliente e in funzione delle domande che gli vengono somministrate. Insomma si celebra quel fenomeno di *interiorizzazione del computer come strumento cognitivo* in grado di penetrare all'interno dello spazio mentale dell'uomo.

In realtà l'elaboratore assume quasi la conformazione di un *componente esterno al corpo umano*, ma che interagisce e influisce, grazie all'utilizzo di una serie di strumenti tecnologici, sulle elaborazioni cerebrali dell'uomo (Fig. 1).

È opportuno sottolineare che tutti coloro che utilizzano la Rete e le sue applicazioni assiduamente finiscono per assumere una *forma mentis* (in termini di logica mentale e metodologie comportamentali) molto simile a quella dello strumento tecnologico, accettando il processo di interiorizzazione dell'architettura tecnologico cognitiva.

Di conseguenza Internet non viene più semplicemente considerato come un gigantesco *repository informativo*, ma assume la connotazione di uno *strumento credibile*, in grado di trasformarsi da dispositivo di conoscenza e apprendimento a *congegno di credenza*. Pertanto la mente umana inconsapevolmente si posiziona, rispetto al mondo che la circonda, dalla sfera cognitiva a quella di apprendimento sia a livello psicodinamico che sociale. Il condizionamento in Rete assume una rilevanza tale da rivelarsi strategico per tutte le strutture e le organizzazioni che intendono perseguire l'obiettivo della persuasione delle masse. Le tecniche di persuasione possono influenzare l'individuo a livello personale e sociale attraverso opinioni, atteggiamenti, pregiudizi, speranze, illusioni.

Il problema reale che scaturisce dal rapporto uomo-computer non risiede tanto nella capacità dei sistemi informativi collegati in Rete di agire sulle nostre menti con il preciso intento di influenzarne i pensieri, ma negli *scopi* che si intendono perseguire nell'applicazione di queste metodologie e tecnologie.

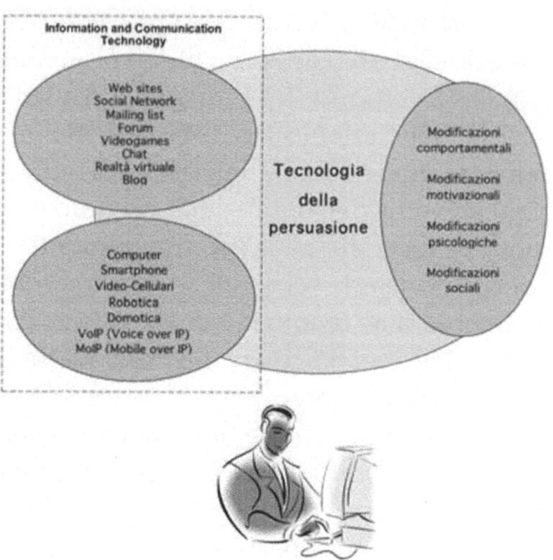

Fig. 1. *La tecnologia della persuasione interagisce tra il settore dell'ICT e quello dello spazio mentale dell'uomo*

I computer come strumento di persuasione presentano una serie di vantaggi indiscutibili rispetto all'uomo, che sono riassumibili nei seguenti punti:

- non risentono di tutti i tipici condizionamenti psicologici dell'uomo (timore, paura, tensione, gioia, dolore, sorpresa, etc.); sono strumenti anonimi;
- possono gestire enormi quantità di dati e informazioni che possono essere analizzate, incrociate e filtrate per attivare azioni successive;
- possono utilizzare svariate metodologie di persuasione psicologica, applicandole in funzione dell'analisi di parametri logici e comportamentali;
- hanno una capacità elaborativa superiore all'essere umano e tempi di risposta immediati;
- sono macchine e quindi non risentono dei limiti dell'uomo (non mangiano, non bevono, non dormono e non si stancano mai).

Le caratteristiche sopra citate ci consentono di comprendere come i computer possano facilmente essere utilizzati per generare effetti persuasivi intenzionali, anche se non bisogna dimenticare che allo stesso tempo possono generare anche conseguenze *non intenzionali* sul comportamento dell'uomo. L'esempio è presto fatto: l'utilizzo massiccio della posta elettronica nel giro di pochi anni ha ridotto enormemente l'utilizzo della posta tradizionale (generando un crollo delle vendite dei francobolli e riducendo le file negli uffici postali), e l'avvento dei videogames ha comportato una tendenza alla sedentarietà dei bambini, modificando (negativamente) anche le abitudini alimentari degli stessi.

La persuasione secondo Fogg: le tecnologie informatiche quale strumento di condizionamento

Dal testo dell'autore statunitense si legge: "Per tecnologia personalizzata, o su misura, si intende un prodotto informatico che fornisce le informazioni pertinenti per il singolo, o per fargli cambiare atteggiamento e/o comportamento". Lo studio delle tecniche e delle metodologie di persuasione risale a circa duemila anni fa, e fu proprio nell'antica Grecia che fu coniato un termine che riassume il significato del concetto: *kairos*. Studiato dai grandi filosofi ellenici, il concetto di *kairos* indica *il momento migliore per inviare un messaggio* (termine tradotto come "momento giusto od opportuno" o "tempo di Dio").

Il condizionamento psicologico è stato studiato a lungo nel corso dei secoli successivi e ha prodotto tecniche, metodologie, scuole di pensiero, filosofie e teorie sulla sua applicazione che hanno consentito la strutturazione di vere e proprie metodologie di condizionamento psicologico, utilizzate molto spesso per influenzare le masse e le popolazioni del mondo per le più svariate ragioni.

Da alcuni decenni l'evoluzione delle tecnologie informatiche, grazie anche allo sviluppo di software ideati per il condizionamento psicologico, ha consentito di identificare queste tecnologie, da cui l'individuo è sempre più dipendente, come i migliori veicoli di persuasione della mente dell'uomo.

Soprattutto grazie all'acquisizione di tutte le informazioni che l'utente quasi inconsapevolmente fornisce ai moderni sistemi informativi (i social software sono solo un esempio di come sia possibile acquisire tali informazioni), in futuro sarà maggiormente possibile conoscere i desideri, i fabbisogni e gli obiettivi del "cyber-nauta", ottenendo una conoscenza precisa sulle sue abitudini, che consentirà di determinare *il momento di maggiore predisposizione dello stesso alla fase di persuasione* mediante tecniche di suggeri-mento, di fornitura di informazioni specifiche e di offerte di parti-colare interesse, il tutto nel tentativo di soddisfare le esigenze o i desideri del soggetto (Fig. 2).

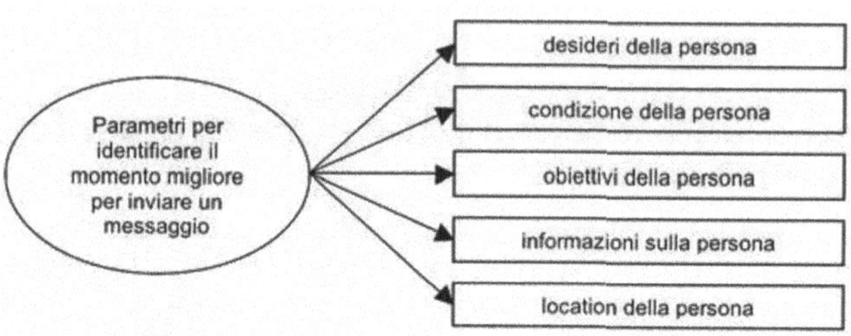

Fig. 2. *Il funzionamento del concetto del Kairos*

Per comprendere meglio l'efficacia del *kairos* applicato alle moderne tecnologie bisogna capire le motivazioni che stanno alla base del successo del rapporto *strumenti tecnologici-metodologia di persuasione.*

Il maggiore è quello del *fattore comodità*, che soprattutto nei dispositivi di connettività mobile (portatili, netbook, smartphone, cellulari) assume la massima rilevanza. I dispositivi mobili, ormai onnipresenti nella vita di tutti i giorni, vengono utilizzati non solo per garantirci la *on-line presence*, ma anche per assicurarci la repe-ribilità di informazioni e dati di specifico interesse, grazie all'ac-cesso a quel gigantesco *repository* informativo che è rappresen-tato dalla rete Internet.

In funzione dell'utilizzo di questi dispositivi, facilmente tra-sportabili e contenuti nel peso e nelle dimensioni, è possibile con-tare sulla permanenza dell'individuo in quell'universo digitale che, oltre a garantirgli l'aggiornamento delle informazioni di cui neces-sita, può influire sulle sue convinzioni e decisioni anche grazie alla ricezione di sms, mms, e-mail e qualsiasi altra tipologia di messag-gio contenente un'indicazione, un consiglio o un suggerimento. Per comprendere la portata del fenomeno sarebbe sufficiente solo considerare la varietà degli sms che riceviamo quasi quotidianamente sul nostro cellulare, che spaziano dalle offerte di vacanze a prezzi scontati, a polizze assicurative dai costi minimali, all'offerta di prova dell'ultimo modello di automobile, munito di tutti i comfort e dai consumi quasi inesistenti. Anche un semplice navigatore satellitare può fornirci indicazioni che possono *persuaderci* a effettuare una sosta presso una particolare stazione di servizio o a gustare un gustoso piatto elaborato presso un autogrill munito di servizi di ristorazione di particolare qualità.

Numerosi studi, condotti a livello mondiale da autorevoli psicologi e sociologi, hanno confermato che esistono particolari *momenti* e *condizioni* in cui lo stato mentale dell'uomo risulta particolarmente predisposto per essere consigliato. Uno di questi momenti è sicuramente quello in cui le persone sono di buon umore o sono felici per un particolare evento che si è verificato. Un'altra condizione in grado di agevolare la persuasione di un individuo è quella di potergli garantire di poter conseguire velocemente e agevolmente un particolare obiettivo prefissato, oppure quella che si verifica quando la persona si sente in debito per una concessione ricevuta. Ulteriore condizione favorevole è quella che vede il soggetto accusato di aver commesso un errore di cui si sente in colpa. In sostanza, come abbiamo potuto comprendere, la condizione psicologica riveste un ruolo fondamentale per il successo della metodologia di persuasione adottata. Tuttavia, oltre alla condizione psicologica che il soggetto vive nelle diverse fasi della sua vita, possono risultare particolarmente influenti anche i normali e più comuni dispositivi tecnologici che abitualmente utilizziamo e che non vengono di certo considerati come "strumenti di persuasione". Un esempio eclatante, citato dallo stesso Fogg nel suo libro sulla captologia, è quello del cardiofrequenzimetro. Ogni frequentatore di palestre, componente di gruppi sportivi, circoli di tennis e strutture in cui si praticano sport di ogni genere, conosce alla perfezione l'utilità e le funzioni di questo prodigioso strumento di allenamento fisico. Personalmente mi è capitato di assistere a vere e proprie scene di *ansia da dipendenza* dal famigerato prodotto. Non che ne neghi o ne voglia mettere in discussione l'utilità, ma è certo che, come molti altri dispositivi tecnologici, può creare nell'individuo che lo utilizza una sorta di dipendenza maniacale. Non è insolito vedere frequentatori di palestre e sportivi professionisti affidarsi completamente alle indicazioni fornite da questo formidabile strumento in grado non solo di programmarci sedute di allenamento fisico personalizzate, ma di indicarci stili di vita e abitudini alimentari in grado di garantire una forma fisica perfetta e adeguata al tipo di vita che si conduce. Questi dispositivi sono peraltro in grado di interfacciarsi con software elaborati che grazie a Internet possono dialogare con portali web dai quali ricevono indicazioni e aggiornamenti sullo stato di avanzamento degli allenamenti effettuati, sul miglioramento psicofisico riscontrato, sulle calorie consumate in funzione delle diete consigliate, e non ultimo persino sulla convenienza dell'adozione di prodotti energetici specifici in grado di assicurare il raggiungimento di una linea perfetta in brevissimo tempo. È proprio su quest'ultimo aspetto che la persuasione gioca un ruolo determinante. Una volta acquisita la fiducia dell'individuo, grazie anche a minimi risultati raggiunti dalle attività consigliate (perdita di peso o aumento della massa muscolare), il sistema procede alla somministrazione di ulteriori *consigli* e *suggerimenti* che vengono seguiti questa volta con un livello di convinzione maggiore e con grande attenzione e assiduità. Generalmente questa è la fase in cui si tenta di convincere l'individuo all'acquisto di particolari prodotti (integratori alimentari, bevande varie, prodotti e attrezzature sportive) che mirano all'ottimizzazione del percorso sportivo e quindi al conseguimento degli obiettivi di maggiore rilevanza per il soggetto: miglioramento dell'aspetto fisico, dimagrimento, definizione muscolare. Ho personalmente visto molte persone acquisire, con il tempo, un particolare rapporto di morbosità con il proprio cardiofrequenzimetro che, essendo del tutto identico e quindi "mascherabile" da orologio da polso, assume il ruolo di controllore quotidiano di alcuni valori di particolare interesse per i maniaci del consumo calorico e della perfetta forma fisica. Ma questo dispositivo è solo uno dei tanti che hanno assunto un ruolo strategico di condizionamento psicologico sulla vita dell'uomo del terzo millennio.

Come abbiamo più volte evidenziato, la pervasività delle tecnologie, e in particolare di quelle informatiche, giocherà nel futuro un ruolo sempre più predominante soprattutto per quanto concerne il condizionamento della vita dell'uomo.

È indicativo in tal senso soffermarci su una notizia del 2008 relativa all'adozione di sistemi di sorveglianza per garantire la sicurezza dei posti di lavoro. In quell'anno la Microsoft annunciò di aver messo a punto un software, regolarmente registrato presso lo Us Patent & Trademark Office, per sorvegliare i lavoratori in ufficio. In realtà l'intero sistema di controllo si baserebbe sulla possibilità di vigilare sulla produttività individuale e dei gruppi di lavoro, ma potrebbe avere una valenza anche per i dipendenti che sarebbero valutati e quindi anche premiati in funzione della reale produttività individuale. Ovviamente, dopo l'annuncio del prodotto, le polemiche sul sistema (ribattezzato da alcuni con il termine di Grandissimo Fratello) sono state enormi ed è innegabile che le attuali normative vigenti sulla privacy, nella maggior parte dei paesi industrializzati, impedirebbero l'adozione di un sistema del genere. Tuttavia l'azienda statunitense ha sottolineato il valore dello strumento in funzione dei vantaggi che il sistema potrebbe produrre, soprattutto per quanto concerne l'apporto che potrebbe dare ai lavoratori per consentire loro di valutare la tempistica dei lavori eseguiti o per agevolare l'azienda a risolvere alcuni problemi come l'identificazione delle persone più idonee a ricoprire determinati compiti o incarichi. Si tratterebbe quindi, secondo questa ottica, di un potentissimo strumento informativo di valutazione globale delle risorse umane aziendali. Tuttavia l'applicazione, definita di tipo *monitoraggio-centrico*, sarebbe in grado di effettuare una raffinata serie di verifiche e di analisi in grado, per esempio, di identificare i lavoratori più efficienti, i più veloci, i più adatti a un certo tipo di lavoro e quelli meno indicati per altri. Potrebbe perfino riuscire a identificare quelli meno produttivi (e quindi probabilmente prossimi al licenziamento) e quelli maggiormente efficienti (da premiare e promuovere). A questo punto i quesiti che potremmo porci sarebbero diversi. E se proprio in funzione della presenza di questo *sistema di sorveglianza e valutazione* il dipendente si sentisse pressato e costantemente osservato al punto tale che il suo lavoro possa essere valutato non più adeguato a livello qualitativo e produttivo dall'azienda? E se ciò lo inducesse addirittura a incorrere in una forma di esaurimento psicologico in grado di penalizzare enormemente la sua carriera professionale? Come reagirebbe il sistema di controllo? Valuterebbe il suo lavoro con termini simili a "insufficiente" o "non adeguato" influenzando, di conseguenza, negativamente le considerazioni dei vertici dell'azienda sul suo operato?

L'azienda di Redmond garantisce che in queste condizioni il software fornisce un aiuto e un sostegno ai collaboratori in termini di consigli, informazioni utili e suggerimenti rivolti al miglioramento personale. Inoltre la piattaforma sembra sia in grado di registrare alcuni specifici indicatori fisici dell'individuo, come il battito cardiaco, la pressione sanguigna e le espressioni facciali, il tutto per consentire di monitorare lo stato d'ansia, dell'impegno profuso, della serenità e del livello di appagamento del lavoratore. Effettivamente in questo modo il sistema potrebbe assumere la connotazione di uno strumento di aiuto o di supporto per il lavoratore. Sarebbe in grado di fornire preziosi consigli all'individuo su eventuali anomalie psicofisiche che si verificano in particolari condizioni di stress, oppure potrebbe indicare il raggiungimento di un pericoloso livello di affaticamento sul lavoro, o anche la conduzione di una metodologia di lavoro che produce inefficienze e perdita di tempo. Insomma potrebbe davvero assumere la forma di un "valutatore" permanente delle proprie attività lavorative. Naturalmente le indicazioni fornite dal sistema sarebbero recepite dall'individuo con la massima attenzione, determinando nel soggetto esaminato un forte condizionamento psicologico.

Negli Stati Uniti sistemi analoghi erano stati finora solo sperimentati in ambito militare (valutazione dei piloti militari e degli astronauti della NASA), ma il fatto che la maggiore azienda al mondo operante nel settore informatico abbia deciso di effettuare un considerevole investimento in un progetto del genere e nel settore della valutazione delle risorse umane è particolarmente significativo. E ciò preoccupa non poco i difensori delle libertà individuali e tutti coloro a cui sta a cuore la privacy personale, soprattutto quando ci si interfaccia con un sistema che focalizza fortemente la sua attenzione su metriche che si basano esclusivamente sulle modalità di lavoro e sui risultati conseguiti. Tuttavia Microsoft ha proceduto alla registrazione del brevetto e tutto lascia intendere che il colosso dell'informatica non abbia nessuna intenzione di riporre in un cassetto questo innovativo quanto discutibile progetto.

A questo punto è legittimo porsi una domanda: la persuasione è moralmente accettabile? Oppure in determinate condizioni può essere immorale? Molti ritengono che il tentativo di modificare l'atteggiamento o il comportamento delle persone sia sempre immorale. In tal senso la persuasione, nelle sue forme più estreme, potrebbe assumere la connotazione di una forma di coercizione o di plagio. Secondo altri la persuasione rappresenta uno strumento che tende a rafforzare il concetto di democrazia compartecipata, grazie all'ampliamento di idee, concetti e punti di vista di vario genere. Fogg nel suo libro dà una risposta precisa alla domanda: *dipende dalla persona che la fornisce*. Fino a qualche tempo fa erano ampiamente diffuse dai media, immagini, messaggi subliminali e spot pubblicitari che invitavano a fumare; oggi accade esattamente il contrario e con le stesse metodologie di persuasione. Probabilmente la verità sulla questione risiede proprio in colui che rappresenta l'obiettivo finale delle metodologie di persuasione: l'individuo.

Il condizionamento psicologico degli strumenti informatici

Un'altra delle peculiarità maggiori dell'utilizzo di computer come strumenti di persuasione risiede *nell'anonimato*. Le persone che interagiscono con questo strumento e che manifestano una predisposizione al condizionamento psicologico che può esercitare su di loro lo strumento informatico sono particolarmente sensibili alla garanzia che offre il computer nel conservare la propria identità. Soprattutto quando si trattano argomenti particolarmente "delicati" (come il sesso, l'abuso, le tossicodipendenze, etc.), molto spesso risulta più facile e nel contempo meno imbarazzante ottenere informazioni o prestazioni quando si garantisce l'anonimato mediante una procedura informatica collegata a Internet. Inoltre l'anonimato consente anche di "camuffare" o "nascondere" la propria personalità, mostrandosi diversi o fornendo informazioni che possano consentire di trasmettere un'immagine personale diversa dalla realtà. Soprattutto nelle "chat", per esempio, le persone timorose assumono atteggiamenti intraprendenti, gli introversi assumono atteggiamenti di grande socievolezza, e come dimostrato da casi reali, le persone tendenzialmente deviate possono accentuare le proprie anormalità rafforzando una sicurezza interiore che può condurre al compimento di atti di violenza reali. Non a caso, la captologia focalizza la sua attenzione sugli *effetti persuasivi intenzionali* che si realizzano attraverso l'ausilio delle tecnologie informatiche. L'intenzionalità rappresenta il punto critico tra l'effetto che era stato pianificato e quello collaterale (magari non previsto) derivante dall'utilizzo delle tecnologie. Per chiarire meglio il concetto facciamo un esempio: la posta elettronica. Come abbiamo già chiarito, il successo dell'utilizzo della posta elettronica ha consentito nel giro di pochi anni il quasi totale abbandono della posta tradizionale, e ciò ha generato una riduzione di lavoro (e di risorse finanziarie) per gli uffici postali. Tuttavia le e-mail hanno consentito anche un aumento esponenziale nelle comunicazioni tra le persone, trasformando il modo stesso di comunicare e influenzando anche molte abitudini di vita delle persone. Molti di questi cambiamenti non erano stati *pianificati* e hanno generato *effetti collaterali* inattesi. Anche i videogames hanno influito (per certi versi negativamente) sulla vita delle persone, e soprattutto su quella delle recenti generazioni producendo, come conseguenza, un azzeramento delle attività sportive e quindi sociali, influenzando perfino le modalità di interazione con i propri simili. Cos'è il bullismo se non una trasposizione delle scene di violenza assunte quotidianamente nel corso di anni da generazioni di ragazzi grazie alla disponibilità di videogiochi fruibili su playstation e personal computer? È stata più volte dimostrata la correlazione diretta tra le stragi nelle scuole e nelle università statunitensi (da Colombine al Politecnico in Virginia) e i videogiochi violenti che insegnano a uccidere a sangue freddo. Peraltro, come nel caso dell'omicidio di Meredith Kercher a Perugia in cui la violenza era annunciata su MySpace e Facebook, o come alcuni casi come quello di due diciottenni di Detroit che nel 2007 hanno ucciso un giovane che neanche conoscevano bruciandone i resti per imitare il videogame "Manhunt2". È stato dimostrato senza ombra di dubbio che i videogames violenti esercitano un condizionamento psicologico fortissimo nei giovani fino a portarli, quasi inconsapevolmente, a imitare le azioni dei personaggi virtuali con cui interagiscono. Altri esempi non mancano: *Doom* (prodotto da Sony Computer Entertainment) era il gioco maggiormente usato da Michael Carneal, un ragazzo che nel 1997 uccise tre bambine a Paducah nel Kentuky, colpendole alla testa con precisione estrema grazie anche all'addestramento che aveva acquisito giocando per ore con il proprio computer. Nel

2005 la Microsoft produce *Gears of War*, un gioco pieno di violenza d'ogni genere che unisce elementi di guerra, orrore e fantascienza. Vengono proposte armi di ogni genere: dalle baionette ai mitra, dai fucili d'assalto alle motoseghe (tutte riprodotte con millimetrica precisione tridimensionale). Il software è in grado di visualizzare scene in cui è possibile fare a pezzi il corpo del nemico con grande realismo e con particolari agghiaccianti e senza precedenti. Anche se potrei continuare a lungo nella citazione dell'interminabile lista dei videogames in cui le scene di violenza inaudita si alternano con impressionante realismo, l'aspetto maggiormente inquietante risiede nella straordinaria capacità che questi software hanno nel condizionamento delle giovani menti. In buona sostanza riescono a generare una sostanziale accondiscendenza psicologica verso le più efferate azioni di violenza, tanto da renderle naturali anche in uno scenario reale.

Esempi estremi di utilizzo della Rete come strumento di persuasione: il cyber-terrorismo

Delle capacità di condizionamento psicologico sociale che può esercitare un computer, se ne sono accorti anche i gruppi terroristici internazionali che hanno mostrato grande interesse per le possibili applicazioni sul piano del reclutamento e della formazione. In particolare i movimenti fondamentalisti islamici hanno da tempo iniziato a investire in questi moderni sistemi di indottrinamento psicologico. Se ne servono per addestrare i militanti islamici e per reclutare i futuri martiri della guerra mondiale agli infedeli. La creazione di moderni *campi di addestramento cibernetici*, come testimoniato anche da Gabriel Weimann (esperto di sicurezza informatica e docente al Technion Institute of Technology di Haifa e all'Università di Mainz in Germania), costituisce uno degli obiettivi primari del terrorismo religioso. Il tempo del reclutamento effettuato nei campi profughi palestinesi o tra i giovani disadattati e/o disoccupati delle nazioni simpatizzanti della causa si è quasi esaurito. È iniziata una nuova era, quella del *cyber terrorismo* che si annida tra le centinaia di milioni di computer collegati in Rete e i sistemi di trasmissione cifrata di messaggi inviati da una parte all'altra del globo.

Anthony Stahelski, docente del Department of Psychology della Central Washington University, ha individuato cinque fasi di condizionamento psicologico sociale tramite computer che vengono utilizzate dai gruppi terroristici e che hanno una sostanziale somiglianza con le tradizionali tecniche utilizzate per il reclutamento dei simpatizzanti. Un'ulteriore analisi condotta sulle vicende personali degli estremisti ha evidenziato che la maggior parte di loro proviene da famiglie in cui la figura del padre è quasi assente, se non addirittura inesistente, e comunque da nuclei familiari in cui non vi sono figure che rappresentino il *ruolo-guida* a cui ispirarsi. In aggiunta, i giovani martiri hanno quasi sempre consistenti difficoltà nel formare relazioni al di fuori del proprio nucleo familiare (per esempio a scuola o sul posto di lavoro), e quindi sono portati a sviluppare una naturale propensione alla fruizione di strumenti tecnologici, impersonali e indiretti, che possono offrire apparentemente un'accoglienza maggiore o ambienti di sincera fratellanza (anche se inizialmente in modalità virtuale). Esaminiamo, quindi, le cinque fasi del processo che definiremo di "reclutamento in Rete":

- *Fase 1: Depluralization*. Isolamento da gruppi o comunità in modo da emarginare la persona e renderla più sensibile ai messaggi propagandistici. In questo stadio si procede anche all'allontanamento del soggetto dalla famiglia, che potrebbe costituire un elemento di pericolo per la realizzazione dell'isolamento dell'individuo. È un processo lento che può richiedere anche anni, ma che tende a raccogliere una molteplicità di soggetti per inserirli in gruppi di persone che condividono idee radicali, ma non tanto da generare nell'immediato nuclei radicali di estremisti. Ciò si verificherà solo nel momento in cui le persone saranno pronte *ideologicamente ed emotivamente*. Le chat, i forum, i portali di raccolta informazioni, le community e i social software sono gli strumenti privilegiati per favorire la selezione e la successiva socializzazione tra i possibili candidati.

- *Fase 2: Self-deindividuation*. Azzeramento dell'identità della persona. Meglio nota come *identity destruction*, è la fase in cui si effettua la *ricostruzione* della nuova identità dell'individuo prescelto. In funzione dell'analisi di una serie di elementi estrapolati mediante domande e simulazioni effettuate sul soggetto, è possibile identificare il ruolo a lui più adatto, individuando il processo di indottrinamento più idoneo. Per esempio, nel caso in cui il candidato presenti spiccate capacità di acquisizione di informazioni e allo stesso tempo una propensione minore all'azione, egli sarà prioritariamente utilizzato nella raccolta di informazioni sul campo. Viceversa, il soggetto più sportivo e audace sarà impiegato in modalità operativa. In questa fase si procede anche alla modifica delle abitudini del candidato. Si procede all'erogazione di un primo percorso formativo in cui vengono fornite informazioni sul modo di vestire, sulle gestualità da osservare, sugli atteggiamenti da tenere, e soprattutto sulle regole comportamentali che garantiscono il più assoluto anonimato e che devono essere rigidamente osservate nel tempo. Successivamente si procede con la formazione specifica che si basa sulla conoscenza delle attrezzature che saranno utilizzate per il profilo attitudinale vocazionale (utilizzo di dispositivi elettronici audio-video, computer, software e sistemi operativi, sicurezza informatica, gestione della telefonia cellulare, utilizzo e maneggio delle diverse tipologie di armi, costruzione di esplosivi, tecniche di combattimento, etc.). La formazione viene erogata tramite documentazione in formato digitale (manuali e guide corredati da foto e immagini) a cui si affiancano filmati su scene reali e simulazioni di vario genere. Questo è anche il momento in cui viene definita la figura di un leader del gruppo (solitamente attribuita al coordinatore del gruppo) che impartisce, anche se non ancora in maniera categorica, le proprie direttive giustificando l'osservanza delle stesse come una delle condizioni per il completamento dell'iter formativo. Tutti i soggetti che giungono a questo stadio hanno maturato la piena consapevolezza della propria dedizione alla causa e si sentono elementi integrati e fondamentali della *nuova ideologia* a cui appartengono.

- *Fase 3: Other-deindividuation.* Rottura definitiva con tutti coloro che non appartengono all'ideologia professata e alla nuova comunità di pensiero. Si perfeziona l'isolamento dell'individuo dal *modus pensandi* delle società occidentali, che vengono descritte come infedeli, corrotte e degradate, e si rafforza l'ideologia che vede il resto del mondo come innaturale e immeritevole agli occhi della fede islamica. Tutto ciò che non è riconducibile all'Islam viene definito genericamente con l'espressione "they are all the same".

- *Fase 4: Dehumanization*. È la fase in cui gli *infedeli* vengono tramutati in *nemici*. Attraverso metodiche di indottrinamento particolari, i seguaci vedono "gli altri" come oggetti disumanizzati, assimilabili a semplici componenti di un meccanismo diabolico che ha come obiettivo la distruzione della fede islamica e l'azzeramento dei gruppi di "patrioti dell'Islam". In questo modo "gli altri" sono visti come bersagli facili da attaccare senza provare alcuna vergogna o colpa. Sono spesso definiti con i termini più infamanti, paragonati ad animali (ratti, scarafaggi, etc.), o a puro sudiciume (sporcizia, germi). In aggiunta si solidifica la convinzione che l'eliminazione degli stessi non può che connotarsi in un'azione degna di un vero patriota e che merita rispetto e assoluta riconoscenza da parte del mondo islamico.

- *Fase 5: Demonization*. Rappresenta la fase conclusiva del processo di formazione dei seguaci del terrorismo. La *demonizzazione del nemico* rappresenta la via per accedere al paradiso dei martiri di Allah (con promesse e garanzie che vanno oltre la morte, come la promessa dell'ingresso al paradiso islamico e delle settanta vergini con cui trascorrere la vita eterna). La distruzione della civiltà occidentale, degradante e peccaminosa, non può che rappresentare il bene supremo per il mondo intero. Distruggere il male diventa quindi l'atto dei giusti e consente di ottenere la propria salvezza spirituale.

Tutte le fasi esaminate possono essere interamente gestite mediante l'ausilio delle tecnologie informatiche (grazie al web e a Internet), e solo al termine delle stesse è possibile passare alla parte *pratico-operativa* per perfezionare e migliorare gli insegnamenti ricevuti.

Questo processo *on-line* di formazione e condizionamento dei nuovi adepti del mondo del terrorismo viene utilizzato in maniera crescente grazie anche ai minori costi di realizzazione che esso richiede (meno addestramento *live* con conseguente riduzione dei rischi derivanti dal massiccio utilizzo dei campi di addestramento nei paesi amici del blocco mediorientale). Inoltre Internet consente di raggiungere tutto il pianeta e quindi aumenta di fatto le dimensioni del *bacino di utenza* su cui operare per identificare le nuove leve del terrorismo. Si è inoltre scoperto che grazie alla Rete è possibile raccogliere adesioni da parte di giovani appartenenti a classi sociali maggiormente elevate, che pur essendo culturalmente più evolute, aderiscono ai dettami della cultura del terrorismo grazie alle elaborate tecniche di persuasione citate. Tutto ciò non deve stupire, d'altronde non dimentichiamoci che lo stesso Bin Laden è pur sempre un miliardario...

Nella fase di reclutamento dei giovani terroristi, soprattutto Al Qaeda utilizza siti Internet e chat forum non solo per la propaganda ma, come abbiamo potuto comprendere, soprattutto per la formazione e l'indottrinamento. In particolare il Web, veloce, universale, accessibile e possente nelle sue potenzialità, consente di raggiungere chiunque abbia il più elementare dispositivo digitale per collegarsi in Rete. In tal senso il singolo individuo, preferibilmente isolato a livello sociale ma che abbia la possibilità di collegarsi in Internet, può sentirsi *parte integrante* di qualcosa, di un'idea, di un progetto, di un sogno o semplicemente di una cosa che lo renda importante agli occhi degli altri componenti della comunità a cui aderisce. Inoltre il percorso che deve seguire il simpatizzante del gruppo terroristico non risulta neanche particolarmente tortuoso. Infatti è sufficiente effettuare qualche rapida ricerca su Internet per ottenere numerosi indirizzi di siti web propagandistici dell'estremismo religioso in grado di captare immediatamente l'interesse del possibile adepto. Solitamente si comincia con un comunicato stampa o magari con un video prodotto da gruppi jihadisti che inneggiano alla fede islamica e alla lotta agli infedeli e si prosegue con filmati che riproducono scene di morte e distruzione nella striscia di Gaza o in Iraq e in Afghanistan. In tutti i filmati prevale lo strazio e la disperazione dei popoli islamici, con la conseguente condanna delle civiltà occidentali e soprattutto di quelle alleate degli Stati Uniti. Al sostenitore viene chiesto solo di registrarsi sul portale, magari fornendo anche un semplice nome di fantasia. Solitamente non vengono richiesti indirizzi di posta elettronica (perché sono facilmente rintracciabili) e a colui che procede alla registrazione viene rilasciata una *username* e una *password* per accedere al sito. In questo modo viene eliminata totalmente la trasmissione dei messaggi in Rete che sarebbe generata dalla trasmissione delle e-mail. La posta elettronica può essere intercettata e i messaggi in essa contenuti viaggiano perlopiù in chiaro (cioè non vengono cifrati). Mediante questa metodologia le comunicazioni vengono gestite all'interno della casella di posta elettronica del *mail server* e le comunicazioni non viaggiano all'esterno.

Proprio attraverso questo semplice sistema di gestione dei messaggi è stata gestita la comunicazione dei terroristi che parteciparono agli attentati dell'11 settembre. Gli estremisti si alternavano nell'accesso al *server* leggendo i vari messaggi che si scambiano in successione. Come se non bastasse, i combattenti islamici vengono continuamente aggiornati sui cosiddetti "siti civetta" che vengono utilizzati come esche per identificare i simpatizzanti del terrorismo. Il rapporto che si stabilisce con i possibili sostenitori della causa viene costantemente monitorizzato sulla Rete da controllori esperti di informatica e di sociologia. L'intento dei controllori è quello di verificare il comportamento dei possibili adepti per cercare di capire come ragionano, come rispondono alle domande, come reagiscono a diversi stimoli, e anche per verificare la possibilità che il proprio interlocutore possa essere una spia che intende inserirsi all'interno della cellula terrorista. Nel momento in cui l'impasto ideologico giunge al suo culmine (solitamente dopo un periodo relativamente lungo), si arriva alla fase di "preparazione fisica" del militante.

Se fino ad alcuni anni fa i possibili attivisti venivano esclusivamente reclutati nelle strade per poi essere rapidamente tradotti per l'addestramento in campi segreti in paesi come l'Afghanistan o l'Iraq, attualmente si fa sempre più ricorso al cyberspazio per tutta la formazione di base e anche per una parte di quella avanzata. Ma il potenziale di Internet non conosce confini. Al Qaeda ha attivato diversi siti in cui vengono mostrati filmati che mostrano come usare le armi, come portare a termine un rapimento, o come fabbricare bombe usando del fertilizzante. In Iraq i terroristi utilizzano spesso le immagini satellitari disponibili sul portale Internet *Google Earth* per localizzare i bersagli per gli attacchi. Un capitolo a parte del cyber-terrorismo è quello che fa riferimento alle forme di indottrinamento esercitate sui bambini.

Lo stesso Weimann, durante un convegno, ha mostrato immagini di un video caricato su Internet che mostrava dei bimbi che recitavano la scena della decapitazione di un *contractor* americano in Iraq (Nicholas Berg). Il sito, che inizialmente aveva messo *on-line* il video (www.al-ansar.biz), attualmente sembra non offrire più il tragico e truculento video dell'esecuzione. Tuttavia è interessante notare (mediante una semplice ricerca in Rete) che il sito è registrato a nome di un cittadino danese (Omar AbuOmar) e che tutti i dati personali riconducibili al soggetto sono di pubblico dominio. Forse per scaricare il video sanguinolento basterebbe contattarlo per e-mail?

A questo punto esaminiamo il portale di Awladna.net: molto ben progettato per un utilizzo destinato ai bambini, con delle finestre che si avvicendano in un'allegra alternanza di colori e di immagini. Vengono dispensati consigli utili ai giovani infanti, come per esempio quale sia il giusto comportamento da osservare in ogni occasione: dai matrimoni ai funerali, dalle tipologie di giochi a scuola fino a ricordare la rigida osservanza dei momenti di preghiera in moschea. Inoltre le pagine web guidano il fanciullo nel corretto utilizzo del computer, offrendo nel contempo nozioni di base di storia e geografia. Tuttavia dai colori allegri e vistosi e dai giochi proposti nascono messaggi meno innocenti e di sicura pericolosità. Le pagine in cui vi sono dichiarate manifestazioni di odio e di risentimento verso il mondo ebraico non tardano a manifestarsi. In alcune di esse vi sono messaggi chiari e diretti come "nessuno muore, quando muore per Allah, ma vivrà in eterno con Lui". Non mancano note che inneggiano ai martiri della causa palestinese e che accusano gli ebrei di barbarie e malvagità di ogni tipo. Ma l'aspetto maggiormente inquietante è che questi sentimenti emergono anche dalle lettere e dagli interventi di bambini che assumono posizioni estremiste e che esprimono posizioni di odio e di violenza. Di particolare rilievo è il consiglio dispensato a un bimbo a cui si ricorda che "i sionisti non sono solo tuoi nemici, ma i nemici di tutta l'umanità".

Il portale di Awladna.net è solo un esempio che dimostra come un semplice *server* web possa assumere il ruolo di mezzo di persuasione per una giovane mente. Il rischio più grande risiede nella convinzione che i paesi mediorientali non abbiano i mezzi, la cultura, e soprattutto la preparazione tecnica per fronteggiare un futuro che si affida sempre di più alle moderne tecnologie informatiche. Un solo esempio: alcuni mesi fa Secure Computing, azienda specializzata in sicurezza informatica, ha affermato che i tecnici informatici di Al Qaeda hanno sviluppato un software in grado di nascondere la propria identità e posizione in Internet (indirizzo IP) mediante speciali algoritmi di cifratura. Il programma si chiama *Mujahideen Secrets 2*, e innalza il livello di conoscenze e di capacità degli informatici del gruppo terroristico quasi al pari di quelli dei paesi occidentali. Sembra inoltre che il nuovo programma jihadista sia stato distribuito tramite il *server* Ekhlaas.org con sede negli Stati Uniti (a Houston, in Texas). Il software era disponibile gratuitamente utilizzando una password protetta sul sito. Inoltre sembra che il sito Ekhlaas.org sia stato spesso utilizzato da Al Qaeda per la gestione dei messaggi. In seguito ad alcune segnalazioni fatte alla Fbi, il sito è stato disattivato.

La credibilità dei computer

Neanche Aristotele, che nella Grecia classica fu uno dei principali esponenti della *retorica* (arte di persuadere in qualsiasi situazione), avrebbe mai potuto immaginare che un giorno l'uomo avrebbe potuto disporre di strumenti tecnologici in grado di essere utilizzati come formidabili strumenti di persuasione. Ai suoi tempi *la retorica* consisteva nel parlare in pubblico e nel riuscire in questo modo a influenzare le persone che ascoltavano. Non a caso, come componente essenziale della loro istruzione, i greci acculturati studiavano come sviluppare l'abilità oratoria in modo da poter influenzare gli stati d'animo delle persone, condizionando le loro opinioni nel tentativo ultimo di spingerle ad agire.

Il concetto resta quello ma le metodologie sono cambiate e hanno superato i confini transnazionali. Ciò nonostante le potenzialità dei computer, in termini di credibilità, dovrebbero essere oggetto di un interesse particolare da parte dei governi del pianeta. In una cyber-società sempre più governata da strumenti che interagiscono con la rete Internet sarebbe auspicabile la verifica della fattibilità del raggiungimento di un accordo internazionale che sia in grado di parametrizzare la corretta gestione e utilizzo dei contenuti nella Rete. Ci troviamo di fronte a una nuova era in cui il rischio di profonde mutazioni di carattere politico, sociale, economico e religioso assume una connotazione reale. In questi scenari di forti instabilità a livello mondiale, l'Information Technology e Internet possono rappresentare dei validi strumenti di persuasione per innescare proteste e agitazioni che potrebbero facilmente degenerare in azioni di destabilizzazione sociale. Di certo governare un sistema mondiale di interconnessione di computer in Rete non è cosa semplice, ma i pericoli sono in costante aumento. E lo dimostra il fatto che la rete Internet (ed è stato ampiamente dimostrato) ha sempre fornito un rilevante contributo per la realizzazione di tutti gli attentati terroristici dell'ultimo decennio. Ora si pone un nuovo problema: il suo utilizzo per la strategia della persuasione quale strumento per la formazione delle nuove leve del terrorismo internazionale. È una nuova minaccia che se non sarà prontamente fronteggiata rischia di produrre un aumento esponenziale di nuovi terroristi. Di sicuro l'aspetto su cui riflettere attentamente è rappresentato dalla credibilità dei computer. Senza credibilità i portali non potrebbero essere in grado di persuadere gli utenti, modificandone gli atteggiamenti e i comportamenti. Per questo motivo risulta determinante che i governanti comprendano al più presto l'importanza delle *credibilità online,* adoperandosi il prima possibile sia nella definizione delle linee progettuali dei sistemi informativi sia nel controllo delle finalità perseguite da coloro che realizzano tali sistemi.

N.B. Alcune parti del presente capitolo sono state estrapolate dalla pubblicazione: Teti, A. (2009) "La persuasione nell'era digitale", *GNOSIS – Rivista Italiana di Intelligence* 3.

Psychological Warfare e Information Warfare: gli strumenti della guerra del terzo millennio

Il concetto di guerra psicologica

La crescita delle conoscenze nel campo della psicologia, soprattutto nel corso degli ultimi decenni, ha dato vita a una nuova scienza nota con il termine di *Information Processing Psychology* (Psicologia dell'elaborazione dell'informazione), che considera la mente umana come un vero e proprio sistema di elaborazione delle informazioni e che ne indaga i processi per verificare la possibilità di realizzare dei processi di simulazione su programmi per calcolatore. Questo nuovo e innovativo settore scientifico, pur essendo orientato allo studio dell'Intelligenza Artificiale, ha permesso di sviluppare delle applicazioni particolari orientate alla comprensione dell'utilizzo degli strumenti informatici come veicoli di *comunicazione/trasmissione* di informazioni in grado, mediante apposite metodologie di divulgazione della conoscenza, di condizionare il pensiero dell'individuo. Queste ricerche hanno condotto all'ampliamento delle possibilità delle metodologie di *informazione/disinformazione* che fanno capo al settore scientifico della *guerra psicologica* o *psychological warfare*.

È difficile datare la nascita del concetto di *guerra psicologica*, tuttavia è unanimemente riconosciuto che il primo uomo a teorizzare e a spiegare l'importanza e la strategicità del fattore psicologico nella conduzione delle guerre fu un militare cinese di nome Sun Tzu. Leggendario generale cinese, nonché filosofo e grande teorico delle strategie e tattiche militari, visse tra il VI e il V secolo a.C., e realizzò il più straordinario trattato di strategia militare dal titolo *L'Arte della guerra*, che ancora oggi rappresenta un illuminante riferimento per quanto concerne le strategie e le tattiche da utilizzare nei settori più disparati (da quello militare a quello economico e politico). Il suo libro, pur essendo focalizzato sulla spiegazione delle metodologie di conduzione degli eserciti sui campi di battaglia, effettua un'analisi costante sul livello del morale delle truppe nemiche nel tentativo di interpretarne il pensiero onde poterne ricavare informazioni e dati utili per costruire delle azioni di condizionamento psicologico. Di particolare apprezzamento per una migliore comprensione dell'attenzione riposta dal generale cinese al fattore psichico è la frase "… il massimo dell'abilità consiste nel piegare la resistenza del nemico senza combattere". In questa frase si cela tutto il pensiero filosofico dell'autore che consiste nel voler considerare le operazioni psicologiche (che secoli dopo assumeranno la definizione di PSYOP – PSYchological OPerations) come delle indispensabili ed essenziali metodologie di condizionamento psicologico il cui scopo è quello di persuadere/controllare la mente dell'individuo.

Pertanto possiamo definire la guerra psicologica come una vera e propria *scienza che studia le tecniche e le metodologie di propaganda e di condizionamento del pensiero al fine di influenzare le opinioni, le emozioni, gli atteggiamenti e i comportamenti di singoli individui o di gruppi di persone e per consentire il raggiungimento di specifici obiettivi prefissati.*

Particolarmente interessante è la definizione che il Dipartimento della Difesa statunitense dà della guerra psicologica: "L'utilizzo pianificato della propaganda e di altre azioni psicologiche ha lo scopo primario di influenzare le opinioni, emozioni, atteggiamenti e comportamenti ostili dei gruppi stranieri, in modo da sostenere il raggiungimento degli obiettivi nazionali"[1].

Da Alessandro Magno all'attuale conflitto iracheno, attraversando le due guerre mondiali, la Guerra Fredda e tutti i successivi conflitti bellici e politici del XX secolo fino ai giorni nostri, la guerra psicologica ha sempre ottenuto un ruolo di primissimo ordine

---

[1] Taylor P. (1987) "Glossary of Relevant Terms & Acronyms Propaganda and Psychological Warfare Studies University of Leeds UK", University of Leeds UK. http://ics.leeds.ac.uk/papers/vp01.cfm?outfit=pmt&folder=64&paper=665. Retrieved 2008-04-19 (fonte Wikipedia).

negli scenari internazionali sia per quanto concerne la conduzione di veri e propri conflitti bellici sia per la conduzione di attività e operazioni rivolte al condizionamento politico, economico e finanche religioso, senza dimenticare il ruolo fondamentale che riveste nelle operazioni di Intelligence (sia civile che militare). Tuttavia, soprattutto negli ultimi anni, la ricerca psicologica ha rivolto una particolare attenzione allo studio della *comunicazione di massa* effettuata tramite i mass media, e soprattutto nell'ultimo decennio all'utilizzo della rete Internet quale formidabile strumento di influenza in funzione della sua particolare pervasività in tutti i settori e nella maggior parte dei paesi del mondo.

Il concetto di Information Warfare

Il termine comunicazione (dal latino *communicationem*) identifica una precisa azione intesa alla trasmissione di un qualcosa a un altro, a stabilire un canale di contatti per il trasferimento fisico o per mettere in comune qualcosa, realizzando pertanto una comunità di individui legati dall'intenzione di condividere un qualcosa.

Il concetto di comunicazione viene affrontato da Marco Tullio Cicerone nell'antica Roma, che nei suoi scritti cita il sintagma *communicatio sermonis* intendendo con questo termine non solo la trasmissione di un bene materiale ma anche di un qualcosa di immateriale come un pensiero, un'opinione o una conoscenza. Nel Medioevo il termine fu spesso utilizzato per finalità religiose, legato ai riti e alle metodologie di diffusione della fede cristiana.

Nel corso dei secoli successivi il termine fu sempre di più accomunato all'azione di trasferimento delle informazioni, ma fu solo nel 1949 che due illustri matematici statunitensi, Claude Shannon e Warren Weaver, formularono la prima vera esatta definizione del con-

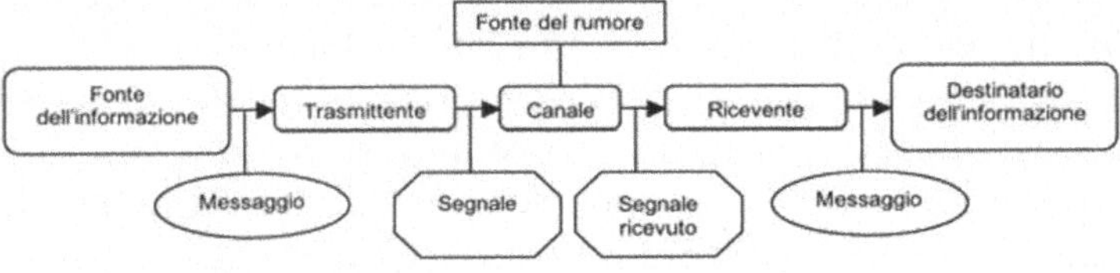

Fig. 1. *Il modello matematico di Shannon e Weaver sul concetto di comunicazione*

cetto di comunicazione (Fig. 1), identificabile come *trasferimento di informazioni mediante segnali da una fonte a un destinatario*.

Nel modello di Shannon e Weaver è possibile osservare che il segnale inviato dal mittente (fonte dell'informazione) al destinatario viene veicolato attraverso un *canale*, ossia un mezzo di trasmissione del segnale (un cavo telefonico, di rete, un sistema satellitare, etc.). La trasmissione del segnale può essere ostacolata da un *rumore* (rumore ambientale, campi elettromagnetici) che può disturbare l'operazione di invio del messaggio. Pur essendo un modello matematico, lo schema può essere applicato anche nella *comunicazione linguistica* mediante la trasposizione di alcuni elementi in gioco. Lo stesso Weaver asserisce che, nella fase di attivazione di un canale di comunicazione con una persona, la mente dell'individuo assume la forma di *sistema di codifica* dell'informazione stessa, la voce rappresenta la *funzione di trasmettitore*, le vibrazioni provocate dalle parole sono il *canale della comunicazione*, l'orecchio dell'interlocutore il *sistema di ricezione* e il cervello del destinatario il *decodificatore del messaggio*.

In funzione di quanto asserito è opportuno fare alcune considerazioni sulle metodologie di comunicazione linguistica.

Come abbiamo potuto comprendere, il messaggio trasmesso al destinatario dell'informazione può subire delle modificazioni in funzione dell'azione di disturbo che può essere generata dal *rumore*. In una trasmissione analogica esso può essere attribuito a un'interferenza elettromagnetica, ma quando parliamo di comunicazione linguistica questa forma di frastuono può essere assimilata a una forma di interferenza sui significati delle parole e sulla terminologia utilizzata per fornire una diversa rappresentazione del contenuto del messaggio. Facciamo un esempio. Supponiamo che il Sig. Rossi desideri stabilire un canale comunicativo con il Sig. Verdi per comunicargli ciò che ha visto durante una vacanza nei fiordi norvegesi. Rossi si troverà nella condizione di dover effettuare una precisa elaborazione mentale che lo condurrà all'esposizione verbale di uno scenario che inevitabilmente sarà influenzato dalle emozioni e sensazioni personali che ha provato o che desidera trasmettere al suo interlocutore. Pertanto la frase "Ho visto un paesaggio ricco di montagne, fiordi, cascate e ghiacciai", semplice ed essenziale nella sua esposizione, potrebbe mutare in "Ho assaporato la bellezza incomparabile di una natura ricca di paesaggi lussureggianti di inconfondibile bellezza, montagne gigantesche dai ripidi fianchi che, costantemente alimentate da cascate potenti e fragorose provenienti da ghiacciai maestosi, sprofondano nei fiordi norvegesi di ineguagliabile splendore". Il messaggio non contiene più l'asettica descrizione di un luogo, ma si trasforma in un prodotto di propaganda o persuasione mentale che utilizza la linguistica per la sua trasmissione.

Quindi il contenuto del messaggio e la *forma* utilizzata per crearne i contenuti costituiscono gli elementi strategici per attivare un processo di persuasione in grado di influenzare i destinatari del messaggio. Grazie ai suggerimenti trasmessi è possibile dare origine a una *strategia di propaganda* che può essere utilizzata per molteplici scopi, come per esempio per attivare un'azione di disinformazione. L'arte della persuasione, soprattutto negli ultimi decenni e con la fruizione delle nuove tecnologie informatiche, ha assunto la connotazione di una vera e propria *arma psicologica* in grado di modificare la percezione della realtà che ci circonda sostituendosi all'informazione reale e incrementando nel contempo la sua pervasività in tutti gli ambiti della vita dell'uomo.

Essendo assimilabile a un'arma ne deriva che le sue applicazioni possono rivelarsi pericolose o dannose per l'individuo. Infatti la pericolosità maggiore, derivante dall'utilizzo delle metodologie di persuasione, non è tanto da imputare all'erronea percezione della verità quanto all'abitudine dell'uomo a sottostare a forme di condizionamento della mente che possono condurre le masse a ragionare sistematicamente nel modo desiderato.

Gli strumenti prediletti per la somministrazione di informazioni sono i mass media (tipicamente radio, televisione e giornali) che rappresentano i più versatili dispositivi di disinformazione/condizionamento delle masse.

Persuasione e condizionamento attraverso i media

Com'è noto la psicologia sociale studia i rapporti tra gli individui e le società in cui vivono, con particolare attenzione all'analisi di quelle influenze che determinati *input esterni* possono avere nella crescita e nella formazione dell'individuo.

La società moderna, di cui l'uomo è protagonista assoluto, può senz'altro essere considerata dal punto di vista comunicativo come un insieme di forme di trasmissione di dati e informazioni. La stessa conoscenza, intesa come la possibilità di apprendere informazioni su ciò che accade nel mondo, è rappresentata da un interminabile miscuglio di dialoghi e filtraggio di conoscenze che opportunamente collegate ed elaborate ci consentono di attivare e coltivare oltre a uno specifico e personale contenitore del "sapere" anche una fittissima rete di relazioni sociali. In funzione delle diverse e molteplici modalità di comunicazione di cui dispongono le masse, continuamente si creano e si alimentano rapporti nuovi e diversi in base alle diversità sociali, culturali, economiche e religiose presenti nella popolazione mondiale.

Lo psicologo statunitense Robert Cialdini, noto a livello mondiale per i suoi studi sulla psicologia sociale della persuasione, asserisce che le regole della comunicazione persuasiva sono riassumibili in sei *strategie cognitive* fondamentali che vengono attivate nella comunicazione interpersonale nel momento in cui si desidera condizionare l'atteggiamento mentale dell'individuo con cui si interagisce:

- *Elemento di impegno e coerenza.* La pubblicizzazione dell'impegno profuso per il raggiungimento di un particolare obiettivo (soprattutto se di rilevanza sociale) e la coerenza nel perseguimento delle proprie idee e decisioni assunte possono costituire degli elementi di grande influenza sulle masse popolari.

- *Elemento di reciprocità.* La reciprocità si basa sull'attivazione di un sentimento di stato "debitorio" nei confronti di chi ci ha fatto un favore (o presunto tale). È di certo un sentimento particolarmente avvertito nelle persone dotate di elevata moralità, correttezza e alto senso civico. Il senso di "debito" che si avverte solitamente rende la persona molto disponibile verso la persona che ha concesso il favore (anche se non richiesto).

- *Elemento di conferma sociale.* Le masse tendenzialmente sono disposte a ritenere validi e corretti quei comportamenti o convincimenti che vengono adottati da un numero rilevante di persone. L'esempio più noto è quello delle mode.

- *Elemento di autorevolezza.* Molto spesso il livello di persuasione è direttamente proporzionale al livello dello spessore mediatico o di autorevolezza del personaggio che diffonde le informazioni. Una figura giudicata di grande autorevolezza (che può essere reale o presunta) può essere in grado di esercitare un potere di convincimento notevole anche quando si tratta di masse poco predisposte alla persuasione.

- *Elemento di simpatia.* Anche la simpatia può costituire un forte elemento di persuasione. Una persona che risulta simpatica nei modi, in ciò che dice e nei comportamenti adottati, può ottenere un forte ascendente sulle persone con cui entra in contatto. Da ciò ne deriva che le sue affermazioni sono accettate e considerate reali nei contenuti.

- *Elemento di scarsa disponibilità.* Rappresenta l'elemento di maggiore interesse da un punto di vista psicologico. Se un bene o un servizio viene presentato come limitatamente disponibile o di difficile acquisizione, si attiva a livello di subconscio un meccanismo mentale di innalzamento della considerazione del bene/servizio sia in termini di qualità che di validità del prodotto stesso.

Il sapere dell'uomo, visto come elemento di conoscenza e cultura personale, viene attualmente alimentato soprattutto grazie all'ausilio delle moderne tecnologie informatiche e della rete Internet di cui facciamo costante utilizzo. Pertanto possiamo tranquillamente affermare che l'interazione dell'individuo con le istituzioni governative, economiche, legali, religiose e politiche si realizza in maniera sempre più corposa con moderni strumenti di comunicazione di massa che costituiscono un fattore di *intermediazione sociale* che ha essenzialmente trasformato la natura delle comunicazioni tra gli individui.

Pertanto i media sono strumenti di conoscenza in grado di fornire alla comunità le risorse simboliche e testuali indispensabili per alimentare e integrare la propria cultura e le esperienze personali che provengono dalla realtà vissuta da ogni singolo individuo.

I contenuti multimediali offerti dai più diffusi e recenti dispositivi tecnologici garantiscono un'offerta ad ampio spettro per tutte le esigenze. Inoltre essi costituiscono la base di partenza per la realizzazione di una ramificata rete di comunicazione a livello mondiale. In questo sistema comunicativo di massa la sfera culturale del singolo individuo dell'uomo si evolve in funzione dell'assimilazione di pensieri, opinioni, metodi e modelli comportamentali che vengono proposti dal mondo virtuale e che possono essere adottati con assoluta convinzione e determinazione. Le persone attribuiscono ai media un ruolo di riferimento formativo ed educativo nella propria esistenza sempre più considerevole, una funzione che fino a qualche decennio fa era di totale appannaggio della famiglia, della religione e del ristretto nucleo sociale in cui si era inseriti, fortemente condizionato dalla localizzazione urbana e lavorativa di riferimento.

Soprattutto negli ultimi anni i media e in particolare i servizi di informazioni fruibili in Rete hanno complessivamente stravolto questo scenario abitativo ed educativo dell'uomo comune.

È possibile affermare senza ombra di dubbio che soprattutto la televisione, i giornali e Internet hanno quasi completamente sostituito le precedenti "strutture" di formazione e socializzazione, assumendo il ruolo di riferimento assoluto per quanto concerne la trasmissione delle informazioni e l'interpretazione dei significati degli avvenimenti, ma soprattutto di quei valori sociali e culturali che rappresentano la vera forza motrice della società moderna. È inutile continuare a sottolineare l'importanza che può avere la possibilità di manipolare le informazioni e i messaggi che vengono trasmessi in Rete, soprattutto in funzione dell'intenzionalità legata al condizionamento o alla persuasione psicologica sulle masse che si intende porre in atto.

Tuttavia appare più che evidente l'importanza della psicologia nel suo ruolo di studio della comunicazione di massa, che risulta strategica nella diffusione di un "sapere" pregevolmente plasmato e indirizzato alle masse che vengono condizionate nella costruzione delle credenze, della conoscenza, delle convinzioni e delle relazioni sociali. La psicologia, in tale scenario, può essere considerata una scienza di condizionamento che può fornire un consistente contributo per almeno quattro aspetti:

- per la capacità di ispezionare le potenzialità delle metodologie di persuasione e condizionamento nella comunicazione di massa;

- per la possibilità di analizzare i processi cognitivi che si attivano nella fase di assimilazione delle informazioni distribuite a livello di massa;

- per la capacità di analizzare gli *effetti emotivi* degli individui che interagiscono con i mezzi di comunicazione di massa;

- per la sua intrinseca capacità di modificare e adattare le metodologie di persuasione e condizionamento in funzione delle possibili mutazioni degli scenari sociali, politici, economi, etnici e religiosi.

Risulta chiaro che la potenzialità dei media, da un punto di vista psicologico, appare come *elemento risolutivo* per quanto concerne i possibili effetti ottenibili sull'opinione pubblica e quindi su possibili programmi di dominio sociale.

Le forza dei media: un potere senza limiti

Nel 1922 Benito Mussolini affermò pubblicamente che il cinema rappresentava "l'arma più forte dello Stato". Nonostante la limitata produzione cinematografica dell'epoca (piuttosto scarsa e non di grande livello), il Duce tuttavia aveva ben compreso l'importanza dell'immagine quale strumento di condizionamento del popolo. Nonostante le lungimiranti convinzioni sull'efficacia dello strumento cinematografico, che portarono alla creazione di quella straordinaria organizzazione di propaganda (ma anche di grande diffusione culturale) che fu l'Istituto Luce, il regime fascista evitò di asservire totalmente il cinema alla propaganda della sua ideologia, cosa che invece fu successivamente effettuata, senza alcun risparmio di mezzi e di uomini, dal regime nazista.

Nel corso dei decenni successivi diversi filosofi e sociologi hanno concentrato la loro attenzione sullo studio dei media assumendo tesi e convinzioni che ancora oggi animano numerosi dibattiti e gruppi di studio. A cominciare da Theodor Wiesengrund Adorno (1903-1969), filosofo e sociologo tedesco particolarmente impegnato in progetti avveniristici rivolti allo studio della sociologia, che teorizzò il concetto di una società futura dominata dalle tecnologie e in particolare dai media. Egli sosteneva che i paesi più evoluti fossero condizionati da tre elementi: innalzamento del benessere materiale, debilitazione dell'uomo e irrobustimento della società. La debilitazione dell'individuo è riconducibile alla trasformazione della società in un *sistema* omogeneo e complesso basato sul benessere derivante dal possesso dei beni materiali. La libertà dell'uomo è solo apparente ed è esprimibile attraverso i beni che il sistema gli fornisce. Questo stato di benessere viene garantito a condizione che l'individuo si lasci inglobare in un meccanismo mentale governato dalle istituzioni, organismi e strutture sociali in grado di esercitare particolari forme di controllo delle masse. Per conseguire questo obiettivo il sistema deve esercitare un'azione di debilitazione dell'individuo, azzerando la sua personalità e di conseguenza la sua capacità di critica, giudizio e analisi. In buona sostanza l'annullamento della capacità di elaborazione mentale dell'individuo. Gli strumenti in grado di raggiungere questo scopo sono quelli a cui si affida il processo di modellazione culturale dell'uomo: i mass media, ossia quel complesso di strumenti mediante i quali il *sistema* introduce nell'individuo un definito pacchetto di valori e una serie di modelli comportamentali da adottare in funzione di determinati eventi. Cinema, televisione, musica, pubblicità sono tutti strumenti e pacchetti di comunicazione in grado di divulgare, a livello planetario, una realtà del mondo plasmata in funzione di determinate esigenze attraverso un linguaggio costruito per trasmettere sensazioni e indicazioni specifiche.

Particolarmente interessante è la tesi del francese Roland Barthes (1915-1980), saggista, critico letterario e semiologo, che fu tra i massimi esponenti della critica di orientamento strutturalista[2]. Uno dei concetti di maggiore rilevanza tra i numerosi elaborati da Barthes è quello della strategicità del *testo*. Secondo il saggista

---

[2] Lo strutturalismo è quel movimento filosofico, scientifico e critico letterario sviluppatosi in particolare in Francia tra gli anni '60 e '70. Si estese dall'antropologia alla critica letteraria, dalla psicoanalisi all'epistemologia. Tuttavia fu nel settore della critica artistica e letteraria che trovò maggiore spazio. Secondo la teoria strutturalista, l'opera analizzata (libro, disegno, quadro, filmato) viene vista come un insieme organico che può essere suddiviso in elementi e unità, il cui pregio individuale è costituito dall'insieme delle relazioni tra ogni parte dell'opera e tutte le altre che la costituiscono.

francese, la *comunicazione* e la *significazione* producono opportuni *segni* standardizzati. Il testo è un assemblato di significati opportunamente collegati che lo trasformano in una grandezza in cui sensi, emozioni e percezioni vengono avvertiti dall'uomo e assimilati e utilizzati a livello cerebrale. Partendo da queste considerazioni Barthes sostiene un nuovo archetipo di testo in cui si attorcigliano tutte le sensazioni legate ai diversi piaceri: la scrittura e la lettura si fondono in un percorso movimentato a uso e consumo del lettore che ne trae benefici ad ampio spettro. Quindi il lettore assapora più la *forma* che il *contenuto* di un testo, e in funzione di ciò assume particolare importanza il *linguaggio* e i *segni* che lo compongono. In conclusione, soprattutto secondo una prospettiva squisitamente strutturalista, la forma e il contenuto sono i veri veicoli di trasmissione dei messaggi contenuti nel testo.

Il filosofo e sociologo francese Jean Baudrillar (1929-2007) nella sua opera letteraria *Il delitto perfetto. La televisione ha ucciso la realtà?* (1995) evidenzia come la realtà sia quotidianamente "uccisa" attraverso l'informazione fornita dai media e dalle nuove tecnologie. Secondo l'autore le società contemporanee sono condizionate dalle metodologie di simulazione e illusione utilizzate dai media, che identificano l'individuo come una semplice vittima dei valori consumistici. Di particolare rilevanza è la convinzione del filosofo che il mondo in cui viviamo non sia altro che un gigantesco *reality show*, in funzione della sensazione generalizzata di vivere costantemente "sotto i riflettori" e quindi osservati dal mondo intero. Per questo motivo i nostri comportamenti sono fortemente condizionati dalle informazioni che i media ci trasmettono in maniera ossessiva. In questo contesto si concretizza la *fusione tra il reale e la simulazione* e tutto contribuisce a generare confusione e smarrimento.

Lo statunitense Avram Noam Chomsky (1928), professore emerito di linguistica al Massachusetts Institute of Technology a cui è stata attribuita la nascita della grammatica generativo-trasformazionale, in molte delle sue opere sottolinea l'importanza dell'influenza esercitata dai mezzi di comunicazione sulle masse sociali. Secondo Chomsky in primo luogo i *mass-media* rappresentano il principale elemento di unione tra i diversi strati della popolazione mondiale e in secondo luogo non si limitano a veicolare delle informazioni ma *rappresentano il fondamentale strumento di diffusione dell'ideologia delle classi dominanti.*

Quindi, grazie al controllo dei mezzi di comunicazione, chi possiede il potere può esercitare un'autentica azione di coercizione delle masse nel tentativo di privarle della propria autonomia emozionale e decisionale, riducendole a semplici strutture sociali facilmente controllabili e manipolabili.

Ovviamente lo strumento di riferimento assoluto che può consentire di perseguire questa strategia è la propaganda. Chomsky sostiene che l'obiettivo principale della propaganda condotta grazie ai media, oltre a quello di manipolare la realtà percepita dalle masse, sia quello di rafforzare il legame tra potere politico-economico e gli stessi media. Il legame è facilmente intuibile in funzione del rapporto tra potere e controllo dei mezzi di comunicazione.

Pertanto i media, attraverso le informazioni che diffondono, hanno il potere di fornire una visione della realtà completamente modellata in funzione delle esigenze dei centri di potere che ne hanno il controllo. Per contro, questi ultimi sono particolarmente attenti alle esigenze di queste strutture di propaganda, attenzione che si manifesta attraverso il finanziamento delle stesse in funzione del loro grado di efficienza, affidabilità e fedeltà.

Gli strumenti di comunicazione, per chiunque sia in grado di dominarli, possono quindi esercitare un potere enorme sugli individui (potere esprimibile nel concetto di *guerra psicologica*) e possono consentire il raggiungimento di un qualsivoglia scopo prefissato. Le tecniche possono essere diverse ma sono tutte convergenti sull'obiettivo di preservare il controllo di grandi strati di popolazione, orientandone i giudizi, le opinioni, le scelte e persino le ideologie. Per esempio, uno dei punti cardine su cui si fonda l'azione di attacco mediatico è senz'altro quello dell'individuazione di forme di *malcontento* strisciante nei diversi strati della popolazione, elemento fortemente endemico riscontrabile nelle società moderne in cui sussistono consistenti divisioni o attriti sociali.

Essendo facilmente intercettabili, costituiscono un elemento pregnante per propagandare misure e metodologie di miglioramento socio-economico miranti alla creazione di una visione prospettica di sicurezza, felicità e benessere. Naturalmente questi messaggi sono strettamente funzionali al raggiungimento da parte di chi li costruisce e li diffonde di convinzioni e credenze di interesse personale, ossia miranti al consolidamento dei centri di potere.

L'utilizzo dei media si rileva particolarmente efficace soprattutto per la gestione di eventi riconducibili a scenari internazionali in cui la difficoltà di attuazione di forme di condizionamento diretto e immediato si rivelano di difficile realizzazione. In tal senso giornali, televisione, radio e soprattutto le informazioni immesse nella rete Internet si rivelano strumenti di straordinaria efficacia. Soprattutto le informazioni immesse nella Rete rappresentano la migliore forma di persuasione sociale, in quanto tutto ciò che viene immesso in Internet rimane permanentemente fruibile nel corso degli anni.

Dato che il dominio dei mezzi di comunicazione può consentire di esercitare una considerevole influenza sulla pubblica opinione, appare evidente che ciò impone un innalzamento del livello di attenzione sulla gestione delle informazioni (che devono essere *pilotate*), cercando di ridurre la diffusione di quelle meno *gradite*. La diminuzione della visibilità delle informazioni sgradite determina di conseguenza l'isolamento sociale di coloro che sono interessati alla diffusione di queste ultime. Grazie ai media (e in particolare a Internet) è possibile anche monitorare il *clima di opinione* su determinati argomenti o fatti di interesse specifico per attivare, nel caso ce ne fosse bisogno, nuove campagne informative tese a rafforzare il livello di condizionamento sociale.

La *propaganda* pertanto rappresenta la forma più importante della guerra psicologica. Essa si basa principalmente sul *simbolismo*[3] in funzione della possibilità (grazie all'utilizzo di simboli) di promuovere e sostenere nel tempo personaggi, convinzioni, teorie e scuole di pensiero in grado di modificare e coltivare culturalmente gli individui appartenenti ai più diversi strati sociali.

Il cardine centrale su cui si basa l'applicazione del simbolismo è dato dal legame *significato-concetto-rappresentazione*, che costituisce il sistema di trasmissione di messaggi e informazioni miranti

---

[3] Anche se il termine identifica la corrente letteraria e artistica fiorita in Francia nella seconda metà del XIX secolo, i cui seguaci, in opposizione al realismo, cercavano di esprimere idee, emozioni e atteggiamenti con l'uso di parole e immagini simboliche, in questo contesto va inteso come un'immagine o l'incarnazione di un elemento concreto che rappresenta un'entità astratta.

allo sviluppo di convinzioni, al rafforzamento di opinioni e alla creazione di correnti di pensiero opportunamente pilotate.

Queste *azioni di disinformazione* concorrono alla formazione di una *cultura sociale* il cui obiettivo principale è in primo luogo quello della diffusione capillare di una particolare corrente divulgativa che mira al condizionamento delle menti e quindi del pensiero dell'individuo. In secondo luogo punta alla formazione di ampie aree di consenso dell'opinione pubblica che possano consentire l'accettazione dei messaggi contenuti nella corrente divulgativa. In questa fase, che potremmo definire di "dominio dell'opinione", le masse assumono un ruolo di asservimento delle convinzioni precostituite, modificando i propri pensieri e azioni in funzione della "credenza" assimilata. Da ciò ne deriva una forte limitazione dell'autonomia di elaborazione mentale dell'individuo e di conseguenza del pensiero critico. In breve si concretizza il fenomeno dell'*influenza delle masse* e lo sviluppo della *propaganda mirata*, che vede nei media i massimi strumenti di coercizione mentale.

Di certo la televisione e i giornali rappresentano ancora gli strumenti più efficaci per attuare le metodologie di condizionamento e di persuasione sulle grandi quanto differenti popolazioni che popolano il nostro pianeta. Tralasciando ogni approfondimento sui giornali, che pur essendo particolarmente efficaci dal punto di vista della comunicazione persuasiva si stanno inesorabilmente avviando verso un lento ma inesorabile declino dovuto soprattutto ai crescenti costi riconducibili alla carta stampata e alla migrazione dei quotidiani su piattaforme *on-line*, è opportuno soffermarci sulla rilevanza dello strumento televisivo come elemento di interfacciamento informativo "di riferimento" dell'individuo.

Come sappiamo, la televisione è certamente il primario distributore di informazioni di tutti i popoli, sia per la sua esagerata diffusione (quante famiglie, nelle società più industrializzate, non possiedono almeno un paio di apparecchi televisivi nelle proprie case?) che per l'estrema facilità di utilizzo (esistono persino telecomandi personalizzati per le persone anziane).

La sua funzione è quella di erogare ininterrottamente flussi di informazioni di vario tipo mediante una molteplicità di programmi apparentemente diversi tra loro (notiziari, film, *fiction*, *talk show*, *reality*), ma tutti accomunati da uno stesso obiettivo: condizionare il pensiero dell'individuo per influenzarne i comportamenti. Inoltre la televisione nel corso dei decenni ha assunto un ruolo di *familiarità* tale all'interno dei nuclei domestici da assumere una funzione primaria e centrale nell'educazione e nella crescita delle nuove generazioni.

La televisione fa compagnia, riempie gli spazi di solitudine, di riposo, di stanchezza, di lavoro e di studio dell'individuo, fornendogli persino una forma di protezione da un punto di vista emotivo. Essa assume quasi la connotazione di un essere inanimato, ma capace di donarci momenti di solidarietà emozionale, scaldando i nostri momenti di gelo esistenziale o alleviando persino le nostre sofferenze personali. Insomma potremmo sostenere che questo straordinario strumento a cui siamo così legati assume un valore affettivo così determinante nelle nostre vite da essere persino paragonabile a quello di una presenza animata. Quindi è diventato uno strumento *essenziale* per le rassicurazioni che ci concede e, in quanto tale, *fidato* e *protettivo*. È uno strumento che ci pone in collegamento con il resto del mondo e ci proietta la *realtà* (o costruzione di essa) di ciò che accade quotidianamente a livello planetario.

La Rete: uno strumento ineguagliabile per la guerra psicologica e delle informazioni

Come abbiamo potuto comprendere, la guerra psicologica, per perseguire i suoi obiettivi, si avvale dell'utilizzo di due metodologie ben distinte tra loro:

- la disinformazione, intesa come informazione scorretta o incompleta;
- la manipolazione delle notizie.

Entrambe costituiscono la spina dorsale di un'azione ben precisa: l'utilizzo di sistemi e metodologie in grado di esercitare una pressione psicologica sul nemico (che sia militare, economico, etnico, politico e religioso) per determinare una mutazione nei comportamenti dei gruppi o delle comunità poste sotto il controllo dell'avversario.

Sul modo più efficace di condurre la *guerra informativa* (*infowar* o *information warfare*) esistono diverse scuole di pensiero. Una delle più note è quella che punta al *controllo diretto* o alla *distruzione delle infrastrutture attraverso cui l'avversario distribuisce le informazioni* (reti televisive e radiofoniche, reti telematiche). Ovviamente in considerazione della molteplicità ma soprattutto della dispersione dei canali di distribuzione delle informazioni, è sostanzialmente illusorio ritenere che questa strada risulti anche minimamente percorribile. Una possibile tecnica è invece quella di *assumere il controllo del maggiore numero di reti distributive* (agenzie giornalistiche, *network* radiofonici e televisivi, catene di quotidiani, case editrici, e soprattutto Internet). Tralasciando le reti tradizionali di comunicazione delle informazioni, quali giornali, case editrici e i *network* radiofonici e televisivi su cui è stato scritto di tutto e di più, soffermiamoci sull'ultimo che personalmente ritengo il più potente dei canali citati: Internet.

La Rete rappresenta uno dei principali terreni della *infowar*. Una semplice ma rilevante dimostrazione di ciò è rappresentata da quella libera enciclopedia multilingue che ha di fatto assunto il ruolo di primario *strumento di conoscenza* della maggioranza dei popoli della terra: Wikipedia. Un piccolo esempio della potenza informativa di questo gigantesco *repository* informativo, realizzato dall'influente fondazione no-profit Wikimedia Foundation, è rappresentato dalle notizie riconducibili al conflitto mediorientale (nell'edizione inglese). Tutti i contributi informativi sono forniti da gruppi organizzati, sia filo-palestinesi che filo-israeliani, i quali in "real-time" agiscono con azioni di contrasto (informativo) alle voci introdotte o modificate dagli avversari. È solo un piccolo ma emblematico esempio di… *infowar*.

Internet ha stravolto completamente le metodologie di fornitura e fruizione delle informazioni. I *social network*, l'accesso a informazioni personalizzate, l'anonimato in Rete, l'interpretazione di ruoli e forme di identità virtuali sono solo alcuni degli elementi innovativi che hanno consentito al computer di superare, in termini di pervasività, la televisione e la radio (che pur sempre rimangono i maggiori detentori del controllo delle informazioni).

Non basterebbe un'intera opera enciclopedica per descrivere tutti gli esempi di informazione/disinformazione che quotidianamente vengono condotti attraverso la Rete. Tuttavia per consentire al lettore di comprendere la portata e le potenzialità di questo straordinario strumento di comunicazione globale, mi limiterò a riportare alcune informazioni (e solo dei primi sette mesi del 2010) di un personaggio tristemente conosciuto a livello mondiale: Osama Bin Laden. Le notizie di seguito riportate (tutte presenti in Rete e spesso supportate da *files* audio e video) non vogliono indurre il lettore a una riflessione politica delle vicende narrate, ma servono solo per consentire di meditare sull'effettiva veridicità di tutto ciò che ci viene comunicato dalla molteplicità di fonti informative di cui disponiamo.

- **17 gennaio 2010.** Un notizia che ha dell'incredibile e proveniente da fonti informative USA imperversa in Rete. L'Fbi (Federal Bureau of Investigation), che da tempo lavora a un progetto per ottenere al computer una foto "invecchiata" di Osama Bin Laden in grado di riprodurre gli effetti del trascorrere del tempo sul viso del famoso terrorista, utilizza la foto di un noto politico spagnolo: Gaspar Llamazares, ex-leader della coalizione di sinistra Izquierda Unida. Con un programma di fotoritocco uno specialista dell'agenzia statunitense trasporta i capelli e la fronte del politico spagnolo sul volto dello sceicco del terrore (privando quest'ultimo della folta barba), e voilà… il gioco è fatto! La foto viene presentata dopo qualche giorno in mondovisione come il "nuovo volto di Bin Laden", ma dopo qualche giorno viene precipitosamente ritirata dal sito 'Rewards for justice' del Federal Bureau. Il portavoce dell'Fbi, Ken Hoffman, ammette che un analista del Bureau, non contento delle soluzioni proposte dai software utilizzati, aveva ricercato su Internet elementi di volti che potevano somigliare a quello di Bin Laden, identificando il viso di Llamazares come quello più idoneo allo scopo. Hoffman aggiunge che è stata una decisione "del tutto irregolare e contraria alle procedure". È interessante notare che l'analista, per ricercare una foto adeguata che potesse soddisfare le sue esigenze, aveva utilizzato l'opzione "ricerca avanzata" di Google Immagini, associando le parole chiave "volto" e "varietà di nomi islamici". Tra le prime immagini proposte dal motore di ricerca, come ha asserito l'analista federale, si è materializzata proprio quella dello sfortunato politico spagnolo. Conseguenze della notizia: Llamazares si riserva di attivare delle azioni legali per l'incidente e poi afferma che eviterà in futuro di recarsi negli USA in quanto l'apparente banale "incidente" potrebbe creare serissimi problemi alla sua sicurezza personale. I timori dello spagnolo sono perfettamente fondati: quante copie dell'immagine che lo ritrae come ipotetico Bin Laden sono state diffuse in Rete? E se fosse veramente scambiato anche solo per un istante per il famoso terrorista islamico in un qualsiasi paese del pianeta, cosa potrebbe accadergli? E non potrebbero essere interessati a catturarlo anche i gruppi islamici estremisti per utilizzarlo per altri scopi? Si sa, un sosia fa sempre comodo…

- **24 gennaio 2010.** La tv satellitare Al Jazeera diffonde un messaggio audio con la voce (si presume) di Osama Bin Laden. Il leader di Al Qaeda dice esplicitamente: "Questo è un messaggio di Osama ad Obama". Dopo aver rivendicato il fallito attentato del 25 dicembre (condotto da Umar Faruk Abdulmutallab, passeggero nigeriano imbottito di esplosivo che era a bordo di un aereo della Delta-Northwest Airlines che copriva la tratta da Amsterdam a Detroit), Bin Laden asserisce che l'episodio è riconducibile sia alla presenza degli Stati Uniti in Medio Oriente che al problema della Palestina. La Casa Bianca non conferma l'autenticità del messaggio. Conseguenze della notizia: i siti jihadisti inneggiano ed esultano per la nuova esternazione del loro capo incitando tutti i loro seguaci e simpatizzanti a perseguire con ogni mezzo il progetto di islamizzazione mondiale.

- **29 gennaio 2010.** Al Jazeera trasmette un nuovo messaggio audio di Osama Bin Laden. Il capo di Al Qaeda attacca i paesi industrializzati, primo tra tutti gli Stati Uniti, incolpandoli dei mutamenti climatici e invocando il boicottaggio dell'economia Usa per mettere fine "allo schiavismo americano". "George Bush – ha detto Bin Laden – è colpevole per non aver aderito al protocollo di Kyoto e aver invece preferito accontentare le multinazionali che speculano a scapito dei deboli". I paesi occidentali e quelli maggiormente industrializzati come gli

Stati Uniti sono pertanto i più responsabili dei cambiamenti climatici "perché – ha aggiunto il capo di Al Qaeda – il pianeta non è solo un'idea, ma una realtà". Conseguenze della notizia: nel giro di pochi giorni si attivano a livello planetario blog e siti (di matrice islamica e non solo) che plaudono alla critica ecologista del capo di Al Qaeda che si eleva al ruolo di ambientalista.

- **25 marzo 2010.** Il leader indiscusso di Al Qaeda ritorna con un audio messaggio (anch'esso duro e minaccioso) diffuso da Al Jazeera, nel quale minaccia, dopo essersi lamentato col popolo americano del proseguimento della guerra in Afghanistan, di far eliminare qualsiasi statunitense catturato dai suoi uomini se verranno condannate a morte le menti degli attentati dell'11 settembre 2001, ivi compresi i detenuti reclusi a Guantanamo. Anche in questo caso (come anche per i precedenti e i successivi) autorevoli fonti legate alle agenzie di Intelligence internazionali sono dubbiose sull'autenticità del messaggio audio. Conseguenze della notizia: nello stesso giorno era stato attivato su Facebook un profilo intitolato a Bin Laden (rimosso poco dopo), e sembra che nel giro di poche ore i simpatizzanti iscritti alla pagina del principe del terrorismo internazionale fossero già migliaia. Rimanendo sempre nell'ambito del più famoso *social network* utilizzato al momento, può risultare interessante effettuare un piccolo test: provate a digitare sul portale di Facebook, nella riga da utilizzare per la ricerca, il nome "osama bin laden". Nel giro di pochi secondi vi saranno proposte centinaia di pagine riconducibili a singole persone e a gruppi (a cui sono iscritte altrettante centinaia di persone) intitolate al capo di Al Qaeda…

- **1 luglio 2010.** Al Qaeda annuncia la sua prima rivista *on-line* interamente in inglese: *Inspire* (ispirazione) è il suo nome. Gestita dal gruppo dell'organizzazione terroristica che ha sede in Yemen, viene pubblicata (direttamente o tramite *links*) su tutti i siti jihadisti tradotti in lingua inglese. La rivista, contrariamente a quanto si possa immaginare, non si occupa di fornire notizie di attualità o informazioni e consigli spirituali. Sono ben altri gli scopi. Nel primo numero primeggia l'articolo "Come cucinare una bomba nella cucina della propria madre", documento ben confezionato in cui si danno indicazioni precise su come "confezionare una bomba usando gli ingredienti che si trovano in ogni cucina". Conseguenze della notizia: il giorno dopo l'annuncio dato in pompa magna attraverso tutti gli strumenti di comunicazione fruibili in Rete, un attacco informatico "blocca" il portale e distrugge tutte le 67 pagine web che lo componevano... Di particolare interesse un reportage in cui era inserita un'informazione di servizio che spiegava come mandare e ricevere messaggi terroristici criptati. Il primo numero si concludeva con un invito a tutti i lettori: "Inviateci articoli, commenti, suggerimenti e riflessioni".

Alcune considerazioni...

Le poche notizie elencate e riportate tutte fedelmente in Rete rappresentano una piccola testimonianza delle incredibili (e spesso non abbastanza conosciute) potenzialità di Internet. Per ogni notizia diffusa, come conseguenza inesorabile, si attivano una serie di *eventi* che possono essere imprevedibili o perfino controproducenti: possono attivarsi gruppi e movimenti pro o contro la veridicità delle informazioni fornite, possono ritrovarsi in una condizione di pericolo persone completamente estranee ai fatti citati, si può attivare un meccanismo di proselitismo ad ampio spettro e su tematiche che possono essere inconsistenti, si può creare un legame tra un messaggio politico e uno ecologista al solo scopo di aumentare il proprio consenso mondiale, è perfino possibile creare confusione su considerazioni e pareri tecnici che si basano su dimostrazioni scientifiche. Il tutto per confondere, influenzare, persuadere, convincere le masse di tutto e del contrario di tutto. Alcune considerazioni sui messaggi di Bin Laden o, come sostengono in molti, di colui che rappresenta una delle icone della comunicazione in Rete:

- I messaggi audio di Bin Laden hanno una durata massima di circa 50 minuti e i pareri sulla veridicità delle immagini registrate sono quasi sempre discordanti. Da notare che in alcuni filmati la voce non è sincronizzata con le immagini trasmesse.

- Le autenticazioni sono state effettuate soprattutto da parte della CIA e alcune dal canale panarabo Al Jazeera. Sono molti gli esperti e le strutture specializzate internazionali che hanno verificato questi messaggi attraverso sistemi di autenticazione particolarmente sofisticati: su quasi tutte le registrazioni esaminate è sempre prevalso un elevato grado di scetticismo. Su alcune registrazioni anche la CIA ha manifestato grosse perplessità.

- Dopo gli attentati dell'11 settembre 2001 sono stati circa sessanta i messaggi trasmessi e attribuiti a Osama Bin Laden e ai suoi collaboratori. In alcuni anni non è stato prodotto alcun comunicato (2005), in altri anni c'è stata una produzione rilevante (7 nel 2009, 4 nel 2008, 5 nel 2007, 4 nel 2006).

- Il primo messaggio audio trasmesso da Al Jazeera nel novembre del 2002 fu ritenuto dalla CIA completamente affidabile. Di parere diametralmente opposto furono i ricercatori dell'IDIAP (Institut Dalle Molle d'Intelligence Artificielle Perspective) di Martigny in Svizzera, che qualche settimana dopo il comunicato dell'Agenzia statunitense smentirono qualsiasi tipologia di legame tra la voce registrata e il capo di Al Qaeda. Secondo i tecnici del prestigioso istituto elvetico il messaggio sarebbe quello di un ingannatore, e la certezza deriva dall'elevatissima qualità dei software di analisi che consente l'analisi delle frequenze che porta ad algoritmi che certificano una firma vocale. La CIA ha continuato a confermare la propria tesi sulla bontà della registrazione.

- Nel 2007 sempre la CIA identificò nuovamente e con altrettanta certezza la voce di Bin Laden in un nuovo video di cui erano venuti in possesso. Il principe del terrore citava i nomi di Gordon Brown e Nicolas Sarkozy. Ciò bastò all'Agenzia a fornire la prova che il carismatico terrorista fosse ancora vivo.

- Dal 2001 la morte di Osama Bin Laden è stata annunciata numerose volte da parte di molteplici organizzazioni e agenzie stampa, senza escludere esperti militari, politologi e giornalisti. Gli Stati Uniti hanno perfino offerto una ricompensa per la sua cattura (vivo o morto) pari a 25 milioni di dollari, ma sembra che almeno finora non abbia sortito alcun effetto.

Sulla Rete la mole di notizie riconducibili ai tentativi di cattura del principe del terrore da parte delle Forze Speciali e degli agenti dei servizi segreti di mezzo mondo è così elevata da generare un interrogativo a cui nessuno sembra dare una risposta convincente: Bin Laden è vivo o è morto? Com'è spiegabile che al giorno d'oggi con le modernissime tecnologie a disposizione, con un dispiegamento di forze militari di decine di migliaia di uomini e con l'ausilio delle migliori agenzie di Intelligence non si riesca a stanare un uomo che si rifugia (pare affidandosi a un cavallo o a un somaro per gli spostamenti) tra le montagne al confine tra Afghanistan e Pakistan? Forse una risposta alla domanda dell'esistenza in vita del numero uno di Al Qaeda potrebbe essere quella fornita da un giornalista di cui non ricordo il nome: "Esisterà solo agli occhi di coloro a cui è utile".

Ma il binomio *informazione/disinformazione*, che rappresenta una delle maggiori peculiarità della Rete, non conosce ostacoli di sorta. Kevin Barrett, l'ormai celebre sostenitore della "cospirazione dell'11 settembre" che vuole il Governo USA, con la complicità dei servizi segreti, a capo del complotto responsabile degli attentati terroristici, è riuscito a scatenare grazie a blog e siti web una vera e propria campagna di propaganda che ha suscitato non poco clamore a livello mondiale.

E cosa dire poi delle smentite ufficiali dei talebani e dello stesso Bin Laden sulla responsabilità degli attentati?

Dobbiamo fare qualche passo indietro nel tempo. È il 12 settembre 2001, e le immagini delle torri fumanti si susseguono nei canali televisivi di tutto il pianeta davanti agli occhi attoniti e increduli dell'intera popolazione mondiale.

Non è giunta nessuna rivendicazione da Bin Laden, che nei giorni successivi agli attentati sosterrà la sua totale estraneità. Di seguito si riporta un articolo pubblicato sul sito di RaiNews24 datato 16 settembre 2001 (http://www.rainews24.rai.it/it/news.php?newsid=13311).

Osama bin Laden è tornato a farsi sentire, ribadendo ancora una volta di non essere lui il responsabile degli attacchi di martedì contro le Torri Gemelle del World Trade Center a New York e il Pentagono a Washington. Lo ha riferito la "Afghan Islamic Press", semi-ufficiale agenzia di stampa del regime dei talebani ma con sede in Pakistan. "Quelli che l'hanno fatto hanno agito nel loro interesse personale" prosegue il comunicato diffuso da Osama Bin Laden tramite uno dei suoi assistenti, Abudl Samad. Il miliardario saudita ribadisce quanto affermato dai talebani che sostengono di non avere a disposizione i mezzi per organizzare attentati terroristici dopo le restrizioni imposte dal loro capo supremo, il mullah Mohammad Omar, nei contatti con il mondo esterno. "Vivo in Afghanistan – si legge nella nota –. Sono un seguace del 'comandante dei credenti' (il mullah Omar) che non permette di partecipare a simili attività", ha aggiunto Osama Bin Laden nel comunicato scritto in arabo, la sua lingua.

Quello del 16 settembre non è l'unico comunicato che smentisce la responsabilità dei talebani e del loro leader indiscusso. In un altro articolo, anch'esso proveniente dall'archivio di RaiNews24 ma datato 11 settembre 2001 (http://www.rainews24.rai.it/Notizia.asp?NewsID=13099) sono le milizie integraliste islamiche a smentire fermamente che Bin Laden abbia potuto organizzare un simile attentato, che peraltro condannano altrettanto fermamente.

Le milizie integraliste islamiche afghane dei talebani hanno escluso la responsabilità di Osama Bin Laden negli attentati di oggi contro gli Stati Uniti. "Questo è un atto terroristico e lo condanniamo con fermezza" ha detto il rappresentante delle milizie integraliste al potere a Kabul, Abdul Salam Zaif. La dichiarazione dell'ambasciatore è stata riferita dall'agenzia "Afghan Islamic Press", con base a Islamabad. L'agenzia ha precisato che l'ambasciatore ha auspicato che i responsabili degli attacchi contro gli Usa siano consegnati alla giustizia. "Quanto è successo negli Stati Uniti non è l'opera di gente ordinaria. Può essere l'opera di qualche governo" ha detto un portavoce dei talebani parlando al telefono con l'agenzia britannica "Reuters" da Kandahar, una città nell'Afghanistan meridionale. Secondo il portavoce, Osama Bin Laden, il miliardario saudita che figura in cima alla lista americana dei terroristi internazionali e che si è rifugiato in Afghanistan "non può aver fatto questo lavoro". "Neanche noi possiamo averlo fatto. Noi non sosteniamo il terrorismo. Osama non ne ha la capacità. Condanniamo tutto ciò" ha aggiunto il portavoce Abdul Hai Mumaen. "Questa può essere l'azione sia di nemici interni degli Stati Uniti sia di suoi acerrimi nemici. Osama non può aver fatto questo..." ha concluso. L'ambasciatore dei talebani in Pakistan ha condannato oggi gli attacchi aerei contro gli Stati Uniti.

Il 27 dicembre 2001 viene distribuito un ennesimo video in cui Bin Laden afferma che "il terrorismo contro gli Stati Uniti merita di essere lodato perché fu una risposta a un'ingiustizia, avente lo scopo di forzare gli Stati Uniti a interrompere il suo sostegno a Israele, che uccide la nostra gente". Anche in questo messaggio il leader terrorista non rivendica alcuna responsabilità negli attentati. Qualche settimana prima delle elezioni presidenziali statunitensi del 2004, il capo di Al Qaeda rivendica pubblicamente (ancora con una registrazione video) il suo coinvolgimento e delle sue milizie negli attacchi dell'11 settembre, ammettendo perfino di aver personalmente diretto i 19 dirottatori. In un altro video, ottenuto da Al Jazeera nel settembre 2006, si vede Bin Laden in compagnia di uno degli organizzatori degli attentati (Ramzi Binalshibh) e di due dirottatori, Hamza al-Ghamdi e Wail al-Shehri, mentre discutono sulla preparazione degli attacchi. Una piccola curiosità: se vi collegate alla pagina web dell'Fbi "Most Wanted Terrorist" su Osama Bin Laden (http://www.fbi.gov/wanted/terrorists/terbinladen.htm), potrete notare che è ricercato dal Governo federale in relazione alle esplosioni del 7 agosto 1998 alle ambasciate degli Stati Uniti di Dar Es Salaam in Tanzania, e Nairobi in Kenya. Il Bureau specifica inoltre che il leader di Al Qaeda è anche ricercato per essere "sospettato di altri attacchi terroristici in ogni parte del mondo". Non vi è alcun riferimento agli attentati dell'11 settembre.

Potremmo continuare nell'elencazione dei numerosi comunicati video e audio trasmessi dalla fine del 2001 fino a oggi (e probabilmente ve ne saranno altri), descrivendone i contenuti in cui si mescolano asserzioni, conferme, contraddizioni, accuse, incitazioni e mezze verità, ma non è certamente questa l'intenzione e lo scopo di questo capitolo. L'obiettivo è quello di tentare di far comprendere il significato e la strategicità della manipolazione delle notizie che, grazie ai media tradizionali ma soprattutto a Internet, ha portato tutti i paesi del mondo a fronteggiarsi in quel nuovo conflitto meglio conosciuto come *guerra dell'informazione* o *operazioni di disinformazione*.

Il futuro della guerra dell'informazione: il controllo del cyberspazio

Attualmente non vi è paese al mondo che possa nutrire il minimo dubbio sull'enormità della portata del livello di condizionamento della disinformazione in un qualsiasi contesto economico, commerciale, industriale, politico, sociale, religioso ed etnico. Pertanto l'*information warfare*, come gli anglosassoni amano definire questo nuovo settore scientifico (perché di una scienza stiamo parlando), ha assunto una rilevanza tale da indicarla come uno dei problemi di *massima priorità* per ogni paese del pianeta. Per rendere più comprensibile il concetto di *rilevanza* basta citare l'esempio di un documento commissionato dal Pentagono nel 2003 che, grazie a una richiesta del National Security Archive dell'Università George Washington (resa possibile grazie al Freedom of Information Act[4]), è stato declassificato il 26 gennaio 2006: il documento si chiama Information Operations Roadmap[5].

Il documento era stato approvato personalmente dall'ex Segretario della Difesa Donald Rumsfeld e descrive in maniera dettagliata le modalità di conduzione di operazioni di disinformazione, operazioni psicologiche, guerra elettronica e manipolazione dei giornalisti stranieri.

Il documento è sicuramente molto interessante sul piano dell'*essenzialità* della gestione delle informazioni (anche se dalla lettura si evince l'indicazione di una maggiore applicazione delle metodologie in contesti bellici) per il conseguimento degli scopi prefissati. Di seguito si riportano alcuni passaggi particolarmente significativi:

- Le operazioni di disinformazione vengono descritte come "l'uso integrato delle possibilità offerte dalla guerra elettronica, le operazioni informatiche in Rete, le operazioni psicologiche, la

---

[4] È una legge sulla libertà di informazione emanata negli USA il 4 luglio 1996 dall'allora presidente Lyndon B. Johnson, che obbliga tutte le amministrazioni pubbliche a rispettare una serie di norme per consentire a chiunque di accedere a informazioni (con accesso totale o parziale a informazioni classificate) del Governo federale.

[5] Il documento è scaricabile integralmente da Internet.

disinformazione militare e le operazioni di sicurezza (in coordinamento con opportune e specifiche capacità di sostegno) per influenzare, distruggere, alterare o prendere il controllo dei sistemi decisionali umani e automatici degli avversari, proteggendo al tempo stesso i nostri".

- "Principi fondamentali. L'informazione, sempre importante nella guerra, è adesso indispensabile per il successo militare, e lo sarà sempre di più nel futuro prevedibile" e ancora "Comunicare con efficacia le capacità e le intenzioni del governo USA è un mezzo importante per combattere i piani dei nostri nemici. La possibilità di far arrivare rapidamente informazioni convincenti ai diversi destinatari, in modo da influenzarne direttamente le scelte, è un sistema sempre più potente per contrastare l'aggressione."

- "Le IO (operazioni di disinformazione) diventano un'attività militare fondamentale. L'importanza di dominare lo spettro dell'informazione spiega l'obiettivo di trasformare le IO in un'attività militare fondamentale, sullo stesso piano delle operazioni aeree, terrestri, marittime e speciali."

- "Le PSYOP Advanced Concept Technology Demonstration del SOCOM attualmente in corso e gli sforzi di modernizzazione dovranno permettere la puntuale disseminazione a lungo raggio di prodotti tramite diversi sistemi di diffusione di PSYOP. Questi includono satelliti, radio, televisioni, telefoni cellulari e altri dispositivi senza fili, Internet e gli aggiornamenti dei sistemi di diffusione tradizionali quali volantini e l'uso di altoparlanti che sono estremamente reattivi ai comandanti delle manovre."

Per dovere di cronaca: che il condizionamento psicologico delle masse fosse una condizione preventiva per il raggiungimento di qualsiasi scopo che avesse come riferimento il consenso del popolo, se ne era accorto sin dai primi anni dell'Ottocento, anche Carl Philipp Gottlieb von Clausewitz, ritenuto il più grande teorico classico della guerra. Egli riteneva che la guerra moderna fosse un *atto politico* e quindi derivante da movimenti di pensiero e convincimenti di massa. Ma il grande stratega tedesco, se avesse potuto assistere all'evoluzione delle tecnologie di comunicazione e soprattutto alla nascita di Internet, avrebbe probabilmente modificato la sua celebre affermazione con la seguente: "La guerra non è che la continuazione della politica con altri mezzi... tra cui il controllo dello spazio e del cyberspazio".

Se nei secoli scorsi il dominio delle grandi nazioni si esprimeva mediante il controllo degli oceani, del commercio dei beni principali e della consistenza numerica degli eserciti, in futuro la misura della potenza di un paese sarà effettuata in funzione del livello delle tecnologie possedute e della capacità di controllo dei mezzi di informazione e comunicazione.

Il dominio delle informazioni sarà assimilabile a una *ricchezza globale* e costituirà il presupposto per il raggiungimento del dominio mondiale. Probabilmente non avremo un unico paese che assumerà il controllo assoluto e globale, ma non è così improbabile che si configuri uno scenario in cui un ristrettissimo numero di nazioni possa imporre la propria leadership politica mondiale in virtù del monopolio delle informazioni. Questo poco auspicabile processo di trasformazione sociale e culturale potrebbe richiedere dei decenni per il suo compimento, ma di sicuro sarà la conquista del cyberspazio l'obiettivo più ambito da tutti coloro che desiderano conquistare una posizione di dominio nel mondo che verrà.

Cosa ci riserva il futuro?

L'ambiente psychotecnologico

Il termine *ambiente psychotecnologico* potrebbe sembrare eccessivo per definire l'habitat tecnologico che viviamo nel cyberspazio e che influisce su tutte le azioni, le scelte e le decisioni di cui ci rendiamo artefici. Tuttavia l'interazione *psicologia-tecnologia-cyberspazio* esiste, ed essendo in costante sviluppo può consentirci di celebrare la creazione di questo *ambiente psicotecnologico* che trova proprio nel cyberspazio il suo habitat migliore.

Il psychocybespazio è quindi una sorta di ecosistema in cui la mente e il cyberspazio operano in assoluta sinergia, attivando nuovi processi mentali e comportamentali, e determinando nuovi indirizzi, filosofie e interazioni sociologiche in grado di evolversi e svilupparsi in nuovi concetti e correnti di pensiero. Questo ambiente produce effetti, come abbiamo potuto apprendere, soprattutto sulla vita reale delle persone. È peraltro opportuno sottolineare che il pensiero dell'uomo viene influenzato quotidianamente dal mondo *esterno*, cioè dalle informazioni che vengono fagocitate dal nostro cervello. Pertanto il *sentire* e il *pensare* dell'individuo non è semplicemente frutto di elaborazioni cerebrali individuali, ma è fortemente influenzato dall'*industria della conoscenza* che ci fornisce informazioni ininterrottamente. Quindi con il termine *industria della conoscenza* possiamo intendere quel complesso di informazioni, percezioni, dati e pulsioni che stimolano la nostra attenzione e che rappresentano il combustibile essenziale per alimentare i nostri pensieri e desideri.

In tal senso il cyberspazio rappresenta lo strumento ideale per questa industria dell'apprendimento, essendo in grado di attivare molteplici processi di assimilazione ed elaborazione dei contenuti della collettività virtuale, e capace di condizionare i processi cognitivi individuali.

In altre parole, il cyberspazio è assimilabile a una *macchina* capace di tracciare i nostri processi mentali e di elaborare percorsi psicologici in grado di influire su di essi.

Attualmente il dominio del cyberspazio si basa sull'assunto che esso rappresenta lo strumento maggiormente diffuso di erogazione delle informazioni e di manipolazione delle stesse. In questo scenario si concretizza l'interiorizzazione della mente dell'individuo nel meccanismo della realtà virtuale. I computer e la Rete hanno cambiato radicalmente il concetto stesso di apprendimento cognitivo. Tutti gli essere umani possono accedere alle medesime informazioni, crearne di nuove, modificarle e poi ancora trasformarle in un significato o in un nuovo strumento cognitivo. La sperimentazione individuale e di massa è continua, l'evoluzione della mentalità del cyberspazio è una costante. La mente dell'individuo entra autonomamente e per sua stessa decisione in un nuovo mondo a cui successivamente affida il controllo delle sue stesse funzioni e capacità elaborative. È emblematico l'esempio della lettura di un libro. Quando ci abbandoniamo alla lettura di un testo, è la nostra mente a definire, grazie all'immaginazione e alle nostre pulsioni individuali, i luoghi, i volti dei personaggi, gli ambienti e le situazioni descritte nel testo. Nella realtà virtuale la mente dell'individuo percepisce stimoli, sensazioni, emozioni che l'ambiente del cyberspazio ci impone. Ciò che viene illustrato è un ambiente psico-sensoriale opportunamente realizzato per rendere possibile l'attivazione dell'esternalizzazione del processo intellettivo dell'individuo.

Potremmo definirlo come una forma di emigrazione della nostra mente nel mondo virtuale. Non a caso, Douglas Rushkoff nel suo libro *ScreenAgers: Lezioni di Caos dal Digital Kids* identifica una nuova generazione (gli *screenagers*) nata in un contesto sociale in cui le tecnologie informatiche e Internet sono preponderanti al punto tale da determinare una perdita di controllo sull'utilizzo di questi strumenti. Nel testo si evidenzia la crucialità della trasformazione sociale che i nuovi media stanno conducendo e che viene vista come vera rinascita da un punto di vista culturale.

Un passaggio particolare è dato dall'impatto giudicato positivo che le tecnologie digitali avranno sulla capacità delle persone di partecipare più attivamente allo sviluppo intellettuale in un futuro giudicato sempre più caotico e imprevedibile.

Il cyberspazio come sistema mentale

Il mondo virtuale ha introdotto, grazie soprattutto allo sviluppo dei *social network*, la creazione di una relazione complessa tra il linguaggio di comunicazione utilizzato nella Rete e la mente dell'uomo. È pertanto lecito sostenere che la coscienza dell'uomo viene alimentata e stimolata dal linguaggio di comunicazione utilizzato nel cyberspazio. Da ciò ne deriva che è il cyberspazio a comunicare *direttamente* con la nostra mente. Anche se molti sostengono che sia ancora la televisione "la regina di tutti i condizionamenti", è difficile ipotizzare che possa sostenere questo ruolo psichicamente strategico ancora per molto tempo. Lo strumento televisivo fornisce una sorta di "coscienza collettiva" che assume il ruolo di un prolungamento della nostra coscienza individuale, ma che non possiede quella particolare peculiarità che appartiene al mondo virtuale e che può essere descritta con un solo termine: partecipazione attiva dell'individuo. La collettività *subisce* l'offerta dei programmi televisivi. Certo, all'uomo è concessa la possibilità di scelta sull'offerta televisiva globale, ma egli non può interagire con essa, non può modificare i programmi prodotti e quindi la sua potenzialità espressiva è completamente frustrata.

I computer e Internet ci permettono di farlo. La consapevolezza di essere fruitori e produttori di informazioni, di assumere identità diverse, di perseguire contemporaneamente obiettivi diversi, ci porta a esaltare le potenzialità e la struttura stessa del cyberspazio.

In tal senso, assume un ruolo di rilievo il linguaggio utilizzato nella Rete: l'ipertesto. Come sappiamo, il linguaggio ipertestuale ci consente di navigare sul web evitando qualsiasi problematica riconducibile al tempo e allo spazio, consentendoci di raggiungere qualsiasi informazione ubicata nel più sperduto *server* connesso a Internet.

In realtà l'ipertesto introduce una nuova relazione, a livello psicologico, di tipo *pensiero-lettura-scrittura*. Il rapporto tra le tre azioni, che potrebbero apparentemente sembrare distinte, si presta a una particolare considerazione riconducibile proprio all'apparente separazione delle tre azioni.

In realtà il concetto di pensiero, termine che identifica l'attività svolta dalla mente nella formazione di concetti, della coscienza, delle idee, dei desideri e di tutte quelle pulsioni che provocano un'attività cerebrale, può svilupparsi a livello conscio e inconscio[1]. Se analizziamo l'evoluzione del pensiero nel contesto del cyberspazio potremmo assimilarlo a una forma di intelletto convertita in un linguaggio esternalizzato nell'ambiente virtuale. In sostanza è il concetto del linguaggio della Rete come linguaggio della mente. Ecco quindi come le tre azioni riescono a confluire in un unico processo mentale.

Se sino a oggi le persone hanno utilizzato l'ipertesto semplicemente come uno strumento di accesso e visualizzazione dei contenuti del web, oggi potremmo trovarci di fronte a una sua evoluzione in linguaggio mentale.

Di fatto esso viene già visto come un idioma in grado di unire le idee delle persone, di assumere la connotazione di una base cognitiva condivisa capace di fornire spunti innovativi per nuove idee e per sviluppare nuove e più ampie collaborazioni. Il cyberspazio diventa un luogo in cui il pensiero viene tradotto in un ipertesto in grado di subire le più ampie e variegate modificazioni, simultaneamente e senza limiti geografici, culturali e temporali.

I *link* ipertestuali possono garantirci collegamenti infiniti con sistemi informativi diversi, accesso a *database* per lettura e modifica dei dati, strumenti di filtraggio e assemblaggio strutturato di informazioni, il tutto effettuato da milioni di persone in grado di dare il proprio contributo a un processo di elaborazione di pen-

---

[1] Secondo Sigmund Freud, il conscio è il substrato mentale superiore che fa avere la consapevolezza di se stessi e del proprio rapporto con l'ambiente circostante. L'inconscio è la sua controparte più riservata. La nostra conoscenza, ivi compresi i ricordi, appartengono al conscio, mentre le esperienze o alcuni particolari ricordi sono custoditi nell'inconscio.

siero comune e che operano su di un unico contenitore di conoscenza. In pratica potremmo affermare di essere al cospetto di una sorta di *forma di intelligenza interconnessa*.

Il cyberspazio non è più soltanto un luogo in cui condividere e assimilare conoscenze frutto di esperienze e visioni individuali, è un sistema artificiale di elaborazione mentale in cui confluiscono pensieri, immagini, parole, esperienze, desideri che vengono elaborati, centrifugati e trasformati in una continuità che non pone limiti di alcun genere.

In tal senso occorre effettuare una riflessione sulla portata della massa umana presente in Internet. Secondo una recente indagine (Internet World Stats) condotta nel 2010 da Pingdom (società che si occupa di statistiche su Internet) ammonterebbero a ben 1,8 miliardi gli utenti che utilizzano la Rete a livello mondiale. L'India è il quarto paese in classifica per numero di utenti, e in termini assoluti è la Cina che ha quasi il doppio degli utenti *on-line* rispetto agli Stati Uniti. Gli utenti statunitensi e cinesi messi insieme costituiscono da soli la metà degli utenti complessivi nella top 15. La Cina fornisce alla Rete circa 420 milioni di utenti, seguita dagli Stati Uniti con 234,4 milioni. Terzo posto per il Giappone con 99,1 milioni di utenti, seguito dall'India con 81 milioni.

L'Italia si colloca al quattordicesimo posto con 30 milioni di utenti. Prima di noi c'è l'Iran con 33,2 milioni di utenti, mentre subito dopo di noi c'è l'Indonesia con 30 milioni. Nella classifica dei primi venti paesi per numero di persone che utilizzano la Rete c'è anche spazio per un paese africano: la Nigeria. Si trova al decimo posto con 44 milioni di utenti e di poco non batte la Francia, al nono, con 44,6 milioni. A questi dati se ne aggiungono altri di particolare interesse: sette dei venti paesi nella lista sono asiatici (35%), cinque dei venti paesi sono europei (25%), arrivando a sei se aggiungiamo anche la Russia (30%). In quattro paesi dei venti si parla inglese (India compresa). L'Italia è quella che ha la percentuale di utenti più bassa tra i paesi elencati. Dall'indagine condotta da Internet World Stats, Pingdom si evince che alcuni paesi emergenti come la Cina, l'India, l'Indonesia, il Brasile e la Nigeria, manifestano grandi potenzialità di crescita.

Tra pochi anni il numero degli utilizzatori del cyberspazio raddoppierà e come conseguenza riusciremo ad abbattere definitivamente il problema del *digital divide*, ossia il divario esistente tra chi ha accesso alle tecnologie dell'informazione e chi ne è escluso parzialmente o totalmente.

Questa evoluzione provocherà una sorta di *brainstorming revolution*, che porrà definitivamente la mente dell'uomo al centro dell'esistenza stessa del cyberspazio. Il frutto delle elaborazioni mentali degli individui confluiranno sempre di più nella Rete e ciò determinerà la nascita nel cyberspazio di un sistema cognitivo universale e autonomo in grado di autoalimentarsi e di ingrandirsi senza più limiti. Anche lo sviluppo delle tecnologie concorre all'accelerazione di questo scenario.

Se solo consideriamo lo sviluppo della *vitrionica* (visualizzatori a scansione retinica), possiamo farci un'idea di come le tecnologie del futuro si stiano orientando verso l'integrazione dell'individuo nella realtà virtuale. Ricordiamo che la vitrionica si basa sull'utilizzo di sistemi di visualizzazione video che proiettano immagini sulla retina umana sia attraverso dei normalissimi occhiali che per mezzo di lenti a contatto. Pertanto le immagini osservate dai nostri occhi e quelle costruite nei nostri cervelli potrebbero essere trasmesse nel cyberspazio e viceversa.

Se fino a oggi ci è stato consentito di produrre e alimentare pensieri in un contesto circoscritto al nostro sistema cerebrale, ora ci viene prospettata un'opportunità irripetibile e di portata incalcolabile: la possibilità di ampliare le caratteristiche individuali e gli aspetti privati dei contenuti della mente di ogni individuo in un nuovo sistema psico-planetario *on-line*.

In funzione delle innovazioni e dello sviluppo di apposite tecnologie informatiche (ampiamente descritte nei capitoli precedenti) e integrabili con il sistema cerebrale dell'uomo, si può ipotizzare uno scenario in cui il rapporto cervello-tecnologie-cyberspazio rappresenti lo strumento di *produzione-trasmissione* di informazioni a un *cyberdatabase* informativo universale in grado di fornire molteplici tipologie di informazioni a vari livelli e in grado di interagire (grazie all'utilizzo di sinapsi artificiali) con il nostro sistema cerebrale. Un ambiente incredibilmente molto simile, ma molto più potente della nostra mente.

D'altronde, quando pensiamo a qualcosa o cerchiamo di ricordare un nome o un evento non stiamo utilizzando un meccanismo simile a un motore di ricerca? E la nostra mente non attiva una sorta di *"link* ipertestuale" per collegare un nome a un evento quando cerchiamo di ricordare l'uno o l'altro? Potremmo chiamarlo iper-pensiero?

Ottobre 2010. Eric Schmidt, amministratore delegato di Google, al Washington Ideas Forum, dichiara: "Non abbiamo bisogno che digitiate qualcosa. Sappiamo dove siete. Sappiamo dove siete stati. Possiamo sapere più o meno cosa ne pensate".

Sembra che lo scopo principale che persegue la famosa azienda di Mountain View sia quello di riuscire a sviluppare particolari applicazioni in grado di capire cosa pensi la gente prima che ciò avvenga, o per meglio dire, proporre alle persone idee, suggerimenti, metodologie comportamentali, prima che esse possano partorire autonomamente. Sembrerebbe, in tal senso, che il vero ostacolo sia quello di rimuovere il pensiero autonomo dell'uomo, ultimo baluardo della sua condizione di libertà totale.

Basterà davvero un algoritmo matematico a prevedere il nostro pensiero e i nostri comportamenti? Forse siamo giunti in quel periodo storico, da alcuni particolarmente temuto, in cui si dimostrerà che l'essere umano non è altro che una straordinaria e potentissima "macchina" clonabile e analizzabile come tutte le altre. Blaise Pascal asserì che "Il pensiero fa la grandezza dell'uomo". Potremmo essere giunti al punto in cui è il psychocyberspazio a rendere grande il pensiero dell'uomo…

Bibliografia

Bettelli, Oscar (2002) *Modelli computazionali per la mente*, R. Barabba, Lanciano

Bettelli, Oscar (2002) *Sincronicità: un paradigma per la mente*, Centro Antitesi, Torlupara

Bion, Wilfred R. (1963) *Elements of Psychoanalysis*, Basic Books, New York (Trad. it. *Gli elementi della psicoanalisi*, Armando, Roma, 1973)

Brenner, Charles (1955) *An Elementary Textbook of Psychoanalysis*, International Universities Press, New York (Trad. it. *Breve corso di psicoanalisi*, G. Martinelli & C. s.a.s., Firenze, 1976)

Canonico, Antonella e Rossi, Gabriele (2007) *Semi-immortalità: il prolungamento indefinito della vita*, Lampi di stampa, Milano

Churchland, Paul M. (1992) *La natura della mente e la struttura della scienza*, Il Mulino, Bologna

Davidson, Donald (1980) *Azione ed eventi*, Il Mulino, Bologna

Fodor, Jerry A. (1983) *The modularity of mind: an essay on faculty psychology*, MIT Press, Cambridge (Mass.) (Trad. it. *La mente modulare: saggio di psicologia delle facoltà*, Il Mulino, Bologna, 1988)

Fogg, B.J. (2005) *Tecnologia della persuasione*, Apogeo, Milano

Freud, Sigmund (1899) *Die Traumdeutung*, F. Deuticke, Leipzig (Trad. it. *L'interpretazione dei sogni*, Bollati Boringhieri, Torino, 1973), X rist. 1992

Freud, Sigmund (1910) *Die psychogene Sehstörung in psychoanalytischer Auffassung* (Trad. it. "I disturbi visivi psicogeni nell'interpretazione psicoanalitica", in: *Isteria e angoscia*, Bollati Boringhieri, Torino 1974), rist. 1988

Freud, Sigmund (1911) *Formulierungen über die zwei Prinzipien des psychischen Geschehens* (Trad. it. "Precisazioni sui due princìpi dell'accadere psichico", in: *La teoria psicoanalitica*, Bollati Boringhieri, Torino, 1979), rist. 1996

Freud, Sigmund (1912) *A note on the Unconscious in Psychoanalysis* (Trad. it. "Nota sull'inconscio in psicoanalisi", in: *La teoria psicoanalitica*, Bollati Boringhieri, Torino, 1979), rist. 1996

Freud, Sigmund (1915) *Triebe und Triebschicksale* (Trad. it. "Pulsioni e loro destini", in: *La teoria psicoanalitica*, Bollati Boringhieri, Torino, 1979), rist. 1996

Freud, Sigmund (1915) *Das Unbewusste* (Trad. it. "L'inconscio", in: *La teoria psicoanalitica*, Bollati Boringhieri, Torino, 1979), rist. 1996

Freud, Sigmund (1922) *Das Ich und das Es* (Trad. it. "L'Io e l'Es", in: *La teoria psicoanalitica*, Bollati Boringhieri, Torino, 1979), rist. 1996

Freud, Sigmund (1938) *Die Ichspaltung im Abwehrvorgang* (Trad. it. "La scissione dell'Io nel processo di difesa", in: *La teoria psicoanalitica*, Bollati Boringhieri, Torino, 1979), rist. 1996

Giaconia, Giovanna e Racalbuto, Agostino (a cura di) (1990) "Processo psicoanalitico e simbolo", in: *I percorsi del simbolo*, Raffaello Cortina Editore, Milano

Giaconia, Giovanna e Racalbuto, Agostino (a cura di) (1990) "La significazione", in: *I percorsi del simbolo*, Raffaello Cortina Editore, Milano

Giaconia, Giovanna e Racalbuto, Agostino (a cura di) (1990) "Il linguaggio", in: *I percorsi del simbolo*, Raffaello Cortina Editore, Milano

Giaconia, Giovanna e Racalbuto, Agostino (a cura di) (1990) "La relazione tra simbolo e sintomo", in: *I percorsi del simbolo*, Raffaello Cortina Editore, Milano

Giaconia, Giovanna e Racalbuto, Agostino (a cura di) (1990) "Rapporti fra linguistica e metapsicologia", in: *I percorsi del simbolo*, Raffaello Cortina Editore, Milano

Greenson, Ralph R. (1967) *The technique and Practice of Psychoanalysis*, International Universities Press, New York (Trad. it. *Tecnica e pratica psicoanalitica*, vol. I, Feltrinelli, Milano, 1974), V ed. 1992

Holland, Norman (1996) "The Internet Regression" (http://p24601. rider.edu sites/suler/psycyber/psycyber.html), gennaio 1996

Kernberg, Otto F. (1993) "Soggettiva 'esperienza di vuoto'" (1974), in: *Vuoto e disillusione*, Bollati Boringhieri, Torino

Lévy, Pierre (1995) *Qu'est-ce que le virtuel?*, Editions La Découverte, Paris, (Trad. it. *Il virtuale*, Cortina, Milano, 1997)

Lewin, Kurt (1935) *A dynamic theory of personality*, McGraw-Hill Book Company, New York (Trad. it. *Teoria dinamica della personalità*, a cura di G. Setter, Giunti Barbera, Firenze, 1965)

Lis, Adriana (1993) *Psicologia clinica*, Giunti, Firenze

Mancia, Mauro (1995) "Dalla scissione alla integrazione della mente: il ruolo primario delle fantasie", in: *Fantasia e realtà nelle relazioni interpersonali*, a cura di M. Ammaniti e D.N. Stern, Laterza, Bari

Nagel, Kat (1996) "The Natural Life Cycle of Mailing Lists" (http://p24601.rider.edu/sites/suler/psycyber/psycyber.html), maggio 1996

Nagera, Humberto et al. (1970) *Basic psychoanalytic concepts on metapsychology, conflicts, anxiety and other subjects*, Allen and Unwin, London (Trad. it. *I concetti fondamentali della psicoanalisi: metapsicologia, angoscia ed altri argomenti*, Bollati Boringhieri, Torino, II ed. 1979)

Nunziante Cesaro, Adele (1995) "L'idealizzazione tra fantasia e realtà", in: *Fantasia e realtà nelle relazioni interpersonali*, a cura di M. Ammaniti e D.N. Stern, Laterza, Bari

Pezzullo, Luca (1998) *Internet per psicologi*, Unipress, Padova

Phillips, Wende (1996) "A Comparison of Online, E-Mail, and In-Person Self-Help Groups Using Adult Children of Alcoholics as a Model" (http://p24601.rider.edu/sites/suler/psycyber/psycyber.html), gennaio 1996

Presti, Giovambattista (1997) *Internet per lo psicologo*, McGraw-Hill, Milano

Racalbuto, Agostino (1994) *Tra il dire e il fare*, Raffaello Cortina Editore, Milano

Resnik, Salomon (1990) *Spazio mentale: sette lezioni alla Sorbona*, Bollati Boringhieri, Torino

Resnik, Salomon (1993) *Sul fantastico. Tra l'immaginario e l'onirico*, Teda Edizioni, Castrovillari

Resnik, Salomon (1994) *Delirio e quotidianità*, Teda Edizioni, Castrovillari

Resnik, Salomon (1994) *La visibilità dell'inconscio*, Teda Edizioni, Castrovillari

Resnik, Salomon (1994) *Interprestazioni. Dialoghi di psicoanalisi e clinica psichiatrica*, a cura di S. Rodighiero, Teda Edizioni, Castrovillari

Resnik, Salomon e Mulato, Renzo (1993) *Dialogo tra uno psicoanalista e un filosofo. Sulle categorie dell'esistenza*, Teda Edizioni, Castrovillari

Resnik, Salomon e Mulato, Renzo (1996) *Dialogo tra uno psicoana-lista e un filosofo o della linea curva*, Teda Edizioni, Castrovillari

Salucci, Marco (2005) *La teoria dell'identità. Alle origini della filosofia della mente*, Le Monnier Università, Grassina (Bagno a Ripoli)

Scaruffi, Piero (1994) *La Fabbrica del pensiero*, I libri de La Stampa, Torino

Suler, John (1996) "Review of 'The Internet Regression'" (http://p24601.rider.edu/sites/suler/psycyber/psycyber.html), gennaio 1996

Suler, John (1996) "Transient and Long Term Online Relationships" (http://p24601.rider.edu/sites/suler/psycyber/psycyber.html), maggio 1996

Suler, John (1996) "Internet Addiction Questionnaire" (http://p24601.rider.edu/sites/suler/psycyber/psycyber.html), maggio 1996

Suler, John (1996) "Applying Social-Psychology to Online Groups and Communities" (http://p24601.rider.edu/sites/suler/psy-cyber/psycyber.html), maggio 1996

Suler, John (1996) "Identity Managment in Cyberspace" (http://p24601.rider.edu/sites/suler/psycyber/psycyber.html), maggio 1996

Suler, John (1996) "Unique Roles in Cyberspace" (http://p24601.rider.edu/sites/suler/psycyber/psycyber.html), maggio 1996

Suler, John (1996) "That's Me All Over: An Analysis of a Personal Avatar Collection" (http://p24601.rider.edu/sites/suler/psycy-ber/psycyber.html), maggio 1996

Suler, John (1996) "Transference Among People Online" (http://p24601.rider.edu/sites/suler/psycyber/psycyber.html), maggio 1996

Suler, John (1996) "On Being a God: An Interview with Jim Bumgardner" (http://p24601.rider.edu/sites/suler/psycyber/psycyber.html), giugno 1996

Suler, John (1996) "Why is This Thing Eating My life?" (http://p24601.rider.edu/sites/suler/psycyber/psycyber.html), agosto 1996

Suler, John (1996) "Internet Addiction (interview)" (http://p24601.rider.edu/sites/suler/psycyber/psycyber.html), novembre 1996

Suler, John (1996) "Cyberspace Romances (interview)" (http://p24601.rider.edu/sites/suler/psycyber/psycyber.html), dicembre 1996

Suler, John (1997) "From Conceptions to Toddlerhood. A History of the First Year (or so) of The Palace" (http://p24601.rider.edu/sites/suler/psycyber/psycyber.html), gennaio 1997

Suler, John (1997) "Communicative Subtlety in Multimedia Chat: How many ways can you say 'Hi' at the Palace?" (http://p24601.rider.edu/sites/suler/psycyber/psycyber.html), marzo 1997

Suler, John (1997) "Knowledge, Power, Wisdom… and your very own asterisk: Wizards at the 'Palace'" (http://p24601.rider.edu/sites/suler/psycyber/psycyber.html), aprile 1997

Suler, John (1997) "Cold Turkey: Messages from an Ex-Palace 'Addict'" (http://p24601.rider.edu/sites/suler/psycyber/psycyber.html), aprile 1997

Suler, John (1997) "The Other Worlds (how Palace compares to other chat communities)" (http://p24601.rider.edu/ sites/suler/psycyber/psycyber.html), maggio 1997

Suler, John (1997) "The Black Hole of Cyberspace" (http://p24601.rider.edu/sites/suler/psycyber/psycyber.html), maggio 1997

Suler, John (1997) "The Final Showdown Between In-Person and Cyberspace Relationships" (http://p24601.rider.edu/ sites/suler/psycyber/psycyber.html), maggio 1997

Suler, John (1997) "How many mail list subscribers does it take to change a light bulb?" (http://p24601.rider.edu/sites/suler/psycyber/psycyber.html), maggio 1997

Suler, John (1997) "Legnek's Avatar Collection" (http://p24601.rider.edu/sites/suler/psycyber/psycyber.html), luglio 1997

Suler, John (1997) "From ACSII to Holodecks: Cyberpsychology of an Online Multimedia Community" (http://p24601.rider.edu/sites/suler/psycyber/psycyber.html), agosto 1997

Suler, John (1997) "The Bad Boys of Cyberspace: Deviant Behavior in Online Multimedia Communities and Strategies for Managing it" (http://p24601.rider.edu/sites/suler/psycyber/psycyber.html), settembre 1997

Suler, John (1997) "Text Talk: Psychological Dynamics of Online Synchronous Conversations in Text-Driven Chat Environments" (http://p24601.rider.edu/sites/suler/psycyber/psycyber.html), ottobre 1997

Suler, John (1997) "Games Avatars Play: Entertaining and Educational Games Using Avatars" (http://p24601.rider.edu/sites/suler/psycyber/psycyber.html), novembre 1997

Suler, John (1997) "A simple decisione-making method for e-mail groups" (available to http://p24601.rider.edu/sites/suler/psycyber/psycyber.html), novembre 1997

Suler, John (1998) "Mom, Dad, Computer: Transference Reactions to Computers" (http://p24601.rider.edu/sites/suler/psycyber/psycyber.html), marzo 1998

Suler, John (1998) "The Basic Psychological Features of Cyberspace" (http://p24601.rider.edu/sites/suler/psycyber/psycyber.html), luglio 1998

Suler, John (1998) "Adolescents in Cyberspace: The Good, the Bad, and the Ugly" (http://p24601.rider.edu/sites/suler/psycyber/psycyber.html), luglio 1998

Suler, John (1998) "Personality Types in Cyberspace" (http://p24601.rider.edu/sites/suler/psycyber/psycyber.html), agosto 1998

Suler, John (1998) "Online Psychotherapy and Counseling" (http://p24601.rider.edu/sites/suler/psycyber/psycyber.html), agosto 1998

Suler, John (1998) "E-mail Communication and Relationships" (http://p24601.rider.edu/sites/suler/psycyber/psycyber.html), agosto 1998

Suler, John (1998) "Online Therapy and Support Groups" (http://p24601.rider.edu/sites/suler/psycyber/psycyber.html), agosto 1998

Suler, John (1998) "Making Virtual Communities Word" (http://p24601.rider.edu/sites/suler/psycyber/psycyber.html), ottobre 1998

Suler, John (1999) "Online Lingo: Language at 'The Palace'" (http://p24601.rider.edu/sites/suler/psycyber/psycyber.html), gennaio 1999

Suler, John (1999) "Unique Groups in Cyberspace" (http://p24601.rider.edu/sites/suler/psycyber/psycyber.html), gennaio 1999

Suler, John (1999) "The Geezer Brigade: Steps in Studying an Online Group" (http://p24601.rider.edu/sites/suler/psycyber/psycyber.html), gennaio 1999

Suler, John (1999) "Nacey's Avatar Collection" (http://p24601.rider.edu/sites/suler/psycyber/psycyber.html), febbraio 1999

Suler, John (1999) "Y2K: Apocalyptic Thinking and the Tragic Flaw" (http://p24601.rider.edu/sites/suler/psycyber/psycyber.html), febbraio 1999

Suler, John (1999) "Internet Addiction Support Group: Is There Truth in Jest?" (http://p24601.rider.edu/sites/suler/psycyber/psycyber.html), marzo 1999

Suler, John (1999) "Computer and Cyberspace Addiction" (http://p24601.rider.edu/sites/suler/psycyber/psycyber.html), marzo 1999

Suler, John (1999) "To Get What You Need: Healthy and Pathological Internet Use" (http://p24601.rider.edu/sites/suler/psycyber/psycyber.html), marzo 1999

Suler, John (1999) "Overview and Guided Tour" (http://p24601.rider.edu/sites/suler/psycyber/psycyber.html), marzo 1999

Suler, John (1999) "Cyberspace as a Psychological Space" (http://p24601.rider.edu/sites/suler/psycyber/psycyber.html), marzo 1999

Suler, John (1999) "The Psychology of Avatars and Graphical Space in Multimedia Chat Communities" (http://p24601.rider.edu/sites/suler/psycyber/psycyber.html), aprile 1999

Suler, John (1999) "Cyberspace as Dream World: Illusion and Reality at the 'Palace'" (to http://p24601.rider.edu/sites/suler/psycyber/psycyber.html), aprile 1999

Suler, John (1999) "Do Boys Just Wanna Have Fun?: Gender-Switching in Cyberspace" (http://p24601.rider.edu/sites/suler/psycyber/psycyber.html), aprile 1999

Suler, John (1999) "Internet Demographics 1998" (http://p24601.rider.edu/sites/suler/psycyber/psycyber.html), maggio 1999

Suler, John (1999) "Psychotherapy in Cyberspace" (http://p24601.rider.edu/sites/suler/psycyber/psycyber.html), maggio 1999

Suler, John (1999) "Avatar Psychotherapy" (http://p24601.rider.edu/sites/suler/psycyber/psycyber.html), giugno 1999

Suler, John (1999) "One of Us: Participant Observation Research at the Palace" (http://p24601.rider.edu/sites/suler/psycyber/psycyber.html), luglio 1999

Suler, John (1999) "Computerized Psychotherapy" (http://p24601.
rider.edu/sites/suler/psycyber/psycyber.html), agosto 1999

Suler, John (1999) "Publishing Online: Idea Independence, Interde-
pendence, and the Academic" (http://p24601.rider.edu/sites/
suler/psycyber/psycyber.html), agosto 1999

Suler, John (1999) "Cyberspace Humor" (http://p24601.rider.edu/
sites/suler/psycyber/psycyber.html), ottobre 1999

Suler, John (1999) "Internet Addiction in a Nutshell" (http://p24601.
rider.edu/sites/suler/psycyber/psycyber.html), ottobre 1999

Suler, John (1999) "The Two Paths of Virtual Reality" (http://p24601.
rider.edu/sites/suler/psycyber/psycyber.html), ottobre 1999

Suler, John (2000) "Extending a Word Group into Cyberspace"
(http://p24601.rider.edu/sites/suler/psycyber/psycyber.html),
gennaio 2000

Suler, John (2000) "Bringing Online and Offline Living Together: The
Integration Principle" (http://p24601.rider.edu/sites/suler/psy-
cyber/psycyber.html), gennaio 2000

Suler, John (2000) "Human Becomes Electric: Networds as Mind
and Self" (http://p24601.rider.edu/sites/suler/psycyber/psycy-
ber.html), gennaio 2000

Suler, John (2000) "Intensive Case Studies in Cyberspace and the Evo-
lution of Digital Life Form" (http://p24601.rider.edu/sites/suler/
psycyber/psycyber.html), gennaio 2000

Suler, John (2000) "Ethics in Cyberspace Research" (http://p24601.
rider.edu/sites/suler/psycyber/psycyber.html), febbraio 2000

Suler, John (2000) "In the Cyberspace Bubble: Full Immersion and
f2f Isolation" (http://p24601.rider.edu/sites/suler/psycyber/
psycyber.html), marzo 2000

Vicario, Giovanni B. (1989) *Psicologia Generale*, Cleup Editore, Padova

Watzlawick, Paul et al. (1967) *Pragmatic of human communication*, W.W. Norton & Co. Inc., New York (Trad. it. *Pragmatica della comunicazione umana*, Astrolabio, Roma, 1971)

Zetzel, Elizabeth e Meissner, William W. (1973) *Basic Concepts of Psychoanalytic Psychiatry*, Basic Books, New York (Trad. it. *Psichiatria psicoanalitica*, Bollati Boringhieri, Roma, 1976)

"Unconventional Human Intelligence Support: Transcendent and Asymmetric Warfare Implications of Remote Viewing", Commander L.R. Bremseth, United States Navy, 28 April 2001, Submitted in Partial Fulfillment of the Requirements for the Marine Corps War College, Marine Corps University, Marine Corps Combat Development Command, Quantico, VA 22134-5067

"The PEAR Proposition", Robert G. Jahn and Brenda J. Dunne, Princeton Engineering Anomalies Research, Princeton University, D-334 Engineering Quadrangle, School of Engineering and Applied Science, Princeton NJ, *Journal of Scientific Exploration*, Vol. 19, No. 2, 2005, pp. 195-245

"Terrorism as Psychological Warfare", Alex Schmid, Terrorism Prevention Branch, UNODC, Vienna, Austria, *Democracy and Security* 1, 2005, pp. 137-146

"Cybercortical Warfare: The Case of Hizbollah.org", Maura Conway, Department of Political Science Dublin, Ireland. Paper prepared for presentation at the European Consortium for Political Research (ECPR) Joint Sessions of Workshops, Edinburgh, UK, 28 March – 2 April, 2003

"From PSYOP to MindWar, The Psychology of Victory", Colonel Paul E. Valley, Major Michael A. Aquino, PRYOP Researcher & Analysis Team Leader-Headquarters, 7th Psychological Operations Group, United States Army Reserve, Presidio of San Francisco, California, 1980

"'Munitions of the Mind': From Psychological Warfare to Psychological Operations, and from PSYOPS to Information Support (and back again?) – A Brief History", Philip M. Taylor, University of Leeds

i blu - pagine di scienza

Passione per Trilli
Alcune idee dalla matematica
R. Lucchetti

Tigri e Teoremi
Scrivere teatro e scienza
M.R. Menzio

Vite matematiche
Protagonisti del '900 da Hilbert a Wiles
C. Bartocci, R. Betti, A. Guerraggio, R. Lucchetti (a cura di)

Tutti i numeri sono uguali a cinque
S. Sandrelli, D. Gouthier, R. Ghattas (a cura di)

Il cielo sopra Roma
I luoghi dell'astronomia
R. Buonanno

Buchi neri nel mio bagno di schiuma
ovvero L'enigma di Einstein
C.V. Vishveshwara

Il senso e la narrazione
G. O. Longo

Il bizzarro mondo dei quanti
S. Arroyo

Il solito Albert e la piccola Dolly
La scienza dei bambini e dei ragazzi
D. Gouthier, F. Manzoli

Storie di cose semplici
V. Marchis

noveper**nove**
Segreti e strategie di gioco
D. Munari